COLLOQUIAL
ALBANIAN

THE COLLOQUIAL SERIES

*Colloquial Albanian
*Colloquial Arabic of Egypt
*Colloquial Arabic (Levantine)
*Colloquial Arabic of the Gulf and Saudi Arabia
*Colloquial Bulgarian
*Colloquial Cantonese
*Colloquial Chinese
*Colloquial Czech
*Colloquial Danish
*Colloquial Dutch
*Colloquial English
*Colloquial Estonian
*Colloquial French
 Colloquial German
*Colloquial Greek
*Colloquial Hungarian
*Colloquial Italian
*Colloquial Japanese
*Colloquial Persian
*Colloquial Polish
 Colloquial Portuguese
*Colloquial Romanian
*Colloquial Russian
*Colloquial Serbo-Croat
 Colloquial Spanish
*Colloquial Spanish of Latin America
*Colloquial Swedish
*Colloquial Turkish

*Accompanying cassette(s) available

COLLOQUIAL
ALBANIAN

Isa Zymberi

LONDON AND NEW YORK

First published 1991
Reprinted 1993, 1994 and 1995
by Routledge
11 New Fetter Lane, London EC4P 4EE

Simultaneously published in the USA and Canada
by Routledge, Inc.
29 West 35th Street, New York, NY 10001

© Isa Zymberi 1991

Printed in England by Clays Ltd, St Ives plc

British Library Cataloguing in Publication Data
A catalogue record for this book is available from the British Library

Library of Congress Cataloguing in Publication Data
A catalogue record for this book is available from the Library of Congress

ISBN 0–415–05663–2
ISBN 0–415–05664–0 cassette
ISBN 0–415–05665–9 cassette/book

Contents

Preface

Although Albanian belongs to the Indo-European group of languages, and is spoken by a people whose ancestors are assumed to be among the first inhabitants of the Balkans, it somehow preserves an exotic character. Within the large family of Indo-European languages, Albanian forms a branch in itself, like Greek for example. As far as its origin is concerned, most scholars maintain that it derives from Illyrian, but there is still a minority claiming that it derives from Thracian. The former group do not exclude a relationship with Thracian. However, it should be added that this question is often loaded with political implications.

Albanians call their language 'shqip' [ʃcip], they call themselves 'shqiptarë' [ʃciptar], and their country 'Shqipëri' [ʃcipəri]. These terms were substituted for an older set of terms in the fifteenth century, namely the terms 'Arbërisht' or 'Arbnisht' for the language, 'Arbëresh' or 'Arbnesh' for the people, and 'Arbëri' or 'Arbni' for the country. Until the eleventh century the country was called Illyria, whereas since the thirteenth century, according to Latin dictionaries, it has been known as Albania, a term easily related to 'Arbnia', which in turn comes from an older term 'Albanoi', first mentioned by Ptolemy in the second century AD as the name of an Illyrian tribe that lived in the north-central area of present-day Albanian territory.

Throughout history Albanians have been rather unfortunate. The fact that they managed to avoid total assimilation and preserve their language and other national characteristics is often considered a miracle. For most of the time Albanians had to face invasions and occupations by foreign armies. Illyria was under the occupation of the Roman Empire for five centuries, from the second century BC to the fourth century AD. Then, with the partition of the Roman Empire into East and West, it became part of The Byzantine Empire. After the fall of the Byzantine Empire came the Ottoman Turks who ruled Albanian territories for another five centuries. Each of these rulers left obvious traces in all aspects of life including influence on the language.

Interestingly enough, Albanians, or their ancestor Illyrians, had their influence on the invading empires mentioned above, by providing a number of emperors of Illyrian origin in the Roman Empire, such as Claudius II, Aurelian, Diocletian, and Probus, and by supplying the Ottoman Empire with over twenty-five grand viziers or 'prime ministers' of Albanian origin. The struggle of Albanians for freedom, in an attempt to defend their territories rather than occupy new ones, was incessant. Albanian resistance led by Gjergj Kastrioti-Skënderbeu (George Castrioti-Scanderbeg) against the Ottoman Empire for twenty-five years, from 1443 till 1468, is often cited as the most brilliant chapter in the history of Albania. Many historians consider Scanderbeg not only an Albanian national hero but also as a European hero, or even the saviour of Christianity, since he kept the Turks engaged in battles in Albania when they were at their most powerful and could have otherwise easily penetrated deep into Western Europe. For this he was admired by the Vatican and Pope Nicholas V even called him 'Athleta Christi'. The Vatican later also had a Pope of Albanian origin. Before the Ottoman occupation Albania was predominantly Roman Catholic. At present Albanians belong to three different religions – Moslem, Orthodox Christian, and Catholic. It should be pointed out that there are no religious conflicts whatsoever among Albanians. Nationhood has always been given priority. Territorially Albanians belong to the Mediterranean world whereas culturally they are inclined to Europe. This is supported by the amount of Latin influence on the language.

The modern state of Albania was proclaimed independent by Albanians themselves in 1912 and was recognized as such by the Great Powers of Europe in 1913. In practical terms this did not mean much because of World War I and attempts by armies of the neighbouring nations to dismember Albania. Albania was ruled by King Zog from 1928 till 1939, when it was occupied by Italy. Since World War II Albania has had a communist régime and for different reasons has mainly been isolated from the outside world. Signs of its gradual opening up to the outside world are evident at present.

The most common words used to describe Albanians in general range from hospitable, brave, honest and loyal, to stubborn, quick-tempered and revengeful. The lack of a government of their own for most of the time throughout history has forced Albanians to stick to a traditional way of living, respecting their own unwritten laws, the most well-known among which was the Code of Lekë Dukagjini, an Albanian feudal lord and contemporary of Scanderbeg. This may have made it possible for Albanians to preserve their national identity and their language, but has at the same time kept them far behind in progress and other modern achievements (if these are to be considered as real values).

Over forty per cent of Albanians (out of around six million of them) today live outside Albania, most of them in Yugoslavia, in the Region of Kosovo, in Macedonia and in Montenegro. There are also Albanian minorities in Italy, Turkey, Greece, USA and USSR. A good number of Albanians living outside Albania are bilingual or even trilingual.

The written tradition of Albanian is rather short. The earliest written documents date from the fifteenth century and the first books published in Albanian were by various Roman Catholic clerics. These writings did not have much continuity till the eighteenth century, but increased considerably in the nineteenth century.

There are two main dialects of spoken Albanian: Gheg, spoken in northern Albania and Kosovo, and Tosk, spoken in southern Albania (some of the main differences between the two dialects are given at the end of Unit 24). Until recently both dialects had their own standard varieties. Attempts to form a single standard variety began immediately after World War II, both in and outside Albania. This aim was accomplished only at the beginning of the seventies. Since then Albanian has had a single standard variety or a 'literary language', as it is called by Albanians. Concerning the model of standardization, it should be pointed out that it is neither Tosk nor Gheg, but a mixture of the two, although it can be noticed that the Tosk element prevails in standard Albanian. The cultivation of standard Albanian is fully possible in Albania but may be objectively less so outside Albania where it is either subordinate to or has to coexist with another official language, as is the case in Kosovo at the moment. Contacts between Albanians living in Yugoslavia and those living in Albania are now almost non-existent. For this reason the present book may bear characteristics of standard Albanian as cultivated in Kosovo, although attempts have been made to present everything within the norms of the unified standard Albanian. One single defiance which I am aware of has to do with the length of vowels which is not recognized in standard Albanian but which I maintain to exist in the language.

It is assumed that if one manages to learn standard Albanian, dialectal differences can be easily absorbed.

This textbook was produced as a result of my teaching an Albanian course at SSEES, University of London, from March 1986 to March 1989. All the units included in this book were tried out on the students who took this course. This helped me to see better their actual difficulties in learning the language and to improve the units as I went along.

In the twenty-four units in the textbook, a good number of different everyday situations are included, together with reading passages and dialogues. Each unit includes a set of questions and exercises which are to be tackled by the learner on his/her own. The units are followed by a few supplementary reading passages. A basic grammar of the language is gradually developed during the course, and I have attempted to present the grammatical material in a simple way. A number of tables showing the verb system of the language is given in a separate appendix. A basic vocabulary of around two thousand words has been covered in the book.

The learner is advised to go slowly through the units, especially if he/she is trying to learn the language without the help of a teacher.

Finally I would like to express my deep gratitude to all those who helped and encouraged me while I was writing this textbook.

Isa Zymberi

Abbreviations

Abl.	Ablative
Acc.	Accusative
act.	active voice
adj.	adjective
Adm.	Admirative
adv.	adverb
cit. form	citation form
cl.	clitic
Dat.	Dative
def.	definite
fem.	feminine
fig.	figuratively
Gen.	Genitive
Imperf.	Imperfect
indef.	indefinite
lit.	literally
masc.	masculine
n.	noun
neg.	negative
Nom.	Nominative
non-act.	non-active voice
Opt.	Optative
pers.	person
pl.	plural
prep.	preposition
pres.	present
pron.	pronoun
S. Past	Simple Past
sing.	singular
tr.	transitive
v.	verb

■ Pronunciation and Stress

THE ALBANIAN ALPHABET

Upper Case	Lower Case	Name	Phonetic Symbol	Upper Case	Lower Case	Name	Phonetic Symbol
A	a	(a)	[a] *dal*	N	n	(në)	[n]
B	b	(bë)	[b]	Nj	nj	(një)	[ɲ] *ng*
C	c	(cë)	[ts]	O	o	(o)	[o]
Ç	ç	(çë)	[tʃ]	P	p	(pë)	[p]
D	d	(dë)	[d]	Q	q	(që)	[c]
Dh	dh	(dhë)	[ð] *th is*	R	r	(rë)	[r]
E	e	(e)	[ɛ] *met*	Rr	rr	(rrë)	[R]
Ë	ë	(ë)	[ə] *pur*	S	s	(s)	[s]
F	f	(fë)	[f]	Sh	sh	(shë)	[ʃ] *charlotte*
G	g	(gë)	[g] *goal*	T	t	(të)	[t]
Gj	gj	(gjë)	[ɟ]	Th	th	(thë)	[θ] *thin*
H	h	(hë)	[h]	U	u	(u)	[u] *oen*
I	i	(i)	[i] *will*	V	v	(vë)	[v] *west*
J	j	(jë)	[j]	X	x	(xë)	[dz]
K	k	(kë)	[k]	Xh	xh	(xhë)	[dʒ]
L	l	(lë)	[l]	Y	y	(y)	[y] *uur*
Ll	ll	(llë)	[L]	Z	z	(zë)	[z]
M	m	(më)	[m]	Zh	zh	(zhë)	[ʒ] *courage F*

As you can see from the table above, there are thirty-six letters in Albanian and each of them represents a single sound. Nine letters are digraphs, which means they are written as a combination of two consonants but are considered to be a single letter. In the dictionary, digraphs have their own place in the same way as single letters, and appear in the order shown above.

NOTES ON PRONUNCIATION = *uitspraak*.

The best way to learn to pronounce Albanian properly is by imitating the tape. However, the following explanation may be helpful.

Vowel Sounds

de lengte v.d klinkers (k of l) wordt aangegeven met [:]

Each of the vowels can be either short or long. Length will be shown by [:] to the right of the phonetic symbol. In orthography, ë is often used at the end of the word to indicate the length of the previous vowel, as in **bletë** [blɛ:t] (*bee*). *als het woord op een klinker eindigd wordt de vorige klinker langer.*

ë [ə] is similar to the first vowel in English **around** when short, and to the vowel of **burn** when long. Examples:

për [pər] (*for*)   **hënë** [hə:n] (*moon*)

a [a] is similar to the English sound in **cut** when it is short, or **cart** when it is long. Examples:

mal [mal] (*mountain*)   **zanë** [za:n] (*fairy*)

e [ɛ] is very similar to the English sound as in **get**, **dead**, **set** etc. In Albanian it also has a long counterpart, e.g.:

vesh [vɛʃ] (*ear*)   **bletë** [blɛ:t] (*bee*)

i [i] is similar to the English sound as in **hit**, or as in **meet** if it is long. Examples:

mik [mik] (*friend*)   **pikë** [pi:k] (*point*)

o [o] is similar to the English **hot** when short, and **thought** when long. Examples:

sot [sot] (*today*)   **botë** [bo:t] (*world*)

u [u] is similar to the English **bush** when short, and **moon** when long. Examples:

mbush [mbuʃ] (*fill*)   **fushë** [fu:ʃ] (*field*)

y [y] This sound does not exist in English. It is similar to the French sound in **une**, or the German sound in **dünn**. To practise making this sound, make the position with your mouth as when you make the English sound [u] as in **moon** and try to make the sound [i] as in **mean**. You can do the same with **pool** and **peel**. Examples:

pyll [pyL] (*forest*)   **shtyllë** [ʃty:L] (*column*)

Consonants

The following consonants in Albanian **b** [b], **ç** [tʃ], **f** [f], **g** [g], **j** [j], **m** [m], **n** [n], **s** [s], **sh** [ʃ], **v** [v], **xh** [dʒ], **z** [z] and **zh** [ʒ] are like the initial English sounds in the following words: **book, church, foot, goal, yes, mime, nine, sip, ship, van, judge, zoo,** and the last is like the **s** in **pleasure**. Examples:

breg [brɛg] (*hill*)   **send** [sɛnd] (*thing*)
çka [tʃka] (*what*)   **shesh** [ʃɛʃ] (*square*)
fik [fik] (*fig*)   **viç** [vitʃ] (*calf*)
gisht [giʃt] (*finger*)   **xhep** [dʒɛp] (*pocket*)
jetë [jɛ:t] (*life*)   **zi** [zi] (*black*)
me [mɛ] (*with*)   **zhurmë** [ʒu:rm] (*noise*)
nuse [nu:se] (*bride*)

p [p], **t** [t], **d** [d] and **k** [k] are pronounced like their English counterparts but are not aspirated even when they are in an initial position. They are similar to **p**, **t** and **k** in **spot, stop** and **skin**. Notice also that **t** [t] and **d** [d] in Albanian are pronounced with the tip of the tongue touching the back of the upper teeth and not as in English with the tip of the tongue striking the teeth-ridge. Examples:

pamje [pamjɛ] (*view*)   **kokë** [ko:k] (*head*)
tash [taʃ] (*now*)

nj [ɲ] is pronounced like the initial sounds in the English word **new**. Example:
njeri [ɲɛri:] (*man*)

h [h] is very similar to the English as in **hot, hide** etc. Example:
humb [humb] (*lose*)

th [θ] and **dh** [ð] are similar to English in **think** and **they**, but in Albanian these two sounds tend to be more interdental, that is,

you put the tip of your tongue between your teeth. Examples:
thumb [θumb] (*sting*)   **dhe** [ðɛ] (*and*)

l [l] is pronounced similarly to **l** in **leaf** or **long**, whereas **ll** [L] is more like the final sound in **bill**, **hall** etc. Examples:
lojë [lo:j] (*game*)   **lloj** [Loj] (*kind*)

r [r] is a single trill similar to the Scottish pronunciation of **r**, whereas **rr** [R] involves more than one trill. Examples:
rast [rast] (*occasion*)   **rrafsh** [Rafʃ] (*plain*)

c [ts] is pronounced by trying to produce at the same time the sounds [t] and [s], whereas **x** [dz] is pronounced by trying to produce at the same time the sounds [d] and [z]. Example:
cak [tsak] (*point*)   **xixë** [dzi: dz] (*spark*)

q [c] and **gj** [ɟ] are two consonants that do not exist in English. The closest you can get by using English words for their pronunciation is **tu** in **mature** for the first, and **du** in **endure** for the second. Examples:
qen [cɛn] (*dog*)   **gju** [ɟu] (*knee*)
    [tɛn]   [dj]

STRESS = klemtoon
In het Albanees valt de klemtoon meestal op het laatste deel
In general in Albanian the main stress falls on the last word of a
van een woord als deze is   samenstelling uit verschillende
phrase, on the last stem of a compound word and on the last
lettergreepen
syllable of a polysyllabic word. Although this holds for the vast majority of words in Albanian, some of them do not obey this general principle.

As well as the examples given at the end of this section, which may help you form some general patterns, you should also remember the following:

(a) The most frequent derivational suffixes are stressed when they are added to a word, thus forming new stems. For example:
púnë + **-tór** = **pùnëtór**
work + -er = worker
The main stress of **púnë** becomes secondary after the suffix **-tór** is added, and here is marked by the grave accent `. The main stress is marked by the acute accent ´. Notice that in the main

De klemtoon woord meestal aangegeven als er op een klinker een
axanregu wordt gezet ´, als het laatste deel v e woord een klinker
heeft met een • dan valt daar de klemtoon, in het eerste deel
komt er een grave accent te staan ˋ

dictionary the secondary accent is not marked at all.

The same happens with compound words, e.g.:

zémër + gjérë = zèmërgjérë

heart + broad = generous

Here are some other derivational suffixes which are stressed:

-(t)ár, -í, -(ë)rí, -(ë)sí, -ím, -ásh, -ák, -ác, -íst, and **-ísht** (which has the feminine equivalent **-íshte**)

Among unstressed derivational suffixes are:

-as, -azi, -thi, -më, -je, -(ë)s, -(t)ë, -shëm, -shme and **-e**

(b) Most inflexional suffixes, which when added to the word produce new forms (not new stems), are unstressed. Only the noun plural endings **-énj, -ínj** and **-ërínj**, which are rather rare, are stressed. Note the change of stress in the following common words, which do not follow this general rule:

lúmë + -énj = luménj (*river/rivers*)

shkop + -ínj = shkopínj (*stick/sticks*)

prift + -ërínj = priftërínj (*priest/priests*)

i madh – të mëdhénj (*big*) (*masc. sing./pl.*)

e mádhe – të mëdhá (*big*) (*fem. sing./pl.*)

e kéqe – të këqía (*bad*) (*fem. sing./pl.*)

(c) The definite article, which in Albanian is added to the end of the noun, is not stressed.

(d) When **ë** is not a means of indicating the length of a previous vowel and is pronounced in the final position, it is usually unstressed. (**ë** only indicates the length of the previous vowel for speakers of Gheg, one of the two main dialects of Albanian).

Study the following list of words grouped according to their stress:

Patterns	*Exceptions*
bilbíl (*nightingale*)	
qytét (*town*)	
jétë (*life*)	**këté** (*this*)
blétë (*bee*)	**até** (*that*)

lákër (*cabbage*)   çapkën (*rascal*)
bákër (*copper*)   çakërr (*cross-eyed*)

babá (*father*) (*but pl. is* baballárë)
vëllá (*brother*)

njerí (*man*) (*but pl. is* njérëz)
barí (*shepherd*)

kafé (*coffee*)
muzé (*museum*)

vétull (*eyebrow*)   fodúll (*vain person*)
kúngull (*squash*)

lúle (*flower*)   edhé (*and*)
núse (*bride*)

drangúa (*dragon*)
blúaj (*grind*)
búall (*waterbuffalo bull*)

pinguín (*penguin*)

You may find it difficult to remember all these details right from the beginning, therefore you are advised to check the words for stress in the main dictionary at the end of this book.

Unit One

■ **I/ SITUATIONS**

tungjatjeta	hello
unë	I
jam	am; I am
ti	you (*sing.*)
po ti?	what about you?; and you?

A: Tungjatjeta! Unë jam Besniku. Po ti?
B: Unë jam Besa.

a	*question marker*
je	are (*2nd pers. sing.*)
po	yes
ky	this (*masc.*)
është	is
kjo	this (*fem.*)
student	student (*masc.*)
studente	student (*fem.*)
ai	he; it; that (*masc.*)
ajo	she; it; that (*fem.*)

A: A je ti Marku?
B: Po, unë jam Marku. Ky është Denisi. Denisi është student.
Kjo është Nora. Nora është studente. Ai është Xhoni. Ajo është
Beti.

jo	no
këta	these (*masc.*)
po këta?	what about them?; what about these?
nuk	not
janë	are (*3rd pers. pl.*)
me	with
ne	we; us
ata	they (*masc.*); those (*masc.*)

ato	they (*fem.*); those (*fem.*)
ju	you (*pl.*)

A: A është ajo Alisa?
B: Jo, ajo nuk është Alisa.
A: Po këta?
B: Këta nuk janë me ne.
A: A janë ata me ju?
B: Jo, ata nuk janë me ne.

si	how
shumë	very; much
mirë	well
falemnderit	thanks

A: Si je, Mark?
B: Shumë mirë. Po ti?
A: Mirë, falemnderit.

e lodhur	tired (*fem.*)
e	and
pak	a little
të lodhura	tired (*fem. pl.*)
i lodhur	tired (*masc.*)
të lodhur	tired (*masc. pl.*)
këto	these (*fem.*)
vajza	girls

A: A je e lodhur, Nora?
B: Pak. Beti e Meri janë të lodhura.
A: Po ti, Mark, a je i lodhur?
C: Jo. Riçardi e Denisi janë të lodhur.
A: A janë këto vajza me ju?
C: Jo.

II/ GRAMMATICAL PATTERNS

The Present Tense of the Verb 'to be'

Unë	jam	Ne	jemi
Ti	je	Ju	jeni
Ai	është	Ata	janë
Ajo	është	Ato	janë

■ **III/ DIALOGUE**

NË PRISHTINË

Petriti:	Mirëdita. Unë jam Petriti. Po ti?
Marku:	Unë jam Marku.
Petriti:	Si je, Mark?
Marku:	Mirë, falemnderit, po ti?
Petriti:	Shumë mirë. . . . Vetëm je?
Marku:	Jo, jam me disa shokë e shoqe.
Petriti:	A jeni të gjithë nga Londra?
Marku:	Jo të gjithë. Disa jemi nga Londra, disa nga Oksfordi.
Petriti:	Sa veta jeni?
Marku:	Shtatë. Ky është Xhoni. Xhoni është student nga Londra. Kjo është Nora. Nora është studente nga Oksfordi. Të gjithë jemi studentë.
Petriti:	Edhe unë jam student. Po ata, me ju janë?
Marku:	Jo, ata nuk janë me ne.
Petriti:	Ku janë të tjerët?
Marku:	Meri, Riçardi, Beti dhe Denisi janë në hotel. Janë shumë të lodhur.
Petriti:	A nuk je i lodhur ti?
Marku:	Jo, nuk jam i lodhur.
Petriti:	Po ti, Nora, a je e lodhur?
Nora:	Jam pakëz, por jo shumë.
Marku:	A është Prishtina qytet i madh, Petrit?
Petriti:	Jo, Prishtina nuk është qytet i madh. Është qytet i vogël. Ja, kjo është rruga kryesore. Ai është Fakulteti Filozofik. Ajo është shkollë fillore.
Nora:	Bankë është kjo këtu?
Petriti:	Po, kjo këtu është bankë. Ai atje është teatër.

Vocabulary

në Prishtinë	in Prishtina
mirëdita	good afternoon (*lit.* good day)
shumë mirë	very well
vetëm	alone
disa	some
shokë	friends (*masc.*)
shoqe	friends (*fem.*)

të gjithë	all (*masc.*)
nga	from
sa	how many
veta	persons
shtatë	seven
studentë	students (*masc. pl.*)
studente	students (*fem. pl.*)
edhe	too; and
edhe unë	I too; I also
ku	where
të tjerët	the others
dhe	and
në	in; at
pakëz	a little (bit)
por	but
jo shumë	not much
qytet	town; city
i madh	big (*masc.*)
i vogël	small (*masc.*)
ja	here it is
rruga	the street
kryesore	main (*fem.*)
Fakulteti Filozofik	Faculty of Philosophy
shkollë	school
fillore	primary (*fem.*)
bankë	bank
këtu	here
atje	there
teatër	theatre

Remember these greetings:

mirëmëngjesi	good morning
mirëmbrëma	good evening

IV/ EXERCISES

(1) Answer the following questions on the dialogue:

    1 Si është Marku?
    2 Ku është Marku me disa shokë dhe shoqe?

3 A është Marku student?
4 Sa studentë nga Britania e Madhe (*Great Britain*) janë në Prishtinë?
5 A janë të gjithë nga Londra?
6 A është Marku i lodhur?
7 A është Nora e lodhur?
8 A janë Riçardi e Denisi të lodhur?
9 A janë Meri e Beti të lodhura?
10 Ku janë ato?
11 Po Riçardi e Denisi?
12 A është Petriti student?
13 A është Prishtina qytet i madh?
14 Po Londra?

(2) Fill in the blanks:

(a) Mirëdita, Brenda.
............, Agron. Si ....?
............, falemnderit.
Vetëm je në Prishtinë?
Jo, jam me .... shokë e shoqe.
.... janë të tjerët?
.... hotel.

(b) ...., Petrit.
Mirëdita, Mark.
.... janë disa shokë e shoqe nga Britania e Madhe.
.... është Nora, ... është Denisi,
.... është Meri, ... është Riçardi.
Sa .... jeni?
Jemi .... veta.
A jeni të gjithë .... Londra?
.... jemi .... Londra, ...
jemi .... Oksfordi.

(c) Prishtina   është   i   vogël.   Kjo   është
....   kryesore.   Kjo   ....   është

bankë . . . . atje është Fakulteti . . . .
Ajo është. . . . . fillore.

(d) Disa studentë dhe studente nga Britania e Madhe
. . . . në Prishtinë. Marku . . . .
(*neg.*) i lodhur. Ai . . . . (*neg.*) në hotel. Denisi
e Riçardi . . . . në hotel. Ata . . . . të
. . . . Marku e Nora janë me një (*a, one*) shok
. . . . Prishtina. Nora nuk është shumë
. . . . Ajo është . . . . e lodhur. Meri
e Beti janë të . . . . Ato . . . . në
hotel.

(3) Translate the following sentences into Albanian:

1 I am . . . . (*your name*).
2 I come from London.
3 London is a big town.
4 Oxford is not a big town, Oxford is a small town.
5 Nora comes from Oxford.
6 Mark comes from London.
7 He is a student.
8 Richard and Dennis are students too.
9 Nora and Mary are students.
10 Nora is tired, Mary is not tired.
11 Betty and Nora are tired.
12 Mark is not very tired.
13 Dennis and Richard are very tired.
14 Petrit is with some friends from Great Britain.

(4) Make sentences using first the demonstratives **ky, kjo, këta,
këto,** then **ai, ajo, ata, ato**:

Example: Marku
          Ky është Marku. Ai është Marku.

Nora   . . . .
Riçardi   . . . .

Student ....
Studentë ....
Studente ....
Hotel ....
Rruga kyresore ....
Bankë ....
Shkollë ....

Unit Two

■ I/ SITUATIONS

babai	the father
yt	your (*with masc. sing. nouns*)
im	my (*with masc. sing. nouns*)
ç'	what
mjek	doctor

A: A është ky babai yt?
B: Po, ky është babai im.
A: Ç'është babai yt?
B: Babai im është mjek.

çanta	the bag
jote	your (*with fem. sing. nouns*)
zotëri	mister; sir
ime	my (*with fem. sing. nouns*)
me nder qofsh	don't mention it (*lit.* with honour may you be)

A: A është kjo çanta jote, zotëri?
B: Po, kjo është çanta ime. Falemnderit.
A: Me nder qofsh.

vëllai	the brother
i Petritit	Petrit's (*following masc. nouns*)
motra	the sister
e Petritit	Petrit's (*following fem. nouns*)
i Zanës	Zana's (*following masc. nouns*)
nëna	the mother
e Zanës	Zana's (*following fem. nouns*)

Ky është vëllai i Petritit.
Kjo është motra e Petritit.
Ai është babai i Zanës.
Ajo është nëna e Zanës.

lapsi	the pencil
i saj	her (*with masc. nouns*)
i tij	his (*with masc. nouns*)
fletorja	the notebook
e tij	his (*with fem. nouns*)
e saj	her (*with fem. nouns*)

A: A është ky lapsi i saj?
B: Jo, ky nuk është lapsi i saj. Ky është lapsi i tij.
A: A është kjo fletorja e tij?
B: Jo, kjo nuk është fletorja e tij. Kjo është fletorja e saj.

II/ GRAMMATICAL PATTERNS

Possessives

shoku	im / yt / i tij / i saj	
	my / your / his / her	(boy)friend
shoqja	ime / jote / e tij / e saj	
	my / your / his / her	(girl)friend
babai	i Agimit / i Markut / i Zanës	
	Agim's / Mark's / Zana's	father
nëna	e Agimit / e Markut / e Zanës	
	Agim's / Mark's / Zana's	mother

Notice the use of i and e here. Nouns are either masculine or feminine in Albanian; i is used when the object one possesses is a masculine noun and e is used when the object one possesses is a feminine noun. Notice also the endings added to the proper nouns. These are genitive case endings, which are explained more fully in Units 4 and 6.

Numbers to 100

1 një	12 dymbëdhjetë	30 tridhjetë
2 dy	13 trembëdhjetë	40 dyzet
3 tre/(*masc.*)/tri (*fem.*)	14 katërmbëdhjetë	50 pesëdhjetë
4 katër	15 pesëmbëdhjetë	60 gjashtëdhjetë
5 pesë	16 gjashtëmbëdhjetë	70 shtatëdhjetë
6 gjashtë	17 shtatëmbëdhjetë	80 tetëdhjetë
7 shtatë	18 tetëmbëdhjetë	90 nëntëdhjetë
8 tetë	19 nëntëmbëdhjetë	100 njëqind
9 nëntë	20 njëzet	
10 dhjetë	21 njëzet e një	
11 njëmbëdhjetë	22 njëzet e dy	
	23 njëzet e tre/tri . . .	

Notice the structure of numbers from eleven to nineteen:

   një – mbë – dhjetë
   one – on – ten

Definite and Indefinite Forms of Nouns

In Albanian the definite article occurs as -i, -u for masculine nouns, and -(j)a for feminine nouns, and is added to the noun stem. For example:

qytet	(a town)	qyteti	(the town)
shok	(a friend)	shoku	(the friend)
bankë	(a bank)	banka	(the bank)

Notice the difference in the forms of the following nouns:

Masculine		Feminine	
Indefinite	*Definite*	*Indefinite*	*Definite*
(*noun stem*)	(+ -i/-u)	(*noun stem*)	(+ -(j)a)
qytet	qyteti	bankë	banka
shok	shoku	shoqe	shoqja
fakultet	fakulteti	rrugë	rruga
baba	babai	shkollë	shkolla
vëlla	vëllai	nënë	nëna

laps	lapsi	motër	motra
Petrit	Petriti	Zanë	Zana
Agron	Agroni	Teutë	Teuta
Mark	Marku	Dritë	Drita
Oksford	Oksfordi	Prishtinë	Prishtina
Prizren	Prizreni	Londër	Londra

From the above list you can see that proper names in Albanian have a definite form too.

Notice also some of the changes which occur when the definite suffix is added:

  bankë + **a** = **banka** [ë is dropped]
  shoqe + **a** = **shoqja** [e → j]
  motër + **a** = **motra** [ë is dropped]

More information on Definite and Indefinite Forms will be given in Unit 5.

■ **III/ DIALOGUE**

TE PETRITI

Petriti: Nënë, këta janë disa shokë dhe shoqe nga Anglia. Kjo është nëna ime.
Nëna: Mirë se vini. Urdhëroni brenda.
Petriti: Ja edhe disa anëtarë të familjes. Kjo është motra ime e vogël, Zana. Ky është vëllai im i madh, Agroni.
Nëna: Zana është nxënëse, kurse Agroni është mjek. Uluni, ju lutem.
Denisi: Ku është babai yt, Petrit?
Petriti: Në shkollë.
Denisi: Ç'është ai?
Petriti: Mësues.
Meri: Po nëna jote, mësuese është?
Petriti: Jo, nëna ime nuk është mësuese. Ajo është amvisë.
Beti: Sa vjeçe je, Zanë?
Zana: Jam shtatë vjeçe.
Beti: Sa vjeç është Petriti?
Zana: Ai është njëzet vjeç.
Nëna: Sivjet Zana është nxënëse.
Nora: A është Zana nxënëse e mirë?

Nëna:	Po, shumë e mirë.
Beti:	Zanë, a është shkolla jote larg nga shtëpia?
Zana:	Jo, shkolla ime është shumë afër.
Beti:	Sa veta jeni në klasë?
Zana:	Në klasë jemi tridhjetë veta.
Beti:	Sa vajza jeni?
Zana:	Jemi katërmbëdhjetë vajza dhe gjashtëmbëdhjetë djem.

Vocabulary

te	at
Anglia	England
mirë se vini	welcome (*pl.*)
urdhëroni brenda	come inside
anëtarë	members
të familjes	of the family
e vogël	little (*fem.*)
nxënëse	pupil (*fem.*)
kurse	whereas
uluni	sit down
ju lutem	please (*pl.*)
mësues	teacher (*masc.*)
mësuese	teacher (*fem.*)
amvisë	housewife
sa vjeçe je?	how old are you? (*fem. sing.*)
sa vjeç je?	how old are you? (*masc. sing.*)
sivjet	this year
e mirë	good (*fem.*)
larg	far
shtëpia	the house
afër	near
klasë	class
vajza	girls
djem	boys

Occupations

The forms ending in -e are the feminine forms.

bankier/e	banker	**shofer**	driver
inxhinier/e	engineer	**nëpunës/e**	clerk
punëtor/e	worker	**gazetar/e**	journalist

pensionist/e	pensioner	mekanik	mechanic
kamarier/e	waiter/waitress	murator	bricklayer
biznesmen	businessman	ndërtimtar	builder
sekretar/e	secretary	infermier/e	nurse
pemështës	greengrocer	bukëpjekës	baker
farmacist/e	pharmacist/chemist	shkrimtar/e	writer
nxënës/e	pupil		

IV/ EXERCISES

(1) Answer the questions on the dialogue:

1 Ç'është babai i Petritit?
2 A është babai i Petritit në shtëpi?
3 Ku është ai?
4 A është nëna e Petritit mësuese?
5 Ç'është ajo?
6 A është ajo në shtëpi?
7 Ç'është Zana?
8 Sa vjeçe është ajo?
9 A është ajo nxënëse e mirë?
10 A është shkolla e Zanës larg nga shtëpia?
11 A është vëllai i madh i Petritit inxhinier?
12 Ç'është ai?

(2) Fill in the blanks:

(a) *A*: Nënë, këta janë . . . . shokë . . . .
shoqe . . . . Anglia.
B: . . . . vini. . . . . brenda. Uluni,
. . . .

(b) *A*: Ja çanta . . . . , zotëri.
B: Falemnderit.
A: . . . . qofsh.

(c) Kjo është shtëpia . . . . Petritit.
Ky është babai . . . . Petritit.
Motra . . . . vogël . . . . Petritit është
nxënëse.

Vëllai . . . . madh . . . . Petritit është mjek.

Kjo është shkolla . . . . Zanës.

(d) *A*: A është shkolla jote. . . . . nga shtëpia?
   B: Jo, është shumë . . . .
   A: Sa veta jeni . . . . klasë?
   B: Tridhjetë.
   A: Sa . . . . dhe sa . . . . jeni?
   B: Jemi . . . . dhe . . . .

(e) *A*: . . . . është babai i Petritit?
   B: Në shkollë.
   A: . . . . ai?
   B: Ai është mësues.

(3) Translate into English:

Petriti dhe Marku janë shokë. Petriti është student nga Prisht-
ina. Marku është student nga Londra. Marku me disa shokë
nga Anglia është në Prishtinë. Ata janë te Petriti. Nëna e
Petritit, vëllai i madh i Petritit, Agroni, dhe motra e vogël e
Petritit, Zana, janë në shtëpi. Babai i Petritit nuk është në
shtëpi. Ai është mësues. Ai është në shkollë. Vëllai i madh i
Petritit, Agroni, është mjek. Motra e vogël e Petritit, Zana,
është nxënëse. Ajo është shtatë vjeçe. Ajo nuk është në
shkollë. Shkolla e Zanës është afër. Zana është nxënëse e
mirë.

(4) Translate into Albanian:

Nora and Drita are friends. They are students. Nora is in
Prishtina. Drita is in London (*Londër*). Nora's mother is not
a housewife. She is a teacher. She is not at school. She is at
home. Nora's brother is a pupil. He is ten years old. He is
at school. His school is very far from his house.

Unit Three

■ **I/ SITUATIONS**

ke	you (*sing.*) have
kam	(I) have
banesë	flat
veturë	car

A: A ke shtëpi?
B: Jo, nuk kam shtëpi. Kam banesë.
A: Po veturë?
B: Kam!

quhesh	you (*sing.*) are called
quhem	(I) am called
quhet	(he/she) is called

A: Si quhesh?
B: Quhem Ylber.
A: Si quhet motra jote?
B: Ajo quhet Fatmire.

flet	you (*sing.*) speak; (he/she) speaks
shqip	Albanian
flas	(I) speak
kupton	(he/she) understands; you (*sing.*) understand
por	but
kuptoj	(I) understand
anglisht	English

A: A flet shqip?
B: Po, flas shqip shumë mirë.
A: Po ajo, a flet shqip?
B: Kupton, por nuk flet mirë.
A: Edhe unë kuptoj anglisht, por nuk flas mirë.

çka	what
po bën	is doing; you (*sing.*) are doing
po punon	is working; you (*sing.*) are working
kopsht	garden

A: Çka po bën Besniku?

B: Po punon në kopsht.

II/ GRAMMATICAL PATTERNS

The Present Tense

kam   (*have*)

(Unë)	kam	(Ne)	kemi
(Ti)	ke	(Ju)	keni
(Ai/Ajo)	ka	(Ata/Ato)	kanë

flas   (*speak*)

(Unë)	flas	(Ne)	flasim
(Ti)	flet	(Ju)	flisni
(Ai/Ajo)	flet	(Ata/Ato)	flasin

quhem   (*I am called, my name is*)

(Unë)	quhem	(Ne)	quhemi
(Ti)	quhesh	(Ju)	quheni
(Ai/Ajo)	quhet	(Ata/Ato)	quhen

bëj   (*do/make*)

(Unë)	bëj	(Ne)	bëjmë
(Ti)	bën	(Ju)	bëni
(Ai/Ajo)	bën	(Ata/Ato)	bëjnë

punoj   (*work*)

(Unë)	punoj	(Ne)	punojmë
(Ti)	punon	(Ju)	punoni
(Ai/Ajo)	punon	(Ata/Ato)	punojnë

Notice the similarities between **kam** and **jam**.

Here are some other verbs which conjugate like **punoj**:

   kuptoj   (*understand*)

shkoj   (*go*)
vizitoj   (*visit*)
jetoj   (*live*)
mësoj   (*learn; teach*)
Notice that for verbs in Albanian the first person singular of the Present Tense is used as the citation form (i.e. the form listed in the dictionary).

The Interrogative

The Interrogative is indicated either by putting the interrogative particle **a** in front of the verb or by intonation, e.g.:
   A flet shqip? *or* **Flet shqip?**   Do you speak Albanian?

The Negative

The negative is formed by putting one of the negative particles **nuk** or **s'** in front of the verb, e.g.:
   Nuk flas anglisht *or* **S'flas anglisht**   I don't speak English

■ **III/ READING PASSAGE**

NORA E DRITA
Nora ka një shoqe në Prizren. Shoqja e Norës quhet Drita. Nora e Drita janë moshatare. Ato janë shoqe shumë të mira. Çdo verë ato vizitojnë njëra-tjetrën. Këtë verë Nora është mysafire e Dritës. Sot ajo shkon me autobus nga Prishtina në Prizren. Prizreni është një qytet i vogël por shumë i bukur. Prindërit e Dritës kanë shtëpi. Ata janë shumë mikpritës. Drita ka dy vëllezër dhe dy motra. Njëri vëlla i saj quhet Ylber. Ai është farmacist dhe punon në barnatore. Tjetri quhet Agim. Ai është mësues. Njëra motër e Dritës quhet Fatmire. Tjetra quhet Bardha. Bardha është nxënëse kurse Fatmirja është mjeke dhe punon në spital. Fatmirja është e martuar. Burri i saj, Skënderi, është piktor. Fatmirja e Skënderi kanë dy fëmijë. Ata jetojnë në një banesë. Nora është angleze. Ajo është studente e letërsisë. Drita është shqiptare. Ajo është studente e gjuhës angleze. Nora mëson shqip, kurse Drita mëson anglisht. Nora kupton nga pak shqip, por nuk flet mirë. Kur janë në Prizren, Nora e Drita flasin shqip. Kur janë në Angli, ato flasin anglisht.

Vocabulary

moshatare	of the same age (*fem.*)
çdo	every; each
verë	summer
njëra-tjetrën	each other (*fem.*)
këtë	this
mysafir	guest (*masc.*)
mysafire	guest (*fem.*)
sot	today
autobus	bus
i/e bukur	beautiful
prindërit	the parents
mikpritës	hospitable
vëllezër	brothers
motra	sisters
njëri	one (of) (*masc.*)
farmacist	chemist
barnatore	chemist's shop
tjetri	the other (*masc.*)
njëra	one (of) (*fem.*)
tjetra	the other (*fem.*)
spital	hospital
i/e martuar	married
burri	the husband
piktor	painter
fëmijë	child; children
jetojnë	they live
anglez	English; Englishman
angleze	English; Englishwoman
e letërsisë	of (the) literature
shqiptar	Albanian (*masc.*)
shqiptare	Albanian (*fem.*)
e gjuhës	of the language
mëson	learns
kupton	understands
nga pak	a little
nga	from; from where
kur	when

Countries and Provinces   *Nationalities*   *Languages*

(The Definite forms are indicated with the names of the countries.
The forms ending in **-e** are the feminine forms.)

Countries and Provinces		Nationalities	Languages
Shqipëri,-a	Albania	**shqiptar/e**	**shqip**
Bullgari,-a	Bulgaria	**bullgar/e**	**bullgarisht**
Kinë,-a	China	**kinez/e**	**kinezisht**
Çekosllovaki,-a	Czechoslovakia	**çekosllovak/e**	**çekisht**
Danimarkë,-a	Denmark	**danez/e**	**danisht**
Angli,-a	England	**anglez/e**	**anglisht**
Finlandë,-a	Finland	**finlandez/e**	**finlandisht**
Francë,-a	France	**frëng/e**	**frëngjisht**
Gjermani,-a	Germany	**gjerman/e**	**gjermanisht**
Greqi,-a	Greece	**grek/e**	**greqisht**
Holandë,-a	Holland	**holandez/e**	**holandisht**
Hungari,-a	Hungary	**hungarez/e**	**hungarisht**
Itali,-a	Italy	**italian/e**	**italisht**
Japoni,-a	Japan	**japonez/e**	**japonisht**
Norvegji,-a	Norway	**norvegjez/e**	**norvegjisht**
Poloni,-a	Poland	**polonez/e**	**polonisht**
Rumani,-a	Rumania	**rumun/e**	**rumanisht**
Bashkimi Sovjetik	Soviet Union	**rus/e**	**rusisht**
Spanjë,-a	Spain	**spanjol/e**	**spanjisht**
Suedi,-a	Sweden	**suedez/e**	**suedisht**
Zvicër,-a	Switzerland	**zviceran/e**	
Turqi,-a	Turkey	**turk/e**	**turqisht**
Shtetet e Bashkuara	United States	**amerikan/e**	**anglisht**
Jugosllavi,-a	Yugoslavia	**jugosllav/e**	
Serbi,-a	Serbia	**serb/e**	**serbokroatisht**
Kosovë,-a	Kosovo	**kosovar/e**	
Vojvodinë,-a	Vojvodina	**vojvodinas/e**	
Kroaci,-a	Croatia	**kroat/e**	**serbokroatisht**
Slloveni,-a	Slovenia	**slloven/e**	**sllovenisht**
Bosna e Hercegovina	Bosnia and Hercegovina	**boshnjak/e hercegovas/e**	**serbokroatisht**
Mali i Zi	Montenegro	**malazias/e**	**serbokroatisht**
Maqedoni,-a	Macedonia	**maqedon/e**	**maqedonisht**

IV/ EXERCISES

(1) Answer the questions on the reading passage:

1 Nga është shoqja e Norës?
2 Si quhet ajo?
3 A janë Nora e Drita moshatare?
4 A janë ato shoqe të mira?
5 A është Drita angleze?
6 A është Nora shqiptare?
7 Ku shkon Nora sot?
8 Si shkon Nora në Prizren?
9 A kanë prindërit e Dritës banesë?
10 Sa vëllezër ka Drita?
11 Si quhen ata?
12 Ç'është Ylberi dhe ku punon ai?
13 Ç'është Agimi?
14 Sa motra ka Drita?
15 Si quhen ato?
16 Ç'është Fatmirja dhe ku punon ajo?
17 Ç'është Bardha?
18 A është Fatmirja e martuar?
19 Si quhet burri i saj?
20 Sa fëmijë kanë Fatmirja e Skënderi?
21 A kanë ata shtëpi?
22 A është Nora studente e letërsisë?
23 A është Drita studente e letërsisë?
24 A mëson Nora shqip?
25 A flet ajo shqip?
26 Si flasin Nora e Drita kur janë në Prizren?
27 Si flasin ato kur janë në Angli?

(2) Fill in the blanks:

(a) Kjo . . . . shoqja ime, Nora. Unë . . . .
Nora . . . . shoqe shumë të mira. Ne jemi
. . . . Nora . . . . shqip por nuk
. . . . mirë. Unë dhe Nora çdo verë vizitojmë
. . . .-. . . . . Kur . . . .

në Prizren . . . . shqip. Kur jemi në Angli, flasim
. . . . Nora është . . . . , kurse unë
jam shqiptare. Nora është . . . . e letërsisë. Unë
jam studente . . . . angleze.

(b) Drita ka dy . . . . dhe dy . . . .
Vëllezërit (*the brothers*) e Dritës . . . . Ylber dhe
Agim. Njëri vëlla i Dritës është farmacist, kurse
. . . . është mësues. . . . . motër e
Dritës është mjeke, kurse tjetra është nxënëse.

(c) Motra e Dritës, Fatmirja, është . . . . martuar.
Burri . . . . quhet Skënder. Ai është
. . . . Fatmirja e Skënderi kanë dy . . . .
Ata jetojnë në një . . . .

(d) Prindërit e Dritës . . . . në Prizren. Ata kanë
. . . . Ata janë shumë. . . . .

(e) Ti je shoku im. Ti . . . . Agim. Unë
. . . . Mark. Ajo . . . . Arta. Arta
është shumë . . . . bukur (*pretty*).

(3) Make sentences using the given example as a model:

Example: unë/laps
    Unë kam një laps. Ky është lapsi im.

ti/motër; ai/fletore; ajo/shtëpi; ti/shok; ajo/shoqe; unë/vëlla.

(4) Translate into English:

Kam dy shokë në Prishtinë. Njëri është student dhe quhet
Fatmir, kurse tjetri është mjek dhe quhet Gazmend. Fatmiri
është student i gjuhës frënge, por ai mëson edhe anglisht. Ai
është student shumë i mirë. Gazmendi punon në një spital.
Këtë verë ai vjen (*comes*) në Angli. Ai ka disa shokë në
Angli. Disa janë nga Londra kurse disa janë nga Oksfordi.

(5) Translate into Albanian:

I live in England. I am English and I speak English. I am
learning Albanian. I do not speak Albanian well but I under-
stand a little. I have a few Albanian friends. They live in
Kosovo. I go to Kosovo every summer. I have friends in every
town in Kosovo. Some speak English a little, some do not
speak English. When I am in Kosovo, I speak Albanian.

Unit Four

■ I/ SITUATIONS

kush	who
i/e kujt	whose

A: Kush është ky?
B: Ky është shoku im, Agroni.
A: I kujt është ky laps?
B: I Zanës.
A: E kujt është kjo fletore?
B: E Gencit.

cili	which; who (*masc.*)
cila	which; who (*fem.*)

A: Cili është shoku i Riçardit?
B: Ai atje.
A: Cila është shoqja e Merit?
B: Kjo këtu.

qeni	the dog
i ziu	the black one (*masc.*)
i bardhi	the white one (*masc.*)
macja	the cat
e zeza	the black one (*fem.*)
e bardha	the white one (*fem.*)

Cili është qeni yt?
I ziu./ I bardhi.
Cila është macja jote?
E zeza./ E bardha.

kë	whom
me Petritin	with Petrit (*prep.* + *acc.*)

A: Me kë është Denisi?
B: Denisi është me Petritin.
A: Me kë është Agimi?
B: Agimi është me Zanën
A: Me kë janë Nora e Drita?
B: Ato janë me Markun.
A: Me kë janë Meri e Beti?
B: Me Denisin.

tash	now
hamë	we eat
drekë	lunch
pastaj	then; afterwards
pushojmë	we rest
ha	(I/you *sing.*) eat; (he/she) eats
restorant	restaurant
hani	you (*pl.*) eat
hanë	they eat

A: Tash hamë drekë, pastaj pushojmë. Ku ha drekë ti?
B: Në shtëpi. Nuk ha drekë në restorant. Petriti ha drekë në restorant.
A: A hani ju drekë në restorant?
B: Jo. Ata hanë drekë në restorant.

II/ GRAMMATICAL PATTERNS

Nominative, Accusative and Genitive of Singular Nouns

Below are given the nominative, accusative and genitive forms, both definite and indefinite, of some words you already know.

Nominative (Subject case)	Accusative (Object case)	Genitive (Possessive case)
kush	kë	i/e kujt
cili	cilin	i/e cilit
cila	cilën	i/e cilës

Indefinite

Nominative	Accusative	Genitive
(një) student	një student	i/e një studenti
(një) shok	një shok	i/e një shoku
(një) vajzë	një vajzë	i/e një vajze
(një) shoqe	një shoqe	i/e një shoqeje

Definite

Nominative	Accusative	Genitive
studenti	studentin	i/e studentit
shoku	shokun	i/e shokut
vajza	vajzën	i/e vajzës
shoqja	shoqen	i/e shoqes
Petriti	Petritin	i/e Petritit
Marku	Markun	i/e Markut
Zana	Zanën	i/e Zanës

The Present Tense of ha and vij

ha (eat)

(Unë)	ha	(Ne)	hamë
(Ti)	ha	(Ju)	hani
(Ai/Ajo)	ha	(Ata/Ato)	hanë

vij (come)

(Unë)	vij	(Ne)	vijmë
(Ti)	vjen	(Ju)	vini
(Ai/Ajo)	vjen	(Ata/Ato)	vijnë

■ III/ DIALOGUE

NORA NË PRIZREN

Drita: Nënë, sa është ora?
Nëna: Dhjetë.
Drita: Po shkoj në stacionin e autobusëve. Sot vjen Nora.
Nëna: Ani, bija ime. Ti shko në stacion, e unë po e bëj drekën gati.

Drita: Mirë se vjen, Norë.
Nora: Dritë, unë flas shumë pak shqip. Çka duhet të them?
Drita: Thuaj, 'Mirë se të gjej!'.
Nora: Mirë se të gjej, Dritë. Si je?
Drita: Shumë mirë. Po ti?
Nora: Mirë jam, por pak e lodhur.
Drita: Tash shkojmë në shtëpi dhe pushojmë.
Nora: A është shtëpia jote larg?
Drita: Jo, është shumë afër. Shkojmë më këmbë. Për pesë minuta jemi atje.
Nora: Por valixhja ime është e rëndë.
Drita: Shkojmë ngadalë.

Nëna: Mirë se vjen, Norë.
Nora: Prit. . . . Mirë se ju gjej. . . . Si jeni?
Nëna: Mirë jemi. Po ti.
Nora: Shumë mirë.
Drita: Nënë, Nora është pak e lodhur. Po shkojmë në dhomën e saj.
Nëna: Ani, bija ime. Shkoni e pushoni pak.
Drita: Eja, Norë. . . . Ja, këtu kemi tri dhoma të fjetjes. Atje është banja. Poshtë është kuzhina dhe dhoma e ndejës. Kjo është dhoma jote. Ky është shtrati yt. Ky është dollapi. Nëse ke të ftohtë, në dollap është një batanije. Kjo është tryeza. Kjo është karrigia. Dritarja shikon nga kopshti.
Nëna: Dritë, dreka është gati.
Drita: Ani, nënë, tash po vijmë edhe ne.

Vocabulary

ora	the hour; the watch; the clock
po	*progressive particle*
po shkoj	I am going
stacion	station
stacion i autobusëve	bus station
në stacionin e autobusëve	at the bus station
ani	all right
bija	the daughter
bija ime	my daughter
unë po e bëj	I am making
gati	ready
se	that
duhet	should, it is necessary
të them	(to) say
thuaj!	say!
mirë se të gjej!	nice to be here (*lit.* may I find you well)
pushojmë	we rest
këmbë	foot; leg
më këmbë	on foot
për	for
minuta	minutes
për pesë minuta	in five minutes
valixhja	the suitcase
e rëndë	heavy
ngadalë	slowly
prit!	wait!
dhomë	room
eja!	come!
dhoma të fjetjes	bedrooms
banja	the bathroom
poshtë	down; downstairs
kuzhina	the kitchen
dhoma e ndejës	the sitting room
shtrati	the bed
dollapi	the wardrobe
nëse	if

ftohtë	cold
batanije	blanket
tryeza	the table
karrigia	the chair
dritarja	the window
shikoj	look
nga	towards
kopshti	the garden

IV/ EXERCISES

(1) Answer the following questions on the dialogue:

1 Sa është ora?
2 Ku shkon Drita?
3 Kush vjen në Prizren sot?
4 A është Nora e lodhur?
5 A është shtëpia e Dritës larg?
6 Si shkojnë Nora e Drita në shtëpi?
7 Për sa minuta shkojnë në shtëpi?
8 A është valixhja e Dritës e rëndë?
9 Sa dhoma të fjetjes kanë prindërit e Dritës?
10 Çka ka Nora në dhomën e saj?
11 Çka ka në dollap?
12 Nga shikon dritarja?

(2) Fill in the blanks:

(a) A: Mirë se vjen, Norë.
B: . . . . , Dritë. Si . . . . ?
A: Mirë, ... Po ti?
B: Mirë . . . . , por . . . . e lodhur.
A: . . . . shkojmë në shtëpi dhe . . . .
Shtëpia ime është . . . . Shkojmë më
. . . . Për pesë. . . . . jemi atje.
B: . . . . është e rëndë.
A: Shkojmë . . . .

(b) *A*: Nënë, Nora është . . . . e lodhur. Po shkojmë
në . . . . e saj.
B: Ani, ... ime. Ju . . . . , e unë
po e bëj . . . . gati.

(c) *A*: Dritë, dreka . . . . gati.
B: . . . . , nënë. Tash po . . . . edhe
ne.

(3) Fill in the blanks with the appropriate interrogative (**cili, cila,
çka, ku, i/e kujt, sa, si**):

1 -. . . . . shkon në Prizren sot? – Nora.
2 -. . . . . shkon Nora në Prizren? – Me autobus.
3 -. . . . . është ora? – Dhjetë.
4 -. . . . . është qeni yt? – I ziu.
5 -, ... është ky laps? – I Petritit.
6 -. . . . . është macja jote? – E zeza.
7 -. . . . . është kjo shtëpi? – E Gencit.
8 -. . . . . është Marku? – Me Petritin.
9 -. . . . . është kjo fletore? – E një shoqeje.
10 -. . . . . është shoqja jote? – Studente.
11 -. . . . . po bën Petriti? – Po punon në kopsht.

(4) Change the following sentences as in the given example:
Example: Marku e Petriti po flasin shqip.
Marku po flet shqip me Petritin.
(*Note that nouns following* **me** *take the accusative
ending.*)

1 Nora e Drita po shkojnë në shtëpi.
2 Beti e Denisi po hanë drekë.
3 Agroni e Genci po pushojnë në kopsht.
4 Zana e Teuta po vijnë në shtëpi.
5 Meri e Marku po mësojnë shqip.
6 Nora e nëna po e bëjnë drekën gati.
7 Riçardi e Marku nuk po flasin.
8 Meri, Beti e Riçardi po pushojnë.
9 Drita e Nora janë moshatare.
10 Genci e Zana shkojnë në shkollë.

(5) Put the nouns in brackets in their possessive form:

1 Ky është lapsi (një shoqe) . . . .
2 Kjo është motra (një shoku) . . . .
3 Ai është kopshti (Mark) . . . .
4 Ajo është shkolla (Zanë) . . . .
5 Shtëpia (mësuesi) . . . . është e vogël.
6 Burri (Fatmire) . . . . është piktor.
7 Vëllai (një shok) . . . . është mjek.
8 Dritarja (dhoma) . . . . është e madhe.
9 Kopshti (Fatmir) . . . . është i bukur.
10 Valixhja (Nora) . . . . është e rëndë.

(6) Translate into English:

Sot Nora është në Prizren. Ajo është te shoqja e saj, Drita.
Në shtëpi janë vetëm Nora, Drita dhe nëna e saj. Babai i
Dritës nuk është në shtëpi. Motra e Dritës është te një shoqe.
Nëna e Dritës është në kuzhinë. Ajo po e bën drekën gati.
Nora është në dhomë me Dritën. Ato po pushojnë.

(7) Translate into Albanian:

It is ten o'clock now. At (në) eleven I am going to Oxford
by bus. I have a few friends there. They are all students.
They are very hospitable. Oxford is a beautiful town and it
is not big. Oxford is not far from London. In (për) one hour
by bus you are there. There is a very big theatre in Oxford.
I go there every summer with Mark and Betty. Mark is a
student of English literature, whereas Betty is a student of
Russian.

Unit Five

■ I/ SITUATIONS

të dehur	drunk (*masc. pl.*)
bisedojnë	(they) talk
kafene	cafe
më fal	excuse me
më falni	excuse me (*pl. or polite form*)
a e di	do you know

Dy të dehur bisedojnë në një kafene:
A: Më fal, a e di sa është ora?
B: Po.
A: Falemnderit.

dëshiroj	(I) wish; want
të shkoj	to go
kinema	cinema
sonte	tonight
më vjen keq	I am sorry
kohë	time
ndonjëherë tjetër	some other time

A: Dëshiroj të shkoj në kinema sonte. A vjen edhe ti?
B: Më vjen keq, por nuk kam kohë. Shkojmë ndonjëherë tjetër.

pse	why
i mërzitur	bored (*masc. sing.*)
rrimë	(we) stay
asgjë	nothing
të të këndoj	shall I sing you. . . ?
këngë	song
mos, të lutem	please don't (*sing.*)
të shëtisim	shall we go for a walk
bën ftohtë	it is cold
darkë	supper
të hamë darkë?	shall we have supper?
herët	early

atëherë	then
të bisedojmë	let's talk
për	for, about

A: Pse je i mërzitur?
B: Ja, rrimë këtu e s'bëjmë asgjë.
A: Të të këndoj një këngë?
B: O, jo. Mos, të lutem.
A: Të shëtisim pak?
B: Jo, bën shumë ftohtë.
A: Të hamë darkë?
B: Jo, është herët.
A: Ç'të bëjmë atëherë?
B: Të bisedojmë.
A: Për çka?

do të bëjmë	we shall do
nesër	tomorrow
bjeshkë	mountain
do të ecim	we shall walk
pasnesër	the day after tomorrow
a do të vijsh	will you come
do të vij	I shall come
do të udhëtojmë	we shall travel
bashkë	together

A: Çka do të bëjmë nesër, Dritë?
B: Do të shkojmë në bjeshkë.
A: Si do të shkojmë?
B: Me veturë. Pastaj do të ecim.
A: A do të vijsh pasnesër në Prishtinë?
B: Po, do të vij.
A: Shumë mirë. Do të udhëtojmë bashkë.

doni	you (pl.) want
të pini	to drink
kafe	coffee
sheqer	sugar
zakonisht	usually
pa	without

A: Çka doni të pini?
B: Një kafe me pak sheqer, ju lutem. Zakonisht pi kafe pa sheqer.

II/ GRAMMATICAL PATTERNS

The Present Tense of di, eci and dua

The verbs **bisedoj** (*talk*), **dëshiroj** (*wish, want*), and **peshkoj** (*fish*) conjugate in the same way as the verb **punoj**. Here are some verbs which have different patterns for the present tense.

di (*know*)

(Unë)	di	(Ne)	dimë
(Ti)	di	(Ju)	dini
(Ai/Ajo)	di	(Ata/Ato)	dinë

The verbs **pi** (*drink*) and **rri** (*stay*) conjugate like **di**.

eci (*walk*)

(Unë)	eci	(Ne)	ecim
(Ti)	ecën	(Ju)	ecni
(Ai/Ajo)	ecën	(Ata/Ato)	ecin

dua (*want*)

(Unë)	dua	(Ne)	duam
(Ti)	do	(Ju)	doni
(Ai/Ajo)	do	(Ata/Ato)	duan

The Progressive Form of the Verb

All the verbs used until now have been in the Present Tense of the Indicative. One way of forming the progressive of this tense, as we saw, was by inserting the particle **po** in front of the verb. The progressive corresponds to the English form ending in **-ing**.

    Po punoj.   I am working.

The Subjunctive

The Subjunctive mainly corresponds to the English infinitive in function and is used following verbs of intention, e.g.

    Dëshiroj të punoj   I wish to work in the garden.
    në kopsht.

The Subjunctive is formed by putting the particle **të** in front of the verb, and the verb itself mainly retains the same forms as for the Present Tense of the Indicative. It has different forms only for the second and third person singular. These two forms are given below in bold script for **punoj**. (Note that from now on personal pronouns will be omitted when conjugating verbs.)

të punoj	të punojmë
të punosh	të punoni
të punojë	të punojnë

Subjunctive of **jam** and **kam**:

të jem	të jemi		të kem	të kemi
të jesh	të jeni		të kesh	të keni
të jetë	të jenë		të ketë	të kenë

The Future Tense

The Future Tense in Albanian is formed by putting the particle **do** in front of the Subjunctive:

do të punoj	do të punojmë
do të punosh	do të punoni
do të punojë	do të punojnë

Telling the Time

Sa është ora?	– What time is it?
2:00	– Ora është dy.
2:05	– dy e pesë (minuta)
2:10	– dy e dhjetë (minuta)
2:15	– dy e një çerek
2:25	– dy e njëzet e pesë (minuta)
2:30	– dy e gjysmë (e tridhjetë minuta)
2:40	– tre pa njëzet (minuta)
2:45	– tre pa një çerek
2:55	– tre pa pesë (minuta)
3:00	– tre
9 a.m.	– nëntë në mëngjes
9 p.m.	– nëntë në mbrëmje

çerek	quarter
gjysmë	half

mesditë   midday
mesnatë   midnight

Definite and Indefinite Forms of Nouns

Below is a list of singular and plural definite and indefinite forms.

Singular		Plural	
Indefinite	*Definite*	*Indefinite*	*Definite*
banesë	banesa	banesa	banesat
motër	motra	motra	motrat
amvisë	amvisja	amvise	amviset
mësuese	mësuesja	mësuese	mësueset
mjeke	mjekja	mjeke	mjeket
letërsi	letërsia	letërsi	letërsitë
shtëpi	shtëpia	shtëpi	shtëpitë
autobus	autobusi	autobusë	autobusët
mjek	mjeku	mjekë	mjekët
burrë	burri	burra	burrat
hotel	hoteli	hotele	hotelet
kat (*floor,* *storey*)	kati	kate	katet
qytet	qyteti	qytete	qytetet
spital	spitali	spitale	spitalet
mësues	mësuesi	mësues	mësuesit
nxënës	nxënësi	nxënës	nxënësit
baba	babai	baballarë	baballarët
djalë	djali	djem	djemtë
vëlla	vëllai	vëllezër	vëllezërit
teatër	teatri	teatro	teatrot
fëmijë	fëmija	fëmijë	fëmijët

If you look at the first two columns, you may notice that masculine nouns take either **-i** or **-u** as the definite article. Masculine nouns ending in [k], [g] or [h] sounds, or in a stressed vowel, take the definite article **-u**, e.g. **shok – shoku, mí – míu** (*mouse*). Exceptions are male humans like **vëllá – vëllái, pashá – pashái, babá – babái,** and also nouns like **sý** – **sýri** (*eye*), which add **-r** before adding **-i**.

Notice that some sounds drop when the definite article is added. Such are the unstressed **e** as in **shoqe** – **shoqja** and **ë** as in **motër** – **motra, teatër** – **teatri, djalë** – **djali, vajzë** – **vajza**.

The plural ending comes in a variety of forms. Not all of them are covered by this list of nouns, but you may still notice that the typical masculine endings are **-ë** and **-a**, and the typical feminine endings are **-e** and **-a**. Many nouns, both masculine and feminine, have the same form in the singular and plural, and some form the plural in an irregular way.

A number of masculine inanimate nouns take the plural ending **-e** and become feminine in the plural. Such are **hotel, qytet,** *etc.* In the vocabulary at the end of the book nouns that undergo this change are marked :*'fem. in pl.'*

The definite article in the plural for all nouns is **-t(ë)** or **-(i)t**.

It is important to determine number, gender, definiteness and indefiniteness for nouns because these in one way or another govern the form of the adjectives used with them, e.g.

Masculine	*Feminine*
student i mirë	**studente e mirë**
studenti i mirë	**studentja e mirë**
studentë të mirë	**studente të mira**
studentët e mirë	**studentet e mira**

Proper Names

You may have noticed by now that proper names in Albanian have an indefinite and a definite form, e.g.

Agim	**Agimi**	**Agron**	**Agroni**
Zanë	**Zana**	**Fatmire**	**Fatmirja**
Mark	**Marku**	**Dimitër**	**Dimitri**
Arbër	**Arbri**	**Norë**	**Nora**
Londër	**Londra**	**Oksford**	**Oksfordi**
Prishtinë	**Prishtina**	**Prizren**	**Prizreni**

Notice the usage **Unë quhem Petrit** but **Unë jam Petriti**

■ **III/ DIALOGUE**

Ç'DO TË BËJMË SOT?

Është ora tetë në mëngjes. Studentët angleze janë në restorantin e hotelit. Ata po hanë mëngjes dhe po bisedojnë për planet e sotme.

Marku:	Ku do të shkosh sot ti, Meri?
Meri:	Te një shoqe.
Marku:	Cila është ajo?
Meri:	Quhet Merita. Është studente e gjuhës angleze. Ajo shpesh shkon në fshat. Gjyshi e gjyshja e saj jetojnë në fshat. Do të shkojmë në fshat sot.
Beti:	Edhe unë kam dëshirë të shkoj në fshat.
Meri:	Eja me ne. Babai i Meritës na çon me veturë. Ka vend edhe për ty.
Nora:	Po ti, Denis, ç'do të bësh?
Denisi:	Do të shkoj me Antonin në Deçan. Është një manastir i vjetër atje.
Marku:	Mos shko sot në Deçan, Denis. Atje do të shkojmë një ditë tjetër të gjithë bashkë. Unë e Petriti do të shkojmë në peshkim. Ejani edhe ju me ne.
Denisi:	Ide e mirë! Po me Norën ç'do të bëjmë?
Nora:	Jam pak e lodhur. Ndoshta rri në hotel e pushoj.
Marku:	Mos rri vetëm, Norë. Eja edhe ti me ne.
Nora:	Mirë, atëherë. Po vij edhe unë me ju. Derisa ju peshkoni, unë do të pushoj.
Riçardi:	Ç'të bëj unë? Unë s'kam asnjë plan.
Nora:	Ti zgjedh. Ose shko me Merin e Betin, ose eja me ne.
Riçardi:	Po shkoj me Merin e Betin.
Marku:	Petriti do të vijë në orën nëntë. Në nëntë e gjysmë do të nisemi. Më mirë të nisemi herët sesa vonë.

Vocabulary

mëngjes	breakfast; morning
planet	the plans

planet e sotme	today's plans/plans for today
shpesh	often
fshat	village
gjyshi	the grandfather
gjyshja	the grandmother
dëshirë	wish; desire
na çon	takes us
vend	room; place
ka vend	there is room
për ty	for you
manastir	monastery
i vjetër	old
mos shko	don't go
ditë	day
tjetër	other
peshkim	fishing
ejani!	(you *pl.*) come!
ide e mirë	good idea
ndoshta	maybe, perhaps
mos	don't
derisa	while
asnjë	none; not a . . .
zgjedh!	choose!
ose	or
ose . . . ose	either . . . or
do të nisemi	we will set out
më mirë	better
sesa	than
vonë	late
Notice:	
sot	today
i sotëm	today's (*masc. sing.*)
e sotme	today's (*fem. sing.*)
të sotëm	today's (*masc. pl.*)
të sotme	today's (*fem. pl.*)
plani i sotëm	today's plan
gazeta e sotme	today's paper

IV/ EXERCISES

(1) Answer the following questions on the dialogue:

   1 Sa është ora?
   2 Ku janë studentët angleze?
   3 Çka po bëjnë ata?
   4 Për çka po bisedojnë?
   5 Kush do të shkojë në fshat?
   6 A ka Beti dëshirë të shkojë në fshat?
   7 A ka vend për Betin në veturë?
   8 Kush tjetër shkon me Merin e Betin?
   9 A do të shkojnë Denisi me Antonin në Deçan sot?
  10 Kush do të shkojë në peshkim?
  11 Ku do të shkojnë Denisi, Antoni e Nora?
  12 Çka do të bëjë Nora derisa të tjerët peshkojnë?
  13 Në orën sa (*at what time*) do të vijë Petriti?
  14 Në orën sa do të nisen?

(2) Fill in the blanks:

(a) *A*: . . . . , a shkon ky autobus për Prizren?
    B: Po.
    A: . . . .

(b) *A*: Çka doni . . . . ?
    B: Një kafe me pak sheqer, ...

(c) Studentët angleze po hanë . . . . në restorant. Ata
    po bisedojnë për . . . . e sotme. Meri
    . . . . te një shoqe. Ajo. . . . . Merita.
    Gjyshi dhe. . . . . e saj jetojnë në fshat. Edhe Beti
    dëshiron . . . . në fshat.

(d) Nora dëshiron . . . . në hotel e. . . . . ,
    por edhe ajo shkon në peshkim me Markun e Petritin. Ajo
    thotë (*says*): 'Derisa ju . . . . unë
    . . . .

(3) Put the following sentences in the Future Tense:
Example: Sot po punoj në kopsht.
Nesër/punoj
Nesër do të punoj në kopsht.

1 Unë zakonisht ha drekë në shtëpi.
Nesër/restorant
2 Ai shpesh shkon në teatër.
Nesër/kinema
3 Ata shpesh shkojnë në kafene.
Nesër/teatër
4 Sot vjen Meri nga fshati.
Nesër/Nora e Drita nga Prizreni
5 Tash po flasim shqip.
Pastaj/anglisht.

Unit Six

■ I/ SITUATIONS

më jep	give me
biletë	ticket
në orën sa	what time
e doni biletën	you want the ticket
ka	there is/are; has
urdhëroni	here you are
sa bën	how much is it
treqind	three hundred
dinar	dinar
ditën e mirë	good day (*leaving*)
rruga e mbarë	have a nice journey

A: Më jep një biletë për Pejë, të lutem.
B: Për në orën sa e doni biletën?

A: Për në orën tetë.
B: Më vjen keq, por nuk ka vend në autobusin e orës tetë.
A: Kur ka autobus tjetër për Pejë?
B: Në orën nëntë.
A: Atëherë më jep një biletë për orën nëntë.
B: Urdhëroni.
A: Falemnderit. Sa bën?
B: Treqind dinarë.
A: Ditën e mirë!
B: Ditën e mirë. Rruga e mbarë!

a të pëlqen	do you like
më pëlqen	I like
muzika angleze	English music
Bardhës	to Bardha
a i pëlqen	does she like

A: A të pëlqen muzika angleze?
B: Po, më pëlqen shumë.
A: Po Bardhës, a i pëlqen muzika angleze?
B: Po, edhe Bardhës i pëlqen shumë muzika angleze.

Shtëpia e Mallrave	Department Store
blesh	(you) buy
do t'i blej	I shall buy (her/him)
dhuratë	present
ditëlindje	birthday

A: Ku po shkon?
B: Në Shtëpinë e Mallrave.
A: Çka do të blesh?
B: Do t'i blej Norës një dhuratë për ditëlindje.

ç'i do	what do you want (them) for
kartolina	postcards
do t'u shkruaj	I'll write to (them)
shokëve	to (the) friends (dat.)
e ka ditëlindjen	has his/her birthday
këto ditë	these days

A: Ç'i do ato kartolina?
B: Do t'u shkruaj shokëve në Angli. Njëra është për Gencin. Ai
e ka ditëlindjen këto ditë.

II/ GRAMMATICAL PATTERNS

Case Endings for Nouns

Nouns in Albanian have five different cases. Each of these cases depends on the particular role the noun plays in the sentence. For example, the Nominative is used for the subject of the sentence, the Accusative for the direct object, the Dative for the indirect object, the Genitive like English Genitive (to express possession), and the Ablative is mainly used with prepositions, the most typical being **prej** (*from*).

Try to see these roles from the following examples:

Mësuesi	**ia**	**jep**	**librin**	**studentit**
Subject	Clitic		Direct object	Indirect object
Nominative			*Accusative*	*Dative*
The teacher		gives	the book	to the student.

(The role of the clitic will be explained later in the chapter.)

Mësuesi i Zanës ia jep librin   e Teutës vëllait   të Dritës.
    Genitive   *Genitive*   *Genitive*

The teacher of Zana gives the book of Teuta to the brother of Drita.

Studenti e merr librin   prej mësuesit.
                Ablative

The student takes the book from the teacher.

Although there are five different cases, there are not five different forms for the nouns. Often one form is shared by two or three cases, as you can see from the tables below.

I – Masculine singular nouns

	Indefinite		*Definite*
Nom.			**studenti**
Acc.	**(një) student**		**studentin**
Gen.	**(i/e)**		
Dat.		**një studenti**	**studentit**
Abl.	**prej**		

II – Masculine singular nouns

	Indefinite		Definite
Nom.			shoku
Acc.	(një) shok		shokun
Gen.	(i/e)		
Dat.		një shoku	shokut
Abl.	prej		

III – Feminine singular nouns

	Indefinite		Definite
Nom.			studentja
Acc.	(një) studente		studenten
Gen.	(i/e)		
Dat.		një studenteje	studentes
Abl.	prej		

IV – Neuter singular nouns

	Indefinite		Definite
Nom.			
Acc.	(një) të ftohtë		të ftohtët
Gen.	(i/e)		
Dat.		një të ftohti	të ftohtit
Abl.	prej		

V – Plural nouns

		Indefinite	Definite
Nom.	(ca *some*) studentë		studentët
Acc.			
Gen.	(i/e)		
Dat.		ca studentëve	studentëve
Abl.	prej	*or* studentësh	

In the plural, the use of the Ablative form ending in -sh is optional. There is no neuter plural, and all nouns decline in the same way irrespective of gender.

Study the use of cases in the following sentences:

Një djalë i një fshati merr një lule prej një kopshti dhe ia jep një vajze të një qyteti.

A boy of a village takes a flower from a garden and gives it to a girl of a town.

Djali i fshatit e merr lulen prej kopshtit dhe ia jep vajzës së qytetit.

The boy of the village takes the flower from the garden and gives it to the girl of the town.

Ca djem të ca fshatrave marrin ca lule prej ca kopshtesh dhe ua japin ca vajzave të ca qyteteve.

Some boys of some villages take some flowers from some gardens and give them to some girls of some towns.

Djemtë e fshatrave i marrin lulet prej kopshteve dhe ua japin vajzave të qyteteve.

The boys of the villages take the flowers from the gardens and give them to the girls of the towns.

The Genitive Particle

Notice that in the preceding examples the Genitive particle can be **i, e, të** or **së** depending on the gender, number, definiteness and case of the noun it follows. There is no need to panic, because as you will see from the following examples and tables, the forms of the particle follow a rather straightforward pattern.

NOM. followed by GEN.

masc.	sing.	indef.	një student	i	një kolegji
		def.	studenti	i	kolegjit
	pl.	indef.	ca studentë	të	ca kolegjeve
		def.	studentët	e	kolegjeve
fem.	sing.	indef.	një studente	e	një shkolle
		def.	studentja	e	shkollës
	pl.	indef.	ca studente	të	ca shkollave
		def.	studentet	e	shkollave

ACC. followed by GEN.

masc.	sing.	indef.	një student	të	një kolegji
		def.	studentin	e	kolegjit
	pl.	indef.	ca studentë	të	ca kolegjeve
		def.	studentët	e	kolegjeve
fem.	sing.	indef.	një studente	të	një shkolle
		def.	studenten	e	shkollës
	pl.	indef.	ca studente	të	ca shkollave
		def.	studentet	e	shkollave

GEN./DAT./ABL. followed by GEN.

	(Remember: **i/e** goes before Gen., **prej** before Abl.)					
masc.	*sing.*	*indef.*	**një studenti**	**të**	⎫	**një kolegji**
		def.	**studentit**	**të**	⎬	**kolegjit**
	pl.	*indef.*	**ca studentëve** *or*	**të**	⎬	**ca kolegjeve**
		def.	**studentësh**			
			studentëve	**të**	⎭	**kolegjeve**
fem.	*sing.*	*indef.*	**një studenteje**	**të**	⎫	**një shkolle**
		def.	**studentes**	**së**	⎬	**shkollës**
	pl.	*indef.*	**ca studenteve** *or*	**të**	⎬	**ca shkollave**
		def.	**studentesh**			
			studenteve	**të**	⎭	**shkollave**

The Declension of Personal Pronouns and Clitics

Clitics are forms of personal pronouns which are placed before
the verb in Albanian. They are used when the object of the verb
is a definite noun, or an indefinite noun which is in some way
made more specific, e.g.

> **unë bleva libër** I bought a book

but **unë e bleva një libër** I bought a book (*i.e. a specific or
particular book*)

When there is an indirect object which is in the dative case, a
dative clitic must be placed before the verb, e.g.

> **unë i shkrova nënës** I wrote to my mother

The following table shows the declension of personal pronouns
and the clitics which correspond to them.

Singular

	Pron.	Cl.	Pron.	Cl.	Pron.	Cl.	Pron.	Cl.
Nom.	unë	–	ti	–	ai	–	ajo	–
Acc.	mua	më	ty	të	atë	e	atë	e
Gen.	–	–	–	–	–	–	–	–
Dat.	mua	më	ty	të	atij	i	asaj	i
Abl.	meje	–	teje	–	(a)tij	–	(a)saj	–

Plural

	Pron.	Cl.	Pron.	Cl.	Pron.	Cl.	Pron.	Cl.
Nom.	ne	–	ju	–	ata	–	ato	–
Acc.	ne	na	ju	ju	ata	i	ato	i
Gen.	–	–	–	–	–	–	–	–
Dat.	neve	na	juve	ju	atyre	u	atyre	u
Abl.	nesh	–	jush	–	(a)tyre	–	(a)tyre	–

When there are both direct and indirect objects in the sentence which require the use of clitics, the two clitics are placed together. The dative clitic comes first and combines with the accusative clitic to produce one single word, with the forms as shown in the table below (**na i/e** is the only exception, remaining as two words).

Dat. clitic	Acc. clitic		Example
më	+ e	= ma	Ma jep librin
të	+ e	= ta	Ta jep librin
i	+ e	= ia	Ia jep librin
na	+ e	= na e	Na e jep librin
ju	+ e	= jua	Jua jep librin
u	+ e	= ua	Ua jep librin
më	+ i	= m'i	M'i jep librat
të	+ i	= t'i	T'i jep librat
i	+ i	= ia	Ia jep librat
na	+ i	= na i	Na i jep librat
ju	+ i	= jua	Jua jep librat
u	+ i	= ua	U'a jep librat

An example:

Petriti ia jep librin Markut.   Petrit gives the book to Mark.

Demonstratives

The full declension of the demonstratives is as follows:

Singular   Plural

Nom.	ky	kjo	ai	ajo	këta	këto	ata	ato
Acc.	këtë	këtë	atë	atë	këta	këto	ata	ato
Gen. (i/e) Dat. Abl. (prej)	këtij	kësaj	atij	asaj	këtyre	këtyre	atyre	atyre

Possessive Adjectives

Some of the possessive adjectives have already been met in Unit Two. Here is the complete list of the nominative case forms.

a) When the posssessed object is a definite masculine singular noun, the possessive adjectives are:

Ky	është	libri	im	my
			yt	your
			i tij	his
			i saj	her
			ynë	our
			juaj	your
			i tyre	their

This is my/your *etc.* book.

b) When the possessed object is a definite feminine singular noun, the possessive adjectives are:

Kjo	është	shkolla	ime	my
			jote	your
			e tij	his
			e saj	her
			jonë	our
			juaj	your
			e tyre	their

This is my/your *etc.* school.

c) When the possessed object is a definite masculine plural noun, the possessive adjectives are:

Këta	janë	lapsat	e mi	my
			e tu	your
			e tij	his
			e saj	her
			tanë	our
			tuaj	your
			e tyre	their

These are my/your *etc.* pencils.

d) When the possessed object is a definite feminine plural noun, the possessive adjectives are:

Këto	janë	fletoret	e mia	my
			e tua	your
			e tij	his
			e saj	her
			tona	our
			tuaja	your
			e tyre	their

These are my/your *etc.* notebooks.

'To Like'

Notice the following construction with the verb **pëlqej** – (I) like:

(Mua)	më	pëlqen	muzika	I like music
(Ty)	të	pëlqen	muzika	You like music
(Atij)	i	*etc.*		*etc.*
(Asaj)	i			
(Neve)	na			
(Juve)	ju			
(Atyre)	u			

This literally means 'Music is pleasing to me/you/him *etc.*'

■ III/ READING PASSAGE

HOBI I SKËNDERIT

Fqinji i Petritit, Skënderi, ka një hobi të vjetër. Ai çdo të diel shkon në peshkim. Zakonisht shkon vetëm në peshkim. Ndonjëherë e merr edhe Petritin me vete. Skënderi nuk ka fat në peshkim. Shpesh në grep i bie ndonjë çizme e vjetër. Petriti është peshkatar i mirë. Ai zë shumë peshq.

Skënderi vetëm e kalon kohën e lirë në peshkim. Ai nuk ka shumë dëshirë të zërë shumë peshq. Pasi që i zë ai shpesh i lëshon peshqit përsëri në ujë. Shokët ndonjëherë e tallin për këtë, por ai nuk lodhet për talljet e tyre.

Të dielën e ardhshme Skënderi do të shkojë në peshkim me Petritin dhe disa nga shokët e tij angleze. Ata do të nisen herët në mëngjes dhe nuk do të kthehen deri në mbrëmje. Nuk do të marrin ushqim me vete. Drekë do të hanë në një motel buzë liqenit. Shpresojnë se moti do të jetë i mirë. Skënderi pret me padurim t'i takojë shokët e Petritit nga Anglia.

Vocabulary

hobi	hobby
fqinji	the neighbour
e diel	Sunday
peshkim	fishing
ndonjëherë	sometimes
e	(*Acc. clitic*) him/her/it
me vete	with him; along
fat	luck
grep	hook
i	(*Dat. clitic*) to him/her/it.
i bie	falls to him
ndonjë	some
çizme	boot
peshkatar	fisherman
zë	catches
peshq	*pl. of* **peshk** – fish
kaloj	spend
kohë e lirë	spare time
zërë	catch
pasi që	since, after
i lëshon	drops them
përsëri	again
ujë	water
e tallin	they mock him
nuk lodhet	isn't bothered (*lit.* doesn't get tired)
tallje	mockery
e ardhshme	next (*lit.* future)
kthehen	return (*3rd pers. pl.*)
deri	till
mbrëmje	evening

do të marrin	will take
ushqim	food
motel	motel
buzë liqenit	by the lake
shpresojnë	they hope
se	that
moti	the weather
pret	waits
me padurim	with impatience
t'i takojë	to meet (them)

The Year

viti	the year		
stinët	the seasons	pranvera	spring
		vera	summer
		vjeshta	autumn
		dimri	winter
muajt	the months	janar	January
		shkurt	February
		mars	March
		prill	April
		maj	May
		qershor	June
		korrik	July
		gusht	August
		shtator	September
		tetor	October
		nëntor	November
		dhjetor	December
ditët e javës	the days of the week	e hënë	Monday
		e martë	Tuesday
		e mërkurë	Wednesday
		e enjte	Thursday
		e premte	Friday
		e shtunë	Saturday
		e diel	Sunday

IV/ EXERCISES

(1) Answer the following questions on the reading passage:

1 Si quhet fqinji i Petritit?
2 Cili është hobi i tij i vjetër?
3 Ç'ditë shkon ai në peshkim?
4 A shkon vetëm apo (or) me shokë?
5 Kë e merr me vete ndonjëherë?
6 A ka Skënderi fat në peshkim?
7 A është Petriti peshkatar i mirë?
8 Ç'i bie ndonjëherë në grep Skënderit?
9 A ka dëshirë Skënderi të zërë peshq?
10 Ç'bën ai shpesh me peshqit kur i zë?
11 A e tallin shokët shpesh?
12 A lodhet ai për talljet e tyre?
13 Me kë do të shkojë Skënderi në peshkim të dielën e ardhshme?
14 A do të marrin ushqim me vete?
15 Ku do të hanë drekë?
16 Si do të jetë moti?
17 A pret Skënderi me padurim t'i takojë shokët e Petritit?

(2) Fill in the blanks with the appropriate form of the pronoun:

1 Norë, eja me . . . . (unë).
2 Ti, Riçard shko me . . . . (ai).
3 Mësuesi do të na japë disa libra . . . . (ne), e jo . . . . (ju).
4 Ky nuk është libri im, është libri . . . . (ajo).
5 Kjo nuk është shkolla juaj, është shkolla . . . . (ata).
6 . . . . (ti) të kam shok të mirë, por edhe . . . . (ai) e kam shok të mirë.
7 Ti do të marrësh disa libra prej . . . . (unë).
8 Unë do të marr disa fletore prej . . . . (ti).
9 Ata mund (can) të marrin disa lapsa prej . . . . (ne).
10 Dëshiroj të marr një kartolinë prej . . . . (ju).

(3) Put the appropriate pronoun instead of the names given in bold script:

1 Shtëpia e **Drites** është e bukur.
2 Do t'u jap **Drites e Norës** dy bileta për teatër.
3 Kjo është shkolla **ime dhe e Gencit**.
4 Këta janë shokët **e mi dhe të Agronit**.
5 Këto janë fletoret **e mia dhe të Zanës**.
6 Ky është fakulteti **im dhe i Agimit**.
7 Ky është vëllai **i Teutës**.
8 Kjo është motra e **Skënderit**.

(4) Construct sentences using the verb **pëlqej**, using the example below as a model:
Example: Unë / muzika klasike
         Mua më pëlqen muzika klasike.

1 Ti / *neg.* peshkimi
2 Ne / filmat e vjetër
3 Ai / të shkojë në fshat
4 Ato / të punojnë në kopsht
5 Ju / të vizitoni shokët
6 Ato / teatri
7 Ajo / të lexojë libra
8 Unë / *neg.* të shikoj televizionin

(5) Translate into Albanian:

Agim has a sister. His sister is married and lives in a village not far from the town. Agim often visits his sister. In summer he goes to the village every Sunday. He usually stays there all day. His sister has three children, two boys and a girl. When the weather is nice, Agim and the children go fishing. When they are lucky they catch one fish.

Unit Seven

■ **I/ SITUATIONS**

sa bëjnë	how much are they
vetë	the eggs
të thyerat	the broken ones (*fem.*)
m'i thyej	break them for me

A: Sa bëjnë vetë?
B: Tridhjetë dinarë.
A: Po këto të thyerat?
B: Pesëmbëdhjetë.
A: M'i thyej njëzet, të lutem.

duhet të shkoj	I should go
mund	can; could
mund të shkosh	you can go
taksi,-a	taxi
para (+ *Abl.*)	in front of

A: Duhet të shkoj te Petriti, por nuk ka autobus.
B: Mund të shkosh me taksi.
A: Ku mund të gjej taksi?
B: Para hotelit.

sepse	because
shoh	(I) see
përditë	every day

A: Pse nuk shkon me shokët e tu?
B: Sepse ata i shoh përditë, kurse ty nuk të shoh përditë. Dua të jem me ty sot.

ke qenë	(you) have been
më parë	before
hera e parë	the first time
ndonjëherë	any time; ever
kam qenë	(I) have been

herë   time
A: A ke qenë më parë në Kosovë?
B: Jo, kjo është hera e parë. Po ti, a ke qenë ndonjëherë në
   Angli?
A: Po, kam qenë dy herë në Angli.

kam punuar	(I) have worked
gjatë (+ *Abl.*)	during
vikend	weekend
çka keni bërë	what have you done
kam shkuar	(I) have gone
kam pushuar	(I) have rested
gjithë	all; the whole
pakëz	a little (bit)

Genci: Unë kam punuar në kopsht gjatë vikendit. Po ju, çka
          keni bërë?
Marku: Unë kam shkuar në kinema me Merin.
Beti: Unë kam shkuar në restorant me Riçardin.
Nora: Unë kam pushuar gjatë gjithë vikendit dhe përsëri jam
          pakëz e lodhur.

II/ GRAMMATICAL PATTERNS

Modal Verbs

Duhet and **mund** can be used as modal verbs just like *should*,
must, *can* and *could* in English. Like the modals in English, they
also keep the same form for all persons when followed by a
main verb. Notice the different degrees of obligation denoted by
different uses of **duhet**:

duhet të shkoj	I should go
më duhet të shkoj	I must go
më duhet patjetër (*by all*	I **must** go (*stronger obligation*)
means) **të shkoj**	

Notice the difference in behaviour of **mund** compared to *can* in
English. When **mund** is not followed by a main verb it takes the
appropriate verb endings:

– A **mund të vijsh nesër tek**	Can you come to my place
unë?	tomorrow?

– **Po, mund të vij./Po,**   Yes, I can.
  mundem.

After modals such as **duhet** and **mund** the main verb is always in the subjunctive.

The Perfect Tense

This tense mainly corresponds to the Present Perfect in English (meaning 'have done'). It is formed in a similar way by means of the auxiliaries **kam** (*have*) or **jam** (*be*) plus the participle. **Kam** is used with active verbs, and **jam** with verbs termed 'non-active'. ('Non-active' covers passive and reflexive forms; non-active verbs are designated as such in the glossary at the end of the book).

The participle of **punoj** is **punuar** and the Perfect Tense of **punoj** is

kam punuar	I have worked	**kemi punuar**	we have worked
ke punuar	you have worked	**keni punuar**	you have worked
ka punuar	he/she has worked	**kanë punuar**	they have worked

Here is an example of a non-active verb:

quhem (*be called*)

jam quajtur	I have been called	**jemi quajtur**	we have been called
je quajtur	you have been called	**jeni quajtur**	you have been called
është quajtur	he/she has been called	**janë quajtur**	they have been called

The Perfect of non-active verbs should not be confused with the Present Passive in English. Study the following examples:

Active verb:	**Quaj**	I call (*somebody something*)
	Kam quajtur	I have called (*somebody something*)
Non-active verb:	**Quhem**	I am called
	Jam quajtur	I have been called

The non-active Perfect can also be easily confused with the construction **jam** followed by an adjective deriving from a participle. Notice the difference:

Jam i lodhur	I am tired
Jam lodhur	I have got tired

The verb here is **lodh** 'tire'/**lodhem** 'get tired'.

Here is a list of some of the verbs introduced before now, showing the participle and the singular imperative. (Full treatment of the imperative will be found in Unit 21.)

Present	Participle	Imperative	Meaning
bisedoj	biseduar	bisedo	talk
çoj	çuar	ço	take to; send
dërgoj	dërguar	dërgo	send
dëshiroj	dëshiruar	dëshiro	wish; desire
jetoj	jetuar	jeto	live
punoj	punuar	puno	work
shkoj	shkuar	shko	go
shkruaj	shkruar	shkruaj	write
dua	dashur	duaj	want
eci	ecur	ec	walk
fal	falur	fal	give away
flas	folur	fol	speak
di	ditur	di	know
gjej	gjetur	gjej	find
luaj	luajtur	luaj	play
lodh	lodhur	lodh	tire (*someone*)
përshëndet	përshëndetur	përshëndet	greet
pres	pritur	prit	wait
shes	shitur	shit	sell
shëtit	shëtitur	shëtit	stroll
zgjedh	zgjedhur	zgjedh	choose
ul	ulur	ul	sit, seat
vij	ardhur	eja	come
rri	ndenjur	rri	stay
këmbej	këmbyer	këmbe	exchange
thyej	thyer	thyej	break
bëj	bërë	bëj	do
blej	blerë	blij	buy
pi	pirë	pi	drink

zë	zënë	zër	catch
ha	ngrënë	ha	eat
bie	rënë	bjer	fall
jap	dhënë	jep	give
them	thënë	thuaj	say
shoh	parë	shih	see
marr	marrë	merr	take
jam	qenë	ji	be
kam	pasur	ki	have

■ **III/ DIALOGUE**

NORA U SHKRUAN PRINDËRVE

Nora: Merita, a vjen me mua? Më duhet të blej disa zarfa.

Merita: Do të shkruash letra?

Nora: Po, kam disa shokë e shoqe të cilëve më duhet t'u shkruaj. Por së pari do t'u shkruaj prindërve. Nuk i kam shkruar askujt qysh se kam ardhur. Përtoj të shkruaj letra.

Merita: Edhe unë jam përtace. Shumë rrallë shkruaj letra. Por gëzohem shumë kur marr letra.

Nora: Edhe unë jam e tillë. Përtoj të shkruaj, por më pëlqen të marr letra.

Merita: Unë shpesh nuk di çka të shkruaj.

Nora: Edhe mua shpesh më ndodh ashtu. Por tash kam çka t'u tregoj prindërve. Do t'u tregoj se po kaloj shumë mirë në Kosovë. Do t'u tregoj se e kam vizituar Dritën në Prizren; se prindërit e Dritës më kanë pritur mirë. Do t'u tregoj se kemi qenë në peshkim. A kam çka t'u tregoj tjetër?

Merita: Sigurisht do t'u shkruash për motin. Për ju anglezët moti është shumë me rëndësi.

Nora: O po, patjetër. Do t'u shkruaj se moti ka qenë i mirë; se kemi pasur ditë të bukura me diell.

Merita: A kanë shkuar prindërit e tu në pushim këtë verë?

Nora: Jo, ende nuk kanë shkuar. Ndoshta do të shkojnë kur të kthehem unë. Ata zakonisht shkojnë në Spanjë.

Merita: Përshëndeti prindërit për mua, të lutem.

Nora: Gjithsesi. Ti i ke takuar prindërit e mi kur ke qenë në Angli.

Merita: Po. Ke prindër shumë të mirë. A di çka, Norë. Po u dërgoj një kartolinë. A t'u dërgoj një kartolinë me një pamje të qytetit apo një me veshje kombëtare?

Nora: Një me veshje kombëtare do t'u pëlqejë më shumë. Merita, mos të harrojmë të kthejmë në bankë pastaj. Do të këmbej ca para. I kam shpenzuar gati të gjitha.

Merita: Ani, Norë, pasi t'i blejmë zarfat e pullat postale, shkojmë në bankë.

Vocabulary

zarfa	envelopes
letra	letters
të cilëve	to whom (*pl.*)
së pari	first; at first
prindërve	to the parents
askujt	to nobody/anybody
qysh se	since
përtoj	(I am) lazy
përtace	lazy (*fem.*)
rrallë	rarely; seldom
gëzohem	(I am) pleased
marr letra	receive letters
e tillë	such (*fem.*)
më ndodh	happens to me
ashtu	so; like that
tregoj	tell
tjetër	other; else
se	that
çka tjetër	what else
sigurisht	certainly
me rëndësi	with importance (*lit.*)
patjetër	by all means
diell	sun
pushim	holiday

ende	still; yet
ndoshta	perhaps; maybe
përshëndeti	greet them (*imperative*)
gjithsesi	by all means
a di çka	you know what
pamje	view
veshje kombëtare	national costume
mos të harrojmë	let us not forget
këmbej ca para	(I) exchange some money
i kam shpenzuar	(I) have spent them
gati të gjitha	almost all
pasi	after
pullat postale	the stamps

IV/ EXERCISES

(1) Answer the following questions on the dialogue:

1 Çka i duhet Norës të blejë?
2 Kujt do t'i shkruajë Nora?
3 Kujt do t'i shkruajë së pari?
4 A i ka shkruar kujt qysh se ka ardhur në Kosovë?
5 Pse nuk shkruan ajo letra shpesh?
6 A shkruan Merita letra shpesh?
7 A u pëlqen Norës e Meritës të marrin letra?
8 Çka do t'u tregojë Nora prindërve?
9 A do t'u shkruajë për motin?
10 Si ka qenë moti?
11 Ku shkojnë zakonisht prindërit e Norës në pushim?
12 A i ka takuar Merita prindërit e Norës?
13 Kur i ka takuar?
14 Çka thotë ajo për prindërit e Norës?
15 Çka do t'u dërgojë ajo atyre?
16 Ku do të shkojnë Nora e Merita pasi t'i blejnë zarfat e pullat postale?
17 Pse do të shkojnë atje?

(2) Put the following sentences in the second and third person singular:

Example: Unë do të punoj në kopsht.
Ti do të punosh në kopsht.
Ai/ajo do të punojë në kopsht.

1 Do të lexoj (*read*) një libër.
2 Do të blej një veturë.
3 Do të ha drekë në restorant.
4 Do t'i shkruaj një letër shoqes.
5 Do të këmbej ca para në bankë.
6 Do t'i dërgoj vëllait një dhuratë për ditëlindje.
7 Do të zgjedh ca kartolina për shokët.
8 Sot do të flas shqip.
9 Nesër do të rri në shtëpi.

(3) Supply the Perfect Tense of the verbs in brackets:

1 (*unë*) Para disa ditësh (*a few days ago*) e . . . .
   (lexoj) një libër.
2 Ky libër më . . . . (pëlqej) shumë.
3 Kur e . . . . (vizitoj) Nora shokun?
4 I . . . . (tregoj) shokut se do të vijsh.
5 Nora e Riçardi . . . . (shkoj) në restorant.
6 Nora . . . . (pushoj) por përsëri është e lodhur.
7 Petriti e Genci i . . . . (dërgoj) një letër shokut
   në shqip.
8 Unë e ti nuk . . . . (marr) letër nga shoku.
9 A . . . . (zë) peshq ndonjëherë, Mark?
10 (*unë*) E . . . . (gjej) një restorant të mirë.
   Quhet 'Tratoria Romantika'.
11 (*unë*) Ende nuk e . . . . (takoj) shoqen e saj.
12 (*ata*) Nuk e . . . . (kuptoj) mësimin mirë.
13 Ai gjithnjë (*always*) . . . . (dëshiroj) të bëhet
   (*become*) mjek.
14 Ju e . . . . (shëtit) gjithë Evropën (*Europe*).

(4) Do as in the example:
Example: Do të shkoj në kino / bashkë në teatër
Mos shko në kino. Të shkojmë (*let's go*) bashkë në
teatër.

1 Sot do të udhëtoj për Prizren / nesër bashkë
2 Do të shkoj me autobus / bashkë me taksi
3 Do të blej cigare / çokolatë
4 Do të flas anglisht / shqip
5 Do të zë peshq sot / bashkë të dielën
6 Do t'i dërgoj Norës një kartolinë nesër / një bashkë sot
7 Do të mësoj frëngjisht / bashkë turqisht

(5) Complete the following situations using the Perfect Tense:

(a) Moti . . . . (jam) shumë i keq (*bad*). Ka qenë
ftohtë dhe nuk . . . . (shkoj) në kinema unë e
Agimi.

(b) – Je e lodhur, Norë.
– Sigurisht. . . . . (punoj) në kopsht dy orë.

(c) – Je i gëzuar, Genc.
– Sigurisht. . . . . (marr) një dhuratë për ditël-
indje nga një shoqe angleze.

(d) – Kur e ke . . . . (blej) këtë veturë?
– Para tri vjetësh.
– A të ka . . . . (punoj) mirë?
– Shumë mirë.

(e) – A ke . . . . (ha) drekë?
– Jo, nuk kam . . . . (ha) ende.
– Pse?
– Nuk dëshiroj të ha vetëm.

Unit Eight

■ I/ SITUATIONS

humbur	lost
shpallje	announcement
sa vlen	what's it worth
lexoj	read

A: Më ka humbur qeni.
B: Pse s'e jep një shpallje në gazetë?
A: Sa vlen? Qeni im s'di të lexojë.

shpejtësi	speed
dritë	light
arrij	arrive
tepër herët	too early

Mësuesi: A di të më tregosh me ç'shpejtësi udhëton drita?
Nxënësi: Jo, por e di se këtu arrin tepër herët.

njerëz	people
duke	while
kafe	coffee
i pari	the first (one)
tha	said
aq . . . sa	so . . . that
(i/e) mençur	clever
ta dërgoj	to send it
u merr erë	sniffs them
kuti	box
(i/e) freskët	fresh
i dyti	the second (one)
gjithnjë	always
cigare	cigarette
më së shumti	most

të dy	the two; both (of them)
pyes	ask
i treti	the third (one)
dëgjoj	hear
për ndonjë qen	of any dog
njeri	man
e mundshme	possible (*fem.*)
udhëheq	run; lead
dyqan	shop
blerje	shopping

Disa njerëz, duke pirë kafe, bisedojnë për qentë e tyre. I pari tha:

'Qeni im është aq i mençur sa që mund ta dërgoj të më blejë vezë. Ai u merr erë kutiave dhe nuk i merr vezët nëse nuk janë të freskëta.'

I dyti tha:

'Qeni im është aq i mençur sa që gjithnjë shkon të më blejë cigare. Ai e di cilat më pëlqejnë më së shumti.'

Të dy njerëzit e pyetën të tretin:

'A ke dëgjuar për ndonjë qen që është më i mençur sesa qentë tanë?'

Njeriu i tretë tha:

'Është vetëm një qen më i mençur sesa qentë tuaj. Qeni im.'

Dy njerëzit e tjerë thanë:

'Nuk është e mundshme.'

I treti tha:

'Qeni im e udhëheq dyqanin ku e bëjnë blerjen qentë tuaj.'

II/ GRAMMATICAL PATTERNS

The Simple Past (Past Definite)

The following are the characteristic sets of endings for this tense, for different persons in singular and plural.

Singular	Plural
-a	-am/-ëm/-më
-e	-at/-ët/-të
-i/-u	-an/-ën/-në

Since the stem of most of the verbs on which this tense is built ends in a vowel, for ease of pronunciation a consonant, usually the sound [v], comes between the verb stem and the ending for the first and second person singular. Some verbs form this tense irregularly. Below are a number of verbs grouped according to the way they form this tense:

I. Example:

punoj

Singular	Plural
punova	punuam
punove	punuat
punoi	punuan

All verbs ending in **-oj** in the first person singular of the Present Tense conjugate in the same way. Such are:

bisedoj	–	talk
çoj	–	take to; send
dërgoj	–	send
dëshiroj	–	wish; desire

II Example:

gjej

Singular	Plural
gjeta	gjetëm
gjete	gjetët
gjeti	gjetën

Other verbs conjugating like **gjej** are: **mbaj** (*hold; keep*), **di**, **luaj**

III. Example:

blej

Singular	Plural
bleva	blemë
bleve	bletë
bleu	blenë

Other verbs conjugating like **blej** are: **kthej** (*turn; return*), **këmbej**, **fryj** (*blow*)

IV. Example:

shkruaj

Singular	Plural
shkrova	shkruam

shkrove   **shkruat**

shkroi   **shkruan**

The verb **paguaj** (*pay*) conjugates in the same way.

V. Example:

hyj (*enter*)

Singular   *Plural*

hyra   **hymë**

hyre   **hytë**

hyri   **hynë**

The verb **bëj** conjugates in the same way.

VI. Example:

lut (*ask, pray, plead*)

Singular   *Plural*

luta   **lutëm**

lute   **lutët**

luti   **lutën**

The verbs **fal** (*give away, excuse*), **nis** conjugate in the same way.

VII. Example:

marr

Singular   *Plural*

mora   **morëm**

more   **morët**

mori   **morëm**

Verbs of this type undergo a change in the stem. The endings follow the above pattern. Some examples are: **zgjedh** – **zgjodha**, **heq** – **hoqa** (*remove*), **sjell** – **solla** (*bring, fetch*), **flas** – **fola**, **shes** – **shita**, **pres** – **prita** (*wait*), **zë** – **zura**, **vë** – **vura** (*put*), **dua** – **desha**.

A number of verbs undergo more change in the stem and some of them a complete change.

VIII. Example:

ha

Singular   *Plural*

hëngra   **hëngrëm**

hëngre   **hëngrët**

hëngri	hëngrën

Two other verbs of this type are: **rri – ndenja, vij – erdha**. Notice that the endings follow the pattern of other more regular verbs given above.

IX. Example:

them

Singular	Plural
thashë	**thamë**
the	**thatë**
tha	**thanë**

A few other verbs that follow this pattern are: **jap – dhashë, shoh – pashë, lë – lashë** (*leave*).

The Simple Past of **jam** and **kam**:

jam		**kam**	
qeshë	qemë	pata	patëm
qe	qetë	pate	patët
qe	qenë	pati	patën

■ III/ READING PASSAGE

ZANA NË DYQANIN E PEMËVE DHE PERIMEVE

Sot Zana do ta bëjë blerjen për herë të parë. Ajo mendon se tash është e madhe dhe di ta bëjë blerjen. Nëna e lejoi ta bëjë blerjen pa qenë e sigurt se do ta bëjë si duhet.

Zana mori paratë dhe shportën, veshi pallton, mbathi këpucët dhe shkoi. Dyqani i pemëve dhe perimeve nuk është larg shtëpisë së Zanës. Nëna e Zanës e njeh pemështitësin. Ai quhet Shpend. Shpendi është një njeri shumë i mirë dhe i sjellshëm. Ai i njeh pothuaj të gjithë blerësit, të cilët e duan dhe e nderojnë shumë. Të gjithë blerësit e quajnë Baca Shpend. Ai gjithnjë shet pemë dhe perime të freskëta. Nga pemët shet mollë, dardhë, rrush, limonë, qershi, portokaj, banane, fiq, kumbulla, pjeshkë e të tjera. Nga perimet shet speca, hudhra, qepë, domate, patate, tranguj, karota, groshë e të tjera. Shpendi ndonjëherë shet edhe bulmete të ndryshme si qumësht, kos, gjalpë, djathë e të tjera.

Meqë nëna e Zanës e njeh Shpendin, edhe nëse bën Zana ndonjë gabim në blerje, nuk prish punë.

Vocabulary

pemë	fruit
perime	vegetable
për herë të parë	for the first time
mendoj	think
lejoj	permit, let
i/e sigurt	sure
si duhet	as one should
shportë	basket
vesh	put on (*clothes*)
pallto	coat
mbath	put on (*shoes, socks*)
këpucë	shoes
njoh	know (*somebody*)
pemëshitës	greengrocer
njeri	man
i sjellshëm	polite (*masc.*)
pothuaj	almost
blerës	buyer
nderoj	respect
Bacë	'Uncle' (*used as an endearment to address an older person, or brother*)
gjithnjë	always
shes	sell
i/e freskët	fresh
mollë	apple
dardhë	pear
rrush	grapes
limonë	lemon
qershi	cherry
portokall	orange
banane	banana
fik	fig
kumbull	plum
pjeshkë	peach
e të tjera	and so on
spec	green pepper
hudhër	garlic
qepë	onion

domate	tomato
patate	potato
trangull	cucumber
karotë	carrot
groshë	bean
bulmet	dairy product
të ndryshme	different (*fem. pl.*)
qumësht	milk
kos	sour milk
gjalpë	butter
djathë	cheese
meqë	since
gabim	mistake
nuk prish punë	it doesn't matter

Exercise

(1) Answer the following questions on the reading passage:

1 Çka do të bëjë Zana sot?
2 Çka mendon ajo?
3 Si e lejon nëna ta bëjë blerjen?
4 Çka mori Zana?
5 Çka veshi ajo?
6 Çka mbathi ajo?
7 Ku është dyqani i pemëve dhe perimeve?
8 A e njeh nëna e Zanës pemështësin?
9 Si quhet pemështësi?
10 Si e quajnë blerësit atë?
11 Çfarë (*what . . . like*) është ai?
12 A e nderojnë blerësit atë?
13 Çka shet Shpendi nga pemët?
14 Po nga perimet?
15 Çka shet tjetër ndonjëherë?

■ **IV/ DIALOGUE**

ZANA E BËN BLERJEN

Petriti: Ku shkoi Zana, nënë?
Nëna: Shkoi në dyqanin e Bacës Shpend.

Petriti:	Çka i the të blejë?
Nëna:	I thashë të na blejë ca pemë e perime.
Petriti:	Nuk besoj se Zana di ta bëjë blerjen.
Nëna:	As unë, por nuk prish punë edhe nëse gabon. Shpendi na njeh.
Petriti:	Ja po vjen Zana me shportën plot. Eja, Zanë, e na trego si e bëre blerjen?
Zana:	Prit. . . . Sapo hyra në dyqan, i thashë Bacës Shpend, 'Puna mbarë, Baca Shpend!'. Ai më tha, 'Mbarë paç, çupa ime. Urdhëro, ç'dëshiron të blesh?'. Pastaj unë i kërkova një kilogram rrush, gjysmë kilogrami qepë, dy kilogramë mollë . . . krejt çka më porositi nëna. Ja, këtu i kam të gjitha në shportë.
Petriti:	Sa kushtuan të gjitha këto, Zanë?
Zana:	Nuk di. Baca Shpend nuk më tregoi.
Petriti:	Pse nuk e pyete kur ia dhe të hollat, Zanë?
Zana:	Uh, paskam harruar t'ia jap të hollat. Më fal nënë. . . .
Nëna:	S'ka gjë, bija ime. Ia jap unë më vonë. Por, mos harro, kur të blesh diçka, duhet edhe të paguash.

Vocabulary

besoj	believe
as unë	me neither
gaboj	make a mistake
plot	full
prit!	wait!
sapo	as soon as
hyj (në)	enter
puna mbarë!	'may your work go well'
mbarë paç	*a reply to the previous*
çupë	little girl (*a term of endearment*)
urdhëro	'what can I do for you'
kërkoj	ask for; request
kilogram	kilogram
krejt	entirely; everything
porosit	order
kushtoj	cost
të holla	money (*only has plural form*)

paskam	I have (*showing surprise*)
s'ka gjë	it doesn't matter; it's nothing
gjë	thing
më vonë	later
diçka	something
paguaj	pay

Notice: **një kilogram rrush** a kilo of grapes. The nominative case follows expressions of weight.

V/ EXERCISES

(2) Fill in the blanks:

(a) Sot Zana . . . . blerjen për . . . . të
parë. Ajo . . . . se di . . . . blerjen.
Nëna e . . . . ta bëjë blerjen pa . . . .
e sigurt se do ta bëjë si . . . .

(b) Zana . . . . shportën, ... pallton,
. . . . këpucët dhe . . . .

(c) Dyqani . . . . dhe . . . . nuk është
larg . . . . së . . . . Nëna e Zanës
. . . . pemëshitësin. Ai . . . . Shpend.
Shpendi është . . . . shumë i mirë dhe
. . . . Ai . . . . pothuaj të gjithë
. . . . Ai she . . . . dhe perime
. . . . Ndonjëherë shet edhe . . . .
të ndryshme.

(d) Sapo hyri në dyqan, Zana i tha pemëshitësit:
'. . . . .' Pemëshitësësi i tha Zanës:
'. . . . .'

(e) Zana i . . . . shitësit një . . . .
rrush, ... kilogrami qepë dhe dy
. . . . mollë.

(f) Zana . . . . t'ia japë të hollat shitësit. Nëna e
Zanës . . . . më vonë.

(3) Change the person in the following sentences as in the example:

Example: Punova në kopsht. (Ai)
          Punoi në kopsht.

1 Bleva një libër. (Ti)
2 E takova Petritin. (Ne)
3 Shkova në kinema. (Ata)
4 Më tha ta takoj këtu. (Ata)
5 Erdha vonë. (Ju)
6 Fola me Petritin. (Ne)
7 Hyra në dhomë. (Ata)
8 Lexova një libër. (Ai)
9 I shkrova shokut një letër. (Ai)
10 Mora një letër nga prindërit. (Ne)

(4) Put the verb in the Simple Past as in the example:

Example: Çdo ditë shkoj në punë në orën nëntë.
          (Sot . . . . në dhjetë)
          Sot shkova në orën dhjetë.

1 Çdo ditë e lexoj gazetën.
  (Sot . . . . . . (*neg.*))
2 Çdo javë i vizitoj prindërit.
  (Këtë javë . . . . . . (*neg.*))
3 Zakonisht ha drekë në shtëpi.
  (Sot . . . . . . në restorant)
4 Çdo të diel shkojnë në peshkim.
  (Këtë të diel . . . . . . (*neg.*))
5 Petriti zë shumë peshq.
  (Këtë të diel . . . . . . (*neg.*))
6 Zakonisht nëna e bën blerjen.
  (Sot . . . . . . Zana)
7 Çdo mbrëmje jam në shtëpi.
  (Dje (*yesterday*) . . . . . . (*neg.*))
8 Çdo ditë kam shumë punë.
  (Sot . . . . . . (*neg.*))

9 Çdo ditë shkoj në punë me veturë.
(Sot . . . . . . me autobus)
10 Çdo ditë vij në shkollë në orën dhjetë.
(Sot . . . . . . në orën njëmbëdhjetë)

Unit Nine

■ I/ SITUATIONS

konstruktoj	construct, make
kompjuter	computer
sillet	behaves
si ashtu	how's that, how come
sa herë	whenever
fajësoj	blame

A: E kam konstruktuar një kompjuter që sillet pothuaj si njeri.
B: Si ashtu?
A: Sa herë bën ndonjë gabim, e fajëson kompjuterin tjetër.

heq	take off, take away
gjips	plaster, gypsum, cast
duart	hands
kurrë	never

A: Shok mjek, kur të ma hiqni gjipsin nga duart, a do të mund
të luaj në piano?
B: Sigurisht.
A: Shumë mirë. Më parë kurrë s'kam mundur të luaj në piano.

Babai:	Çka ke mësuar sot, Luli?
Luli:	Sot mësova të shkruaj.
Babai:	O, shumë mirë. Çka shkrove?
Luli:	Nuk di. Ende nuk kam mësuar të lexoj.

kanal	channel
televizor	television set

A: Ku është Kanali Anglez?

B: Nuk di, nuk na e zë televizori.

duke + *participle*	*indicates progressive tense*
mbrapsht	upside down
po si jo	of course
lehtë	easy

A: A e di se je duke e lexuar gazetën mbrapsht?

B: E di, po si jo. Mos po mendon se është lehtë.

II/ GRAMMATICAL PATTERNS

The Simple Past of Non-active Verbs

The difference between the Simple Past for active and non-active verbs can be seen by studying the forms of the verb **laj** (*wash*) and **lahem** (*get washed/be washed*) given below.

laj – *active*		**lahem** – *non-active*	
lava	lamë	u lava	u lamë
lave	latë	u lave	u latë
lau	lanë	u la	u lanë

It can be noticed that the endings are the same for the non-active forms as for the active forms, except for the third person singular which has no ending. All non-active forms are preceded by the so-called non-active clitic **u**. As the meaning of the non-active covers the passive and the reflexive, the above verb **u lava** can mean *I was washed* as well as *I washed myself*. Below the third person singular of the non-active forms for a number of verbs corresponding to the groups given in the previous unit is shown:

punoi	u punua	worked / was worked
gjeti	u gjet	found / was found
bleu	u ble	bought / was bought
shkroi	u shkrua	wrote / was written
foli	u fol	spoke / was spoken
mori	u mor	took / was taken
zgjodhi	u zgjodh	chose / was chosen

Knowing the participle of the verb helps you to guess the form of the Simple Past more easily.

The Plural of Nouns

The plural of nouns in Albanian, like in many other languages, is rather complicated. Here are some characteristic endings:

-ë	fshatar	fshatarë	*villager*
-nj	bari	barinj	*shepherd*
-enj	lumë	lumenj	*river*
-inj	shkop	shkopinj	*stick*
-llarë	baba	baballarë	*father*
-rë	bri	brirë	*horn*
-ër	prind	prindër	*parent*
-a	vajzë	vajza	*girl*
-e	kujtim	kujtime	*memory*
-ra	gjë	gjëra	*thing*
–	shtëpi	shtëpi	*house*

Note that some masculine singular nouns take the ending -e and in this case become feminine in the plural, like **kujtim**.

The ending -a is selected by both feminine and masculine nouns. This ending does not always affect the gender of the noun.

The rest of the endings given above are all masculine.

There are nouns that form the plural by undergoing changes in their stem. Some of them form little groups which makes remembering them a little easier. Such are:

Singular	*Plural*	
fik	**fiq**	fig
mik	**miq**	friend
armik	**armiq**	enemy
zog	**zogj**	bird
portokall	**portokaj**	orange
shekull	**shekuj**	century
buall	**buaj**	waterbuffalo bull
bir	**bij**	son
lepur	**lepuj**	hare; rabbit

Some other nouns, as well as changing within the stem also take a plural ending, such as:

Singular	Plural	
rrezik	rreziqe	danger
lëng	lëngje	juice
breg	brigje	hill

Here are some irregular plurals:

Singular	Plural	
dorë	duar	hand
derë	dyer	door
grua	gra	woman
djalë	djem	boy
dash	desh	ram
thes	thasë	sack
kalë	kuaj	horse
ka	qe	ox
rreth	rrathë	circle

From now on the plural will be given with each new noun in the vocabulary and the best thing to do is to learn it as you learn each new word.

■ III/ READING PASSAGE

NË PIKNIK

Dje, të rinjtë dhe të rejat nga Anglia, bashkë me disa shokë e shoqe nga Prishtina, e kaluan një ditë në piknik. Herët në mëngjes u takuan para hotelit.

Në orën tetë u nisën për në Deçan. Deçani është një qytezë rreth pesëmbëdhjetë kilometra larg Pejës. Aty gjendet një manastir i vjetër të cilin e vizituan studentët sapo arritën atje. Manastiri ndodhet në një grykë të bukur malesh. Nëpër grykë gjarpëron një lumë i vogël me ujë të pastër si loti.

Pak më lart nga manastiri, midis pishave të larta, është një motel. Aty studentët hëngrën drekë pasi që e vizituan manastirin. Pas drekës ata shëtitën nëpër malin me drunj të lartë dhe buzë lumit. Pas një shëtitjeje bukur të gjatë shumica u ndien të lodhur, veçanërisht Nora. Pastaj të gjithë zbritën buzë lumit, gjetën një vend të përshtatshëm dhe u ulën për të pushuar. Pushuan aty disa orë duke dëgjuar muzikë, duke biseduar, duke treguar shaka. Me vete patën lëngje pemësh dhe pije të tjera. Disa prej tyre patën aparate fotografike dhe bënë shumë fotografi të bukura. Moti qe i bukur, me diell. Të gjithë u kënaqën.

Rreth orës pesë pasdite u nisën për në Prishtinë. Në Prishtinë arritën rreth orës shtatë.

Vocabulary

piknik, -ë	picnic
të rinjtë	the young (*masc. pl.*)
të rejat	the young (*fem. pl.*)
kaloj	pass, spend (*time*)
nis	start
për në	for, to
qytezë, -a	little town
rreth	around
kilometër, -ra	kilometer
aty	there
gjendem	(am) situated
ndodhem	happen (to be)
grykë, -a	gorge
mal, -e	forest (*fem. in pl.*)
nëpër	through, about
gjarpëroj	snake (*verb*)
lumë, -enj	river
ujë, -ra	water
i/e pastër	clean, clear
lot, -	tear
pak më lart	a little higher up
midis	among
pishë, -a	pine tree
lartë	high, tall
pas	after
dru, druri, drunj	tree
buzë lumit	by the river
shëtitje, -	(a) walk
gjatë	long
shumica	most (of them)

ndihem	feel
veçanërisht	especially
zbres	get down, descend
i përshtatshëm	suitable (*masc.*)
e përshtatshme	suitable (*fem.*)
duke dëgjuar	listening
duke treguar	telling
shaka, -ja, -	joke
lëng pemësh	fruit juice
pije, -	drink
aparate fotografike	cameras
me diell	sunny
kënaqem	enjoy
pasdite	afternoon

IV/ EXERCISES

(1) Answer the following questions on the reading passage:

1 Çka bënë dje të rinjtë dhe të rejat nga Anglia?
2 Me kë shkuan në piknik?
3 Ku shkuan në piknik?
4 Ku është Deçani?
5 Çka ka në Deçan?
6 Çka bënë studentët pasi që e vizituan manastirin?
7 Po pasi që hëngrën drekë?
8 A u ndien të lodhur pas shëtisë?
9 Kush qe veçanërisht e lodhur?
10 Ku shkuan pastaj?
11 Çka bënë aty?
12 Kur u nisën për në Prishtinë?
13 Kur arritën në Prishtinë?

(2) Put the object noun in the plural:
Example: E dua shokun.
          I dua shokët.

1 E pashë një student.

2 E takova shoqen.
3 Bleva një libër.
4 Mora një letër.
5 Hëngra një mollë.
6 Bleva një gazetë.
7 Vizitova një fshat.
8 E kuptova mësimin (lesson).
9 Bisedova me një djalë.

(3) Change the following sentences using the dative case instead of the accusative:
Example: Po flas me shokun.
                Po i flas shokut.

1 Po flas me Norën.
2 Po flas me ty.
3 Po flas me disa shokë.
4 Po flas me ty e me Denisin.
5 Po flas me motrat.
6 Po flas me vëllanë.
7 Po flas me nënën.
8 Po flas me Merin shqip.
9 Drita po flet me Norën anglisht.
10 Nora po flet me Dritën shqip.

(4) Put the noun in brackets in the right case:
Example: Pushojmë buzë (lumë).
                Pushojmë buzë lumit.

1 Po shkojmë te (Petrit).
2 Erdha nga (Prizren).
3 Nora është nga (Londër).
4 Ky libër është (Zanë).
5 Ia dhashë gazetën (Riçard).
6 U nisën për në (Deçan).
7 E mora librin prej një (shok).
8 U shkrova një letër (prindër).
9 I telefonova (motër).
10 E mora një kartolinë prej një (studente).

(5) Make sentences following the pattern in the example:
Example: Bardhi – kafe, çaj
            Bardhi e do kafenë, por më shumë i pëlqen çaji.

1 Ata – skijim (*skiing*), not (*swimming*)
2 Unë – futboll, basketboll
3 Beti – qytet, fshat
4 Ai – shi (*rain*), dëborë (*snow*)
5 Marku – film, teatër
6 Riçardi – punë, pushim
7 Petriti – televizion, radio
8 Meri – Londër, Oksford
9 Ti – pemë (*pl.*), perime
10 Ajo – mollë (*pl.*), portokaj

Unit Ten

■ **I/ SITUATIONS AND PROVERBS**

koprrac, -ë	miser (*man*)
nga një gotë	a glass each
tavolinë	table
pranë	beside; by
sharmante	charming (*fem.*)
liker	liqueur
thërras	invite, call
edhe pak	a little while
mu	just
kam ndërmend	intend, have in mind

Dy koprracë po e pinin nga një gotë në një kafene. Në tavolinën pranë tyre dy shoqe sharmante po pinin kafe e liker.
– A t'i thërrasim në tavolinën tonë? – pyeti njëri.

- Më mirë të presim edhe pak - tha tjetri. Mu tash e kanë
ndërmend të paguajnë.

përgjigjem	answer
thirrje	call
ishte	was
bukuroshe, -	beauty *(fem.)*
përtej	across, over
desha	*imperf. of* want
gjithçka	everything
fik	put out

Derisa burri po shikonte në dritare, gruaja iu përgjigj thirrjes në
telefon.
- Kush ishte - pyeti burri.
- Bukuroshja e shtëpisë përtej rrugës.
- Ç'deshi në këtë kohë?
- Pyeti a shikove gjithçka dhe a mund ta fikë dritën tash.

hap	open
pus, -e	well *(fem. in pl.)*
(i) ri	new
pështyj	spit
i vjetri	the old one *(masc.)*

Nëse hap pus të ri, mos pështyj në të vjetrin.
(If you dig a new well, don't spit in the old one.)

II/ GRAMMATICAL PATTERNS

The Imperfect

This tense corresponds to the English 'used to' construction and
also to the Past Continuous Tense ('I was doing' *etc.*) Its character-
istic endings are:

-ja	**-nim**
-je	**-nit**
-te/-nte/-ste	**-nin**

For example: punoja   punonim
              punoje   punonit
              punonte   punonin

Only the Imperfect of **jam**, **kam** and **them** differs a little from the rest of the verbs. Notice this difference:

jam		kam		them	
isha	ishim	kisha	kishim	thosha	thoshim
ishe	ishit	kishe	kishit	thoshe	thoshit
ishte	ishin	kishte	kishin	thoshte	thoshin

Notice that for those verbs that undergo a change in the second person plural of the Present Tense, this change is kept in the Imperfect for all persons, singular and plural. For example:

	Present *2nd pers. pl.*	*Imperfect* *1st pers. sing.*	
heq:	hiqni	hiqja	take off, remove
blej:	blini	blija	buy
pjek:	piqni	piqja	bake
vras:	vritni	vritja	shoot
zë:	zini	zija	catch
bie:	bini	bija	bring, fall
dua:	doni	doja	want
djeg:	digjni	digjja	burn

Here are the endings for the Imperfect of non-active verbs:

-(h)esha	-(h)eshim
-(h)eshe	-(h)eshit
-(h)ej	-(h)eshin

Compare the verb **laj** (*wash*) in active and non-active forms:

laja	lanim	lahesha	laheshim
laje	lanit	laheshe	laheshit
lante	lanin	lahej	laheshin

The main use of this tense is to express the development of an action in the past without referring to its beginning or termination. To express the continuity of an action at a certain time in the past it can be used preceded by the particle **po**, e.g.:

po punoja	I was working
po lahesha	I was washing myself/being washed

It can also express an action which was either usual or repeated in the past, e.g.:

Atëherë shkoja shpesh në teatër. I often used to go to the theatre then.

Atëherë lahesha shpesh në lumë. I often used to wash (myself) in the river then.

It is also used in indirect (reported) speech mainly to agree in tense with the main verb, e.g.:

Nora tha se nuk donte të shkonte në peshkim. Nora said that she did not want to go fishing.

Nora tha se donte të lahej. Nora said she wanted to wash.

The Imperfect Subjunctive

Notice that the Imperfect Subjunctive is formed just by putting **të** in front of the forms of the Imperfect, e.g.

punoj		nisem	
të punoja	të punonim	të nisesha	të niseshim
të punoje	të punonit	të niseshe	të niseshit
të punonte	të punonin	të nisej	të niseshin

The Imperfect Subjunctive is often used to agree in tense either with the Simple Past or the Imperfect of the main verb in the sentence, e.g.:

Filloi të punonte në kopsht. He/she started to work (working) in the garden.

Filloi të zhdukej në errësirë. He/she/it started to disappear (*or* disappearing) in the darkness.

■ III/ READING PASSAGE

NËNA E BRENGOSUR

Një mbrëmje, Vjollca u brengos shumë për birin e saj, Shkumbi-nin. Shkumbini rrallëherë del në mbrëmje. Pothuaj kurrë nuk shkon në kafene me shokë. Nuk pi alkohol, nuk pi cigare, është i përpiktë në çdo punë.

Vjollca kishte arsye të brengosej. Kur u bë bukur vonë, ajo filloi t'u telefononte shokëve të Shkumbinit. Të gjithë shokët e Shkumbinit i thanë se nuk dinin gjë për të. 'Diçka nuk është në rregull,' mendoi ajo. 'Do ta qortoj kur të vijë në shtëpi,' tha me vete.

Ora ishte gati dymbëdhjetë kur cingëroi zilja e derës. Vjollca e hapi derën. Ishte Shkumbini. Në fytyrë i vërehej një ndjenjë faji. Kundërmonte alkohol.

'Mos je i dehur, Shkumbin?' e pyeti Vjollca.

'Jo, nuk jam i dehur fare,' u përgjigj ai.

'Po të vjen era alkohol,' i tha e ëma.

'E piva vetëm një gotë me një shok,' shtoi Shkumbini.

'Me cilin shok ishe? U telefonova të gjithë shokëve të tu. Ulu dhe më trego ku ke qenë,' i tha ajo.

'Në të vërtetë isha me një shoqe,' tha Shkumbini turpshëm.

'S'ka asgjë të keqe në këtë, biri i nënës, por ti kurrë nuk shkon në kafene.'

'E di, nënë, është dashur të të lajmëroj se do të vonohem,' tha Shkumbini pa pritur ta mbarojë fjalën e ëma.

'A s'do të më tregosh cila është ajo shoqe?' e pyeti e ëma.

'Do të të tregoj, nënë, por jo tash. Ende është herët. Çdo gjë me kohë,' tha Shkumbini.

'Ani, biri im. Ti e di më së miri. Kur ta merr mendja se është koha, mund ta sjellësh në drekë. Do t'ju bëj një drekë të mirë,' i tha e ëma.

'Falemnderit, nënë,' i tha Shkumbini nënës së tij të zhbrengosur.

Vocabulary

i/e brengosur	worried
brengosem	(am) worried
bir, bij	son
rrallëherë	rarely
dal	go out
alkohol	alcohol
pi cigare	smoke
i/e përpiktë	punctual
arsye, -	reason
u bë vonë	it became late
filloj	begin
në rregull	alright
qortoj	scold
me vete	to oneself

cingëroj	ring
zile, -	bell
fytyrë, -a	face
vërehem	(am) noticed
ndjenjë, -a	feeling
faj, -e	guilt (*fem. in pl.*)
kundërmoj	smell
pyes	ask
fare	at all
erë, -ra	scent, smell; wind
të vjen era	you smell (of)
e ëma	his/her mother
shtoj	add
në të vërtetë	actually
turpshëm	shyly
s'ka asgjë të keqe	there's nothing wrong
është dashur të . . .	I should have . . .
lajmëroj	inform, let know
vonohem	(am) late
pa pritur	without waiting
mbaroj	finish
mbaroj fjalën	*lit.* finish the word
çdo gjë me kohë	everything at its own time
më së miri	best
mendje, -	mind
ma merr mendja	I think
sjell	bring
i/e zhbrengosur	soothed

IV/ EXERCISES

(1) Answer the following questions on the reading passage:

1 Për kë u brengos Vjollca një mbrëmje?
2 A del Shkumbini shpesh?
3 A shkon ai shpesh në kafene me shokë?
4 Çfarë është Shkumbini?
5 Ç'bëri Vjollca kur u bë vonë?
6 Ç'i thanë shokët e Shkumbinit?

7 Ç'tha ajo me vete?
8 Sa ishte ora kur erdhi Shkumbini në shtëpi?
9 Ç'i vërehej në fytyrë Shkumbinit?
10 Me kë ishte Shkumbini në kafene?

(2) Put the following sentences into indirect speech:
   Example: Mos je i dehur?
            Vjollca e pyeti Shkumbinin ....
            Vjollca e pyeti Shkumbinin mos ishte i dehur.

1 Nuk jam i dehur fare.
   Shkumbin i tha Vjollcës se ....
2 Me cilin shok ishe?
   Vjollca e pyeti Shkumbinin ....
3 Ulu dhe më trego ku ke qenë.
   Vjollca i tha Shkumbinit të ulej dhe ....
   ....
4 Në të vërtetë isha me një shoqe.
   Shkumbini i tha Vjollcës se ....
5 Ti kurrë nuk shkon në kafene.
   Vjollca i tha Shkumbinit se ....

(3) Put the following sentences into indirect speech:
   Example: Po e lexoj një libër.
            Tha se po e lexonte një libër.

1 Po mësoj shqip.
2 Po u shkruaj prindërve.
3 Po punoj në kopsht.
4 Qeni po luan me macen.
5 Po e shikoj një film në televizion.
6 Po blej ca pemë e perime.
7 Po pi kafe me Petritin.
8 Nora e Drita po hanë drekë.
9 Riçardi e Denisi po pushojnë.
10 Drita po bisedon me disa turistë.

(4) Complete the following sentences with the imperfect subjunctive:

Example: Filloi / shkruaj një letër
Filloi të shkruante një letër.

1 Desha / blej një libër
2 Shkuan / luaj futboll
3 U ulëm / pushoj nën hije (in the shade)
4 Doli / blej gazetën
5 Erdhën / bisedoj me ne
6 U ulën / ha darkë
7 Filluan / analizoj (analyze) filmin
8 Deshën / shpëtoj (rescue) shokun
9 Erdhën / rri me mua
10 Më thanë / marr ombrellën (umbrella) me vete

(5) Translate the following sentences into Albanian:

1 When the bell rang I was dressing (vishem).
2 When the phone rang he was shaving (rruhem).
3 When Drita came Nora was washing.
4 When mother came Drita was combing her hair (krihem).
5 When Mary came Betty was resting (çlodhem).
6 When we went out it was raining (bie shi).
7 When Liz came back Nora was sleeping (fle).
8 When Nora woke up (zgjohem) Liz was reading.

(6) Translate into Albanian:

Mark had to wash and get dressed quickly this morning. He had to go to Brighton today to visit a friend. When he got outside he saw that it was raining. He went back and took his umbrella. He then ran (vrapoj) to catch the train. When he arrived the train was still waiting. He didn't have time to buy his ticket but he knew that he could buy it on the train. When he arrived at Brighton, his friend was waiting for him at the station. They had a lot to tell each other (*njëri-tjetrin*) because the last (*fundit*) time they met was last (*kaluar*) June. Mark told his friend about his visit to Kosovo. They spent all day together. Mark returned home by train. When he arrived home around ten thirty it was still raining.

(7) Translate into English:
(From now on, translations into English will not be given in the Key.)

Dje, Petriti e Marku shkuan e i morën fotografitë që i bënë në Deçan. Kur u kthyen te hoteli, i gjetën shokët dhe shoqet e tyre ulur përjashta. Ata po pinin kafe dhe po bisedonin. Marku e Petriti u ulën me ta. Marku i nxori fotografitë nga çanta dhe filluan t'i shikonin. Kishte shumë fotografi. Të gjitha ishin të bukura. Fotografitë kalonin nga dora në dorë. Në një fotografi shiheshin disa prej tyre duke pushuar pranë lumit. Në një tjetër Meri e Beti po freskoheshin në lumë. Në shumë prej tyre shihej mali me pisha të larta.

'Shikoni sa bukur ka dalë Nora këtu!' tha njëri.
'Nuk po shihet se është e lodhur fare,' tha tjetri.
'Shikojeni këtë,' tha një tjetër. 'A nuk po shihet këtu se Riçardi ka uri (*hunger*)?'
Të gjithë qeshën (*laugh*). Ata vazhduan (*continue*) t'i shikonin fotografitë, të talleshin (*joke*) e të qeshnin deri sa erdhi koha të shkonin në darkë.

Unit Eleven

■ I/ SITUATIONS

kamarier, -ë	waiter
çfarë	how; what like
i mesëm/e mesme	medium
mineral-e	mineral

A: Kamarier!
B: Urdhëroni.
A: Na sjell dy kafe, të lutem.
B: Çfarë i doni kafetë?
A: Një pa sheqer dhe një të mesme.
B: A dëshironi ujë mineral?
A: Po, na sjell edhe dy gota ujë mineral.

i/e fortë	strong
jam mësuar me	I am used to
mbetem	remain (*non-act.*)
gjumë	sleep

A: A të pëlqen kafja turke?
B: Po, më pëlqen shumë, por është pak e fortë.
A: Ashtu është, por unë jam mësuar me të.
B: Nëse pi kafe turke në mbrëmje, mbetem pa gjumë.

listë, -a	list
gjellë, -	dish
lista e gjellëve	the menu

A: Urdhëroni?
B: Dëshirojmë të hamë drekë.
A: Ja lista e gjellëve.
B: Falemnderit.

birrë, -a	beer
i/e fërguar	fried

mish	meat
i/e përzier	mixed
skarë, -a	grill
sallatë, -a	salad
tarator, -ë	yoghourt dish
shishe, -	bottle
verë, -ra	wine
i kuq, e kuqe	red

A: A jeni gati të porositni?

B: Po, na sillni dy birra së pari. Pastaj një peshk të fërguar për mua dhe mish të përzier nga skara për shokun.

A: A dëshironi sallatë?

B: Po. Një sallatë të përzier dhe një tarator.

A: Dëshironi diçka nga pijet?

B: Një shishe verë të kuqe, ju lutem.

postë, -a	post office
drejt	straight
kthej	turn
në të majtë	on the left
metër, -a	metre
nja	about
në të djathtë	on the right
cilido	whichever (*masc.*)
qoshk, -qe	kiosk (*fem. in pl.*)

A: Më falni, ju lutem.

B: Urdhëroni.

A: A dini të më tregoni ku është posta?

B: Shkoni drejt, pastaj ktheni në rrugën e parë në të majtë. Ecni nja pesëdhjetë metra dhe do të jeni te posta. Posta është në të djathtë.

A: Ju falemnderit.

B: Me nder qofshi.

A: . . . Uh, gati harrova. . . .

B: Urdhëroni, urdhëroni.

A: Ku mund të blej pulla postale?

B: Mund të blini në postë, por edhe në cilido qoshk.

A: Falemnderit shumë dhe më falni që ju mora kohë.

B: S'ka gjë.

II/ GRAMMATICAL PATTERNS

Agreement of Adjectives

You have come across a lot of adjectives by now and may have noticed that many of them are preceded by the so-called adjective clitics which in form are the same as the genitive clitics. Adjectives usually follow the noun they modify and have to agree with it in number, gender and case. Sometimes it is possible to use adjectives before the noun they modify but this is mainly done for stylistic purposes. When they precede the noun they behave a bit differently.

Let us now see how adjectives behave when they modify a noun in different cases both in singular and plural:

Masculine Singular

	Indefinite	Definite
Nom.	një djalë i mirë	djali i mirë
Acc.	një djalë të mirë	djalin e mirë
Gen.	i/e një djali të mirë	i/e djalit të mirë
Dat.	një djali të mirë	djalit të mirë
Abl.	(prej) një djali të mirë	(prej) djalit të mirë

Feminine Singular

	Indefinite	Definite
Nom.	një vajzë e mirë	vajza e mirë
Acc.	një vajzë të mirë	vajzën e mirë
Gen.	i/e një vajze të mirë	i/e vajzës së mirë
Dat.	një vajze të mirë	vajzës së mirë
Abl.	(prej) një vajze të mirë	(prej) vajzës së mirë

Masculine Plural

	Indefinite	Definite
Nom.	ca djem të mirë	djemtë e mirë
Acc.	ca djem të mirë	djemtë e mirë
Gen.	i/e ca djemve të mirë	i/e djemve të mirë
Dat.	ca djemve të mirë	djemve të mirë
Abl.	(prej) ca djemësh të mirë	(prej) djemve të mirë

Feminine Plural

	Indefinite	Definite
Nom.	ca vajza të mira	vajzat e mira
Acc.	ca vajza të mira	vajzat e mira
Gen.	i/e ca vajzave të mira	i/e vajzave të mira
Dat.	ca vajzave të mira	vajzave të mira
Abl.	(prej) ca vajzash të mira	(prej) vajzave të mira

As can be seen from the above examples, only the clitic undergoes changes with singular nouns and masculine plural nouns.

Some feminine adjectives have a feminine ending as well as being marked by the feminine clitic e, and some drop the vowel ë in the feminine form, e.g.

i sjellshëm	e sjellshme
i sotëm	e sotme
i mesëm	e mesme

A number of adjectives do not take clitics at all. Some are given in the list below (-e is the feminine ending):

trim-e	brave
dinak-e	cunning
gojëmjaltë	honey-mouthed
zemërkeq-e	bad-hearted
zemërmadh-e	big-hearted

Adjectives that have no clitics do not change at all for the different cases.

Most masculine adjectives form the plural by changing the clitic i into të (in the Nominative, indefinite form), with the exception of a small number of adjectives, such as:

i keq	të këqij	bad
i lig	të ligj	weak
i madh	të mëdhenj	big
i vogël	të vegjël	small

i zi	**të zinj**	black
i ri	**të rinj**	young, new

Masculine adjectives that take no clitics form the plural in the following ways:

(a) by taking the plural ending **-ë**, e.g.:

abstrakt	**abstraktë**
absurd	**absurdë**
kimik	**kimikë**

(b) by taking no plural ending, e.g.:

krijues	creative
veprues	acting
pyetës	interrogative

(c) if the adjective is a 'converted' noun (i.e. a noun used as an adjective), or if the second element of a complex adjective is a masculine noun, then the plural form of the noun is used, e.g.:

djem **trima**	brave boys
kokëkunguj	squash-headed

However, if the second element is a feminine or an uncountable noun, then the adjective takes no plural ending, e.g.:

hundëshkabë	hook-nosed
kokëmish	blockhead; stupid

Feminine adjectives form the plural in the following ways (in the Nominative, indefinite form):

(a) by changing the clitic **e** into **të** and taking no plural ending, e.g.:

e sotme	**të sotme**	today's
e sjellshme	**të sjellshme**	polite

(b) by taking a plural ending as well, e.g.:

e afërt	**të afërta**	close
e mirë	**të mira**	good
e zezë	**të zeza**	black

(c) irregularly, e.g.:

e keqe	**të këqia**	bad
e madhe	**të mëdha**	big

Feminine adjectives that have no clitics form their plural in the following ways:

(a) by taking no plural ending at all, e.g.:

dinake	cunning
trime	brave
sygacë	flashing-eyed

(b) by taking the ending **-a**. This sometimes involves a change of stem, e.g.:

plakë	**plaka**	old
gojëmadhe	**gojëmëdha**	big-mouthed
fatkeqe	**fatkëqia**	unfortunate

When the adjective precedes the noun, which can be done for stylistic purposes, it takes the endings which are usually added to the noun, and the noun remains unchanged:

	Masculine	Feminine
Nom.	**i miri** djalë	**e mira** vajzë
Acc.	**të mirin** djalë	**të mirën** vajzë
Gen.	(i/e) **të mirit** djalë	(i/e) **së mirës** vajzë
Dat.	**të mirit** djalë	**së mirës** vajzë
Abl.	(prej) **të mirit** djalë	(prej) **së mirës** vajzë

The same happens in the plural.

It is always possible to have more than one adjective modifying the same noun. When the noun is in the indefinite form, then the second adjective has the same form as the first. However, there are some changes when the noun is in the definite form. Study these changes in the tables below:

Masculine Singular Definite

Nom.	djali i mirë dhe **i sjellshëm**
Acc.	djalin e mirë dhe **të sjellshëm**
Gen.	i/e djalit të mirë dhe **të sjellshëm**
Dat.	djalit të mirë dhe **të sjellshëm**
Abl.	(prej) djalit të mirë dhe **të sjellshëm**

Masculine Plural Definite

Nom.	djemtë e mirë dhe **të sjellshëm**
Acc.	djemtë e mirë dhe **të sjellshëm**

Gen.	i/e djemve të mirë dhe **të sjellshëm**
Dat.	djemve të mirë dhe **të sjellshëm**
Abl.	(prej) djemve të mirë dhe **të sjellshëm**

Feminine Singular Definite

Nom.	vajza e mirë dhe **e sjellshme**
Acc.	vajzën e mirë dhe **të sjellshme**
Gen.	i/e vajzës së mirë dhe **të sjellshme**
Dat.	vajzës së mirë dhe **të sjellshme**
Abl.	(prej) vajzës së mirë dhe **të sjellshme**

Feminine Plural Definite

Nom.	vajzat e mira dhe **të sjellshme**
Acc.	vajzat e mira dhe **të sjellshme**
Gen.	i/e vajzave të mira dhe **të sjellshme**
Dat.	vajzave të mira dhe **të sjellshme**
Abl.	(prej) vajzave të mira dhe **të sjellshme**

Colours

The colours (**ngjyrat**) may be used as adjectives or as adverbs in Albanian.

As adjectives, the masculine and feminine forms are as below:

i bardhë,	**e bardhë**	white
i zi,	**e zezë**	black
i kuq,	**e kuqe**	red
i kaltër,	**e kaltër**	blue
i gjelbër,	**e gjelbër**	green
i verdhë,	**e verdhë**	yellow

The corresponding adverbial forms are:

bardh
zi
kuq
kaltër
gjelbër
verdh

An example of adverbial use is:

E ngjyrosi murin bardh. He painted the wall white.

■ **III/ READING PASSAGE**

NË RESTORANT

Sot të rinjtë anglezë janë ftuar për drekë nga disa shokë shqiptarë. Ata do të hanë drekë në restorantin »Rugova«. Ky restorant ka një dekor karakteristik. Muret e restorantit janë të mbuluara me punime të ndryshme dore të artizanatit – me vegla muzikore folklorike, me pjesë të veshjes kombëtare e të tjera. Shpesh edhe kamarierët janë të veshur me veshje kombëtare.

Në këtë restorant, pos gjellëve të zakonshme, përgatiten edhe gjellë karakteristike shqiptare. Petriti me shokë me qëllim e zgjodhën pikërisht këtë restorant.

Dreka do të jetë në orën dy, pasi që të kthehen nga vizita në Shpellën e Gadimës. Shpella e Gadimës nuk është larg nga Prishtina. Kjo është një shpellë që u zbulua rastësisht nga një fshatar para dhjetë-pesëmbëdhjetë vjetsh. Shpella është e mermertë dhe shumë shkencëtarë mendojnë se është e vetmja e këtij tipi në botë. Brenda në shpellë mund të shihet edhe një fenomen ende i pashpjegueshëm. Fjala është për degëzimin e disa stalaktiteve në kundërshtim me ligjet e fizikës. Petriti është i bindur se shpella do t'u duket shumë interesante shokëve e shoqeve nga Anglia.

Vocabulary

ftoj	invite
dekor, -e	decor *(fem. in pl.)*
karakteristik-e	characteristic
mur, -e	wall *(fem. in pl.)*
mbuloj	cover
i/e mbuluar	covered
punim, -e	work *(fem. in pl.)*
i ndryshëm	different *(masc.)*
e ndryshme	different *(fem.)*
artizanat, -e	craftsmanship *(fem. in pl.)*
vegël, -a	tool, instrument
muzikor-e	musical
folklorik-e	folk
pjesë, -	part
pos	except
i zakonshëm	usual *(masc.)*
e zakonshme	usual *(fem.)*

përgatiten	are prepared
me qëllim	on purpose
pikërisht	exactly
rezervoj	reserve
shpellë, -a	cave
zbuloj	discover
rastësisht	by accident
fshatar, -ë	villager
i/e mermertë	of marble
shkencëtar, -ë	scientist
e vetmja	the only one (fem.)
tip, -a	type
botë, -ra	world
fenomen, -e	phenomenon (fem. in pl.)
i pashpjegueshëm	inexplicable (masc.)
e pashpjegueshme	inexplicable (fem.)
degëzim, -e	branching (fem. in pl.)
stalaktit, -e	stalactite (fem. in pl.)
në kundërshtim me	opposing, in opposition to
ligj, -e	law
fizikë	physics
bindur	convinced
dukem	seem

IV/ EXERCISES

(1) Answer the following questions on the reading passage:

1 Nga kush janë ftuar për drekë sot të rinjtë anglezë?
2 Në cilin restorant dë të hanë drekë?
3 Me çka janë të mbuluara muret e këtij restoranti?
4 Çka përgatitet në këtë restorant pos gjellëve të zakonshme?
5 Në orën sa do të jetë dreka?
6 Çka do të vizitojnë studentët?
7 Si u zbulua Shpella e Gadimës?
8 Çka mendojnë disa shkencëtarë për të?
9 Ç'fenomen i pashpjegueshëm mund të shihet në shpellë?
10 A është i bindur Petriti se shpella do t'u duket interesante studentëve anglezë?

(2) Complete the following sentences with the appropriate form of the adjective **i/e/të/së mirë-a**:

Example: Kam një shtëpi . . . .

Kam një shtëpi të mirë.

1 Ky është vend . . . .
2 Ata janë studentë . . . .
3 Ato janë nxënëset . . . .
4 Kjo shtëpi ka disa dhoma . . . .
5 Ajo ishte një dramë (*drama*) . . . .
6 Ky është libri i vajzës . . . .
7 Këtë letër e mora prej ca shokësh . . . .
8 E pashë djalin . . . .
9 Ua dhashë vajzave . . . .
10 Ai është libri i nxënësit . . . .
11 Bisedova me mësuesin . . . .
12 E mësova prej mësuesit . . . .
13 Vizituan vende . . . .
14 Pushuan në kopshte . . . .

(3) Make the following sentences plural:

Example: Kjo është vajzë e sjellshme.

Këto janë vajza të sjellshme.

1 Bisedova me një djalë të mirë.
2 Kjo është një pishë e lartë.
3 Kjo dhomë është e vogël.
4 Lapsi i vogël është mbi (*on*) tryezë.
5 Kjo derë është e madhe.
6 Ky libër është i keq.
7 Ky djalë është i ri.
8 Ajo vajzë është e re.
9 Ky mal është i bukur.
10 Ai njeri është zemërkeq.
11 Plani i sotëm është i mirë.
12 Ky peshk është i madh.
13 Ky qytet është i vjetër.
14 Kjo mollë është e freskët.

(4) Put the following sentences into the plural:
   Example: Ky libër është i mirë.
            Këta libra janë të mirë.

1 Kjo ndërtese (*building*) është e madhe.
2 Ky djalë është i vogël.
3 Ky vend është i bukur.
4 Ky lumë është i gjatë.
5 Ky mal është i lartë.
6 Kjo pishë është e lartë
7 Ky qytet është i vjetër.
8 Kjo angleze është e lodhur.
9 Ky plak (*old man*) është i mençur.
10 Ky kalë është i shpejtë (*fast*).

(5) Change the following sentences as in the example:
   Example: Vajza e vogël ka një mace të zezë.
            Macja e vajzës së vogël është e zezë.

1 Lumi i vogël ka ujë të pastër.
2 Kopshti i madh ka lule të bukura.
3 Nxënësja e mirë ka një dhomë të vogël.
4 Shtëpia e bardhë ka kopsht të madh.
5 Restoranti i mirë nuk ka gjellë të këqia.
6 Njeriu i sjellshëm ka fjalë të mira.
7 Rruga kryesore ka drunj të mëdhenj.
8 Dimri i gjatë ka ditë të ftohta.
9 Vajzat e bukura kanë fat të keq.
10 Shpella interesante ka një fenomen të pashpjegueshëm.

(6) Change the following sentences as in the example:
   Example: Banesa ime është e vogël.
            Unë kam një banese të vogël.

1 Shoqja ime është e bukur.
2 Shoku im është i sjellshëm dhe i mirë.
3 Pishat e Deçanit janë të bukura dhe të larta.
4 Qeni i Markut është i madh dhe i mençur.

5 Uji i lumenjve është i ftohtë.
6 Dritarja e dhomës sime (*my*) është e madhe.
7 Ajri (*air*) i bjeshkës është i pastër.
8 Valixhja e Norës është bukur e rëndë.
9 Shoku i Denisit është i përpiktë.
10 Shtëpia e tyre është e madhe.
11 Birra në këtë restorant është e ftohtë.
12 Lulet e kopshtit të Betit janë të kuqe.

Unit Twelve

■ I/ SITUATIONS

orë dore	wrist watch
ndal	stop
kohë pas kohe	from time to time (*lit.* time after time)
nevojë, -a	need, necessity
pastroj	clean
dëftesë, -a	receipt
qenka	*Adm. of* jam (is + *surprise*)
që sa vjet	for how many years
kujtim, -e	keepsake, souvenir
javën e ardhshme	next week

A: Mirëdita.
B: Mirëdita. Urdhëroni.
A: A mund ta shikoni këtë orë dore. Po më ndalet kohë pas kohe.
B: Sigurisht. . . . Ka nevojë të pastrohet.
A: Sa do të kushtojë?
B: 1500 dinarë.
A: A më duhet dëftesë?
B: Gjithsesi. Qenka orë e mirë. Që sa vjet e keni?

A: E kam që dhjetë vjet. E kam kujtim nga gjyshi. Kur mund të
vij ta marr?

B: Javën e ardhshme, të martën.

A: Shumë mirë. Ditën e mirë!

B: Ditën e mirë!

orëndreqës, -	watchmaker
mos ka ndodhur	has anything happened
gjë	
paska	*Adm. of* **kam** (has + *surprise*)
aksident, -e	accident (*fem. in pl.*)
dje	yesterday
ashtu?	is it so?
lëndoj	injure, hurt
megjithatë	nevertheless
thashë	I thought maybe . . . (*lit.* I said maybe)
menjëherë	immediately

A: Mirëdita, Agron.

B: Mirëdita, Blerim.

A: Ku ishe?

B: E lashë orën te orëndreqësi.

A: Të kërkova në shtëpi.

B: Mos ka ndodhur gjë?

A: Agimi qenka në spital.

B: Çka paska?

A: Paska pasur një aksident të vogël dje.

B: Ashtu?! A është lënduar shumë?

A: Jo shumë, por megjithatë duhet të rrijë në spital disa ditë.
Thashë ndoshta dëshiron të shkojmë e ta vizitojmë bashkë.

B: Ani, po shkojmë menjëherë.

mbrëmë	last night
regjistër, -a	register
motër, -a	nurse, sister

A: Mirëdita, djem. Urdhëroni.

B: E kemi një shok këtu në spital, por nuk dimë në ç'dhomë
është.

A: Si quhet?

B: Agim Shpati.

A: Kur ka ardhur në spital?
B: Mbrëmë.
A: Vetëm një moment të shikoj në regjistër. . . . Agimi është në dhomën 304.
B: A mund ta shohim?
A: Po, tash është koha e vizitave.
B: Ju falemnderit, motër.
A: Me nder qofshi.

më mirë	better
shpëtoj	save; escape; rescue
ngas veturën	drive
ma lëshoi njëra gomë	one of my tyres went flat
lëshoj	let go/loose/off, release
gomë, -a	*lit.* rubber, tyre
përplas	hit, strike, slam
bri rrugës	by the road
dëmtoj	damage
qoftë e kaluar	may it belong to the past

A: Si po ndihesh, Agim?
B: Më mirë, falemnderit.
C: Mirë paske shpëtuar.
A: Po, po, mirë. Ka mundur të ndodhte më keq.
B: Mos ishe i dehur?
A: Jo, kurrë nuk pi kur duhet ta ngas veturën.
C: Si ndodhi aksidenti atëherë?
A: Ma lëshoi njëra gomë dhe e humba kontrollin. Vetura më mori në të djathtë dhe u përplasa për një dru bri rrugës. Vetura u dëmtua bukur shumë, por unë shpëtova lehtë.
B/C: Qoftë e kaluar!
A: Ju falemnderit.

II/ GRAMMATICAL PATTERNS

The Admirative Mood

This mood does not exist in English. In other words, what it expresses in Albanian has no grammatical equivalent in English. Instead, other means are used in English for the same purpose.

The Admirative mood is used to express surprise and/or unexpectedness.

This mood has four tenses: Present, Imperfect, Perfect, and Pluperfect. Present and Perfect are more common than the other two.

To form the Present and Imperfect tenses of this mood, the present and imperfect tenses of the verb **kam** are used as endings, and these are added to a shortened form of the participle. Note, however, that there is some modification to the imperfect forms of **kam** when used in this way. The Present and Imperfect Admirative endings are:

Present	Imperfect
-kam	**-kësha**
-ke	**-këshe**
-ka	**-kësh/kej**
-kemi	**-këshim**
-keni	**-këshit**
-kan	**-këshin**

Here are some verbs in the Present Admirative alongside their citation forms and participles:

Cit. form	Participle	Pres. Adm.
punoj	**punua-r**	**punuakam**
laj	**la-rë**	**lakam**
hap	**hap-ur**	**hapkam**
jam	**qen-ë**	**qenkam**
ha	**ngrën-ë**	**ngrënkam, hëngërkam**
them	**thën-ë**	**thënkam**
kam	**pas-ur**	**paskam**
rri	**ndenj-ur**	**ndenjkam**
shes	**shit-ur**	**shitkam**

The Present Tense of the Admirative is used to express surprise or unexpectedness about something that is going on as the speaker is saying it, e.g.:

Pali i laka enët. Oh, look! Paul is washing up.

It can sometimes be associated with the particle **po** to stress the duration of an action, e.g.:

Pjetri po punuaka në kopsht. Look! Peter's working in the garden.

The Imperfect expresses something that was going on at a particular time in the past, e.g.:

Pali po e lakësh veturën. Paul was washing the car!

To form the Perfect and Pluperfect tenses of the Admirative, the Present Admirative and Imperfect Admirative forms of **kam** are used (**paskam** etc., **paskësha** etc.) followed by the participle.

Perfect	Pluperfect
paskam + participle	**paskësha** + participle
paske	**paskëshe**
paska	**paskësh(-kej)**
paskemi	**paskëshim**
paskeni	**paskëshit**
paskan	**paskëshin**

The Perfect Tense of the Admirative is used like the Present Perfect in English plus a dose of surprise or unexpectedness, e.g.:
Paska ardhur Pjetri. Look! Peter has come.

The Pluperfect of the Admirative is used like Past Perfect in English expressing at the same time surprise or unexpectedness, e.g.:

Atëherë e kuptoi se e paskësh humbur një rast të mirë. Then he understood that he had lost a good opportunity.

You may sometimes come across a subjunctive form of the Admirative and also the forms of a second Perfect or of a second Pluperfect such as:

Subjunctive	**të lakam**
Perfect II	**paskam pasë larë**
Pluperfect II	**paskësha pasë larë**

You may very occasionally come across a future tense of the type **do të lakam**.

Notice the difference between the Admirative forms for active and non-active verbs:

Present	**lakam**	**u lakam**
Imperfect	**lakësha**	**u lakësha**
Perfect	**paskam larë**	**qenkam larë**

Pluperfect	paskësha larë	qenkësha larë
Subjunctive	të lakam	t'u lakam
Perfect II	paskam pasë larë	paskam qenë larë
Pluperfect II	paskësha pasë larë	paskësha qenë larë

The Optative Mood

The Optative Mood is used to express the speaker's wish. This mood has two tenses, Present and Perfect. The negative form is obtained by using the negative particle **mos** in front of the verb.

Here are the endings for the Present Tense of the Optative:

-a
-
-të
-im
-i
-in

Notice that before these endings another element is added to the stem of the verb (except for the third person singular) in one of the following forms:

-fsh- (after vowels)
-sh- (after consonants except nasals)
-ç- (after nasals)

Notice one irregularity in verbs which add -fsh- to the stem, in that only -f- is added before the ending -të in the 3rd person singular.

Here is an example:

rroj (*live*)

rrofsha (*may I live*)	**rrofshim** (*may we live*)
rrofsh	**rrofshi**
rroftë	**rrofshin**

Rroftë Nënë Tereza. Long live Mother Teresa.

Here are some verbs in the Present Tense of the Optative given alongside the citation form and the participle (only the first person singular is given):

Cit. form	Participle	Pres. Opt.
punoj	punuar	punofsha
thyej	thyer	thefsha
kruaj	kruar	krofsha (*may I scratch*)

shkruaj	shkruar	shkrofsha
luaj	luajtur	luajsha
hyj	hyrë	hyfsha
pres[1]	prerë	prefsha (*may I cut*)
pres[2]	pritur	pritsha (*may I wait*)
vij	ardhur	ardhsha
heq	hequr	heqsha
dal	dalë	dalsha
hap	hapur	hapsha
mbjell	mbjellë	mbjellsha (*may I plant*)
marr	marrë	marrsha
gjej	gjetur	gjetsha
them	thënë	thënça
lë	lënë	lënça
zë	zënë	zënça
rri	ndenjur	ndenjça
shpie	shpënë/shpurë	shpënça/shpufsha (*may I take to*)
ha	ngrënë	ngrënça/hëngërsha
jap	dhënë	dhënça

The basic use of the Present Tense of the Optative is to express the speaker's wish at, or following, the moment of speaking, e.g.:

Mos vdeksh kurrë. May you never die.
Qofsh i gëzuar. May you be happy.
Ju këndoftë zemra. *lit.* May your heart sing.

For non-active verbs this tense is formed by placing the non-active particle **u** (the same one as used for the Simple Past of non-active verbs) before the verb, e.g.:

lafsh u lafsh may you wash/may you be washed

The Perfect Tense of the Optative is formed by using the Present of the Optative of the verb **kam** for active and **jam** for non-active verbs plus the participle of the main verb, e.g.

Active
paça larë (*may I have washed*)

Non-active
qofsha larë (*may I have been washed*)

paç	,,	qofsh	,,
pastë	,,	qoftë	,,
paçim	,,	qofshim	,,
paçi	,,	qofshi	,,
paçin	,,	qofshin	,,

The Perfect Tense of the Optative has generally the same basic uses as the Present, but referring to the past. However, the use of this tense is rather restricted. Here are a couple of examples: **E pastë ngrënë djalli.** (*lit.* May the devil have eaten it.) To hell with it.

Në paçim punuar edhe ne ashtu, s'do ta kemi punën mirë. If we have done the same, it won't be good for us.

Conditional Clauses

The Present Optative is also used in conditional clauses to express a possibility, and is used with the subordinating conjunction **në** or **edhe në** (*if/even if*), e.g.:
Në shkofsha në Angli, do të të lajmëroj. If I go to England, I will let you know.
Edhe në fjetsha, zemrën s'ma vë kush dot në gjumë. Even if I sleep, no one will put my heart to sleep.

■ III/ READING PASSAGE

NË FSHAT

Ju kujtohet se para disa ditësh Meri, Beti e Riçardi shkuan në fshat me Meritën. Ata kaluan një vikend të bukur në fshat. Jo vetëm që u kënaqën me jetën e qetë e pa zhurmë të fshatit, por atyre gjithashtu u lanë mbresa shumë të mira gjyshi dhe gjyshja e Meritës. Sa herë që i bënin gjyshit të Meritës ndonjë shërbim të vogël, ai i uronte me fjalët më të mira. Ai u thoshte, 'U rritsh, bija ime!, U gëzofsh, djali im!'. Riçardin e Betin ndonjëherë i nguçte nga pak duke u thënë, 'E marrsh një nuse të mirë!' ose 'E gjetsh një djalë të mirë.'

Fëmijëve të vegjël shpesh u thoshte nga dashuria, 'Mos të çeltë drita!' apo 'Të ngrëntë qeni!'

Gjyshi shpesh u tregonte përralla të bukura dhe ngjarje të

vjetra. Zakonisht përrallat i fillonte me 'Paskan qenë shtatë vëllezër . . .' apo 'Paskan qenë tri motra . . .' etj., ndërsa të gjithë ulur rreth tij e dëgjonin me vëmendje.

Shpesh i pyeste mysafirët anglezë për vendin e tyre dhe për jetën atje. Përgjigjet e tyre i përcillte me habi e admirim duke thënë, 'Po ky qenka vend i mirë!'. I pyeste kryesisht për pleqtë në Angli, për kujdesin ndaj tyre dhe u thoshte, 'Pleqtë kudo sjellin vetëm kokëçarje, por mos harroni se ua keni borxh kujdesin pleqve.'

Në fund plaku i këndshëm i detyroi mysafirët anglezë t'i premtonin se do ta vizitonin përsëri. Kur po niseshin për në Prishtinë ai u tha:

'Ju qoftë rruga e mbarë! Ejani përsëri.'

Mysafirët iu përgjigjën:

'Mbarë paç dhe ju ardhshim për të mirë.'

Vocabulary

më kujtohet	I remember (*lit.* it is remembered to me)
jo vetëm që	not only
jetë, -a	life
i/e qetë	calm, peaceful
zhurmë, -a	noise
gjithashtu	also
mbresë, -a	impression
sa herë (që)	whenever
shërbim, -e	service, favour (*fem. in pl.*)
uroj	bless, congratulate
rritem	grow up, grow
nguc	tease
nuse, -	bride
dashuri	love
çel	open
mos të çeltë drita	may the dawn find you dead (*lit.* may the light not open you)
përrallë, -a	fairy tale
ngjarje, -	event, happening
etj.	etc.

ndërsa	while, whereas
vëmendje	attention
përgjigje	answer (*n.*)
përcjell	follow, see off
habi	surprise
admirim	admiration
kryesisht	mainly
kujdes	care
ndaj	towards
kudo	wherever
kokëçarje, -	problem (*lit.* head-splitting)
borxh, -e	debt (*fem. in pl.*)
fund	bottom
në fund	in the end, finally
i këndshëm	nice, sweet (*masc.*)
detyroj	make, force
premtoj	promise
ju qoftë rruga e mbarë	have a nice journey
ju ardhshim për të mirë	'may we come to you in good times'

IV/ EXERCISES

(1) Answer the following questions on the reading passage:

1 Ku shkuan Meri, Beti e Riçardi para disa ditësh?
2 Me kë shkuan atje?
3 Çfarë është jeta në fshat?
4 Kush u la mbresë mysafirëve anglezë?
5 Çka u thoshte gjyshi kur i bënin ndonjë shërbim?
6 Si i ngucte Riçardin e Betin ndonjëherë?
7 Si u thoshte fëmijëve të vegjël nga dashuria?
8 Çka u tregonte gjyshi?
9 Si i fillonte përrallat zakonisht?
10 A i pyeste gjyshi mysafirët për Anglinë?
11 Për çka i pyeste kryesisht?
12 Ç'i detyroi t'i premtonin mysafirët në fund?
13 Çka u tha kur i përcolli?
14 Si iu përgjigjën mysafirët?

(2) Change the following sentences using the Admirative:
Example: Po bie shi.
        Po rënka shi.

(a)   1 Nuk kam para.
      2 Nuk është film i mirë.
      3 Riçardi nuk ka uri.
      4 Nora nuk është e lodhur.
      5 Ata po punojnë në kopsht.
      6 Ata po e pastrojnë dhomën.
      7 Shpresa po këndon në koncert.
      8 Qeni po luan me macen.
      9 Drita e bën drekën gati.
     10 Nora shkruan letra.
     11 Drita flet anglisht.
     12 Marku po shkon nesër për Angli.
     13 Kjo shpellë është interesante.
     14 Uji është i ftohtë.
     15 Denisi luan futboll mirë.

(b)   1 Qeni lahet në lumë.
      2 Manastiri shihet nga këtu.
      3 Denisi rruhet në mbrëmje.
      4 Beti takohet (*meet*) me një djalë.
      5 Meri vishet bukur.

(c)   1 Na kanë ardhur dy mysafirë.
      2 Nora e ka humbur valixhen.
      3 Riçardi është lënduar pakëz.
      4 Agimi ka pasur një aksident të vogël.
      5 Marku është kthyer në Angli.
      6 Beti është gëzuar sepse ka marrë letër nga nëna.

(d)   1 Pjetri po lante veturën.
      2 Pali po punonte në kopsht.
      3 Ata po shitnin pemë.
      4 Ai po mësonte kinezisht.
      5 Ato po luanin futboll.

(3) Put the following sentences in the Optative mood:
   Example: Dëshiroj t'ju vijmë për të mirë.
                Ju ardhshim për të mirë.

   1 Dëshiroj të shihemi për të mirë.
   2 Dëshiroj të të bëjë mirë.
   3 Dëshiroj ta marrë djalli.
   4 Dëshiroj ta thyesh qafën (*neck*).
   5 Dëshiroj të jesh i gëzuar.
   6 Dëshiroj të gëzohesh.
   7 Dëshiroj të rròsh sa malet.
   8 Dëshiroj të kalojnë mirë.
   9 Dëshiroj të udhëtoni mirë.
   10 Dëshiroj të kesh fat.
   11 Dëshiroj të jetosh njëqind vjet.

(4) Translate the following sentences into Albanian using the Optative:

   1 May you never grow up.
   2 May you never get old (*plakem*).
   3 May you (*pl.*) never be happy.
   4 May you never come back.
   5 May they never see a nice day.

Unit Thirteen

■ I/ SITUATIONS

ftohem   catch a cold
notoj   swim

A: Bisedova me Dritën. Më tha se ishte ftohur.
B: Si qenka ftohur?
A: Më tha se kishte notuar para disa ditësh.
B: A kishte shkuar te mjeku?
A: Po. Mjeku i kishte dhënë aspirin dhe i kishte thënë të rrinte në shtrat disa ditë.

A: A i telefonove Petritit?
B: Po, por nuk ishte në shtëpi.
A: Ku ishte?
B: Vëllai i tij më tha se kishte shkuar në spital. Një shok i tij kishte pasur një aksident të vogël.
A: Cili shok?
B: Agimi. Mendoj se nuk e ke takuar Agimin ende.

ndeshje, -a, -	match
shënoj	score, note
gol, -i, -a	goal
ekip, -i, -e	team (*fem. in pl.*)
lojë, -a, -ra	game
habitem	(am) surprised
sjellje, -a, -	behaviour
korrekt-e	correct
shikues, -i, -	spectator

A: A e shikuat ndeshjen?
B: Po, por arritëm pak vonë. Kur shkuam, ndeshja kishte filluar. Prishtina kishte shënuar një gol.
A: A qe ndeshja interesante?
B: Po, shumë interesante. Më vonë ekipi mysafir shënoi një gol.

Pastaj, në gjysmën e dytë të lojës Prishtina shënoi edhe dy gola. U habita me sjelljen korrekte të shikuesve.

terren, -i, -e   terrain (*fem. in pl.*)
skijim, -i   skiing
A: A erdhi Nora?
B: Shkova ta prisja në stacion por u vonova pak.
A: A e takove fare?
B: Po, ajo ishte nisur. Ishte lodhur shumë me valixhen e saj të rëndë.
A: A kishte kaluar mirë në Prizren?
B: Po, më tha se ishte kënaqur. Kishte qenë një ditë në bjeshkë në Brezovicë.
A: Kam dëgjuar për Brezovicën.
B: Ka terrene shumë të mira për skijim.

II/ GRAMMATICAL PATTERNS

The Pluperfect Tense

This tense is formed by putting the Imperfect of the auxiliaries **kam** and **jam** (the first for active, the second for non-active verbs) in front of the participle of the main verb. The easiest way to remember this tense is by comparing it with the Perfect Tense, which as you know by now, mainly corresponds to the Present Perfect in English, e.g.:

kam punuar (*I have worked*)
kisha punuar (*I had worked*)
jam larë (*I have been washed, I have washed myself*)
isha larë (*I had been washed, I had washed myself*)

To remind you of the Imperfect of **kam** and **jam** here they are in the singular and plural:

kisha	**isha**
kishe	**ishe**
kishte	**ishte**
kishim	**ishim**
kishit	**ishit**
kishin	**ishin**

To get the Pluperfect of any verb, all you need to know is the participle of the verb, e.g.:

punoj	kisha punuar
vij	kisha ardhur
luaj	kisha luajtur
zë	kisha zënë
shpie	kisha shpënë

As you may guess this tense corresponds to the Past Perfect in English (meaning 'had worked' *etc.*) The basic use of the Pluperfect is to express something that has happened before a particular moment in the past. For example:

Marku mendoi sa shumë kishte mësuar për dy javë.
Mark thought how much he had learned in two weeks.
Beti mendoi se ishte takuar njëherë me Agimin.
Betty thought that she had met Agim once.
Denisi na tregoi se si kishte hipur në dru dhe ishte rrëzuar.
Dennis told us how he had climbed on the tree and had fallen.
The two main uses of this tense can best be seen if we put two of the above examples into direct speech:
Marku mendoi: 'Sa shumë kam mësuar për dy javë.'
Denisi tha: 'Hipa në një dru dhe u rrëzova.'

Time expressions often used with the Pluperfect are:

atë ditë	that day	**atë vit**	that year
që atë ditë	since that day	**atë vjeshtë**	that autumn
në atë kohë	at that time	**deri atëherë**	till then

For example:
Që atë ditë nuk e kishte takuar më Agimin. Since that day she/he had not met Agim.
Atë vit kishte rënë borë e madhe. That year there had been a big snowfall.
Deri atëherë nuk e kishte njohur Ylberin sa duhet. Till then he/she had not known Ylber well enough.

A subordinating conjunction often used with this tense is:
para se   before (*lit.* before that)
For example:
Para se të kthehej në shtëpi kishte blerë disa libra. Before returning home he/she had bought some books.

III/ READING PASSAGE

NJË DITË E PRAPË

Ora është shtatë e një çerek në mbrëmje. Fatmiri është ulur në kafenenë »Lisi« dhe po e pret Shpendin. Shpendi është dashur të vinte në orën shtatë. Fatmiri po lexon diçka në »Rilindje« dhe po mendon se çka ka ndodhur me Shpendin që u vonua. Sapo e porositi një kafe, ia bëhu Shpendi.

Shpendi:	Mirëmbrëma, Fatmir.
Fatmiri:	Mirëmbrëma, Shpend.
Shpendi:	Të lutem më fal që u vonova.
Fatmiri:	Thashë mos të ka ndodhur gjë.
Shpendi:	Jo, jo, asgjë s'më ka ndodhur, por tërë dita më ka shkuar mbrapsht sot. Në mëngjes, ora më ishte ndalur dhe u vonova në punë.
Fatmiri:	Edhe unë vonohem ndonjëherë.
Shpendi:	Sapo arrita në punë, fqinji që banon nën mua më telefonoi. Kisha harruar ta ndal ujin në banjë. Uji kishte filluar t'i pikte në banesë.
Fatmiri:	Ani, çka bëre?
Shpendi:	U nisa menjëherë për në banesë. Kur arrita atje e pashë se e kisha humbur çelësin.
Fatmiri:	Si ia bëre atëherë?
Shpendi:	U desh ta thërras vëllanë nga puna. Për fat m'u kujtua se ia kisha dhënë vëllait një çelës para disa ditësh.
Fatmiri:	Gjithkujt i ngatërrohen punët nganjëherë.
Shpendi:	Prit. Ka edhe më.
Fatmiri:	Edhe më? !
Shpendi:	Hyra në banesë, e mbylla rubinetin, e mblodha ujin në dysheme me një peshqir dhe u nisa shpejt e shpejt të kthehesha në punë. Kur dola e pashë se po binte shi. Mora taksi. Sapo zbrita nga taksia, zura në thua dhe u rrëzova në baltë. U përleva i tëri.
Fatmiri:	Vërtet paske pasur ditë të prapë.
Shpendi:	Për fat shefi kishte qenë duke dalë nga ndërtesa. Kur më pa ashtu të baltosur, filloi të qeshte dhe më tha të shkoja në shtëpi.
Fatmiri:	Mos të ndodhi edhe diçka tjetër që u vonove tash?

Shpendi: Jo, por sapo u bëra gati të nisesha, m'u kujtua se i kisha premtuar motrës ta prisja në stacion.

Vocabulary

(From now on for each noun in the vocabulary, the singular definite form and the plural indefinite are given.)

i/e prapë	wrong, unruly
lis, -i, -a	oak tree
është dashur	should have
rilindje, -a	renaissance (*name of a newspaper*)
(ia) bëh	here/there I come
ia bëhu	there he/she came
thashë mos . . .	'I wondered whether . . .'
banoj	live
nën	under(neath)
pik	drop, drip
çelës, -i, -a	key
si ia bëre	what did you do (about it) (*lit.* how did you do to it)
gjithkush	everybody
ngatërrohem	(get) entangled
nganjëherë	sometimes
edhe më	more
mbyll	close
rubinet, -i, -e	tap (*fem. in pl.*)
mbledh	gather, collect
dysheme, -ja, -	floor
peshqir, -i, -ë	towel
shpejt e shpejt	quickly
zë në thua	trip up (*lit.* catch on the toe nail)
rrëzohem	fall over
baltë, -a	mud
përlyhem	(get) mucky
i tëri	the whole (*masc.*); all over
vërtet	really, truly
shef, -i, -a	boss
ndërtesë, -a, -a	building

i/e baltosur   muddy
qesh   laugh

IV/ EXERCISES

(1) Answer the following questions on the reading passage:

1 Ku është Fatmiri?
2 Kë po e pret?
3 Kur ia bëhu Shpendi?
4 Ç'ditë pati Shpendi sot?
5 Pse u vonua Shpendi në punë?
6 Kush i telefonoi kur arriti në punë?
7 Çka kishte ndodhur?
8 A hyri Shpendi menjëherë në banesë kur shkoi atje?
9 Pse nuk hyri?
10 Çka u desh të bënte?
11 Ç'i ndodhi tjetër Shpendit pastaj?
12 Kush e pa Shpendin të baltosur?
13 Çka i tha ai?
14 Pse u vonua Shpendi në mbrëmje?

(2) Complete the following sentences using the Pluperfect of the verbs in brackets:

Example: Para se të vinte këtu . . . . te Petriti.
(shkoj)
Para se të vinte këtu **kishte shkuar** te Petriti.

1 Kur erdhën ata, Nora . . . . për Prizren.
(nisem)
2 Kur arrita në shtëpi, Pali i . . . . enët. (laj)
3 Para se të vinte nëna, Drita e . . . . kuzhinën.
(pastroj)
4 Para se të dilte në kafene, ... darkë. (ha)
5 Atë ditë Skënderi . . . . shumë peshq. (zë)
6 I . . . . Agronit ta takoja në stacion. (premtoj)
7 Pa rënë mirë në shtrat, (atë) e . . . . gjumi.
(zë)

8 Ishte i lodhur sepse . . . . tërë ditën në kopsht. (punoj)
9 Nora . . . . një fustan (*dress*) të bardhë. (vesh)
10 Riçardi . . . . gjithë ditën. (lexoj)
11 Kamarieri u . . . . nga një kafe. (sjell)
12 Shpendi . . . . ta ndalte ujin. (harroj)
13 Sapo (ai) . . . . nga taksia, ... në baltë. (zbres; rrëzohem)
14 Shefi i . . . . të shkonte në shtëpi. (them)
15 Zana . . . . ca pemë dhe perime. (blej)

(3) Rewrite the following passage using the Pluperfect. Begin like this:

Nora tha se një ditë para se të vinte këtu . . .

Nora: Një ditë para se të vija këtu, u çova (*got up*) shumë herët. Hëngra mëngjes dhe e bëra valixhen gati. Pastaj shkova në bankë dhe nxora pak të holla. Për drekë shkova te shoqja ime, Liza. Hëngrëm drekë bashkë dhe biseduam për pushimet. Ia dhashë Lizës një çelës të banesës që të kujdesej (*take care*) për macen dhe për lulet. Më vonë shkova dhe i vizitova prindërit. Te prindërit ndenja rreth dy orë. Në mbrëmje shkova në shtrat më (*more*) herët se (*than*) zakonisht. Më zuri gjumi (*fell asleep*) menjëherë. Fjeta rreth dhjetë orë atë natë (*night*).

(4) Translate the following sentences into Albanian:

1 He had not seen his parents for a long time.
2 She had had that dog for fifteen years.
3 She had lived in that flat for twenty years.
4 I had been on holiday for two weeks.
5 They had studied Albanian for two years.
6 I had not read that book, but I knew it was good.
7 They had never had such a good time.
8 He had washed the car before it started raining.
9 He had ordered a cup of coffee and was waiting for his friend.
10 They had just arrived when the match began.

(5) Reading Comprehension
Make sure you understand everything by using the vocabulary given underneath.

Paska qenë një mbret. Ky mbret e paska pasur një hall të madh. Një ditë u ul dhe po mendonte. 'Ç'është kjo punë me mua? Unë e di se njerëzve u thinjen më parë flokët, pastaj mjekra.' I mblodhi dijetarët dhe u tha:
'Ose ma zgjidhni këtë punë, ose do t'ju vras!'
Dijetarët u përpoqën të gjenin përgjigje, por nuk gjetën. Dolën një ditë të kërkonin ndonjë dijetar tjetër. Në një mal e takuan një bari me dele. Bariu i kishte flokët të thinjura, krejt të bardha, kurse mjekrën ende të zezë. Dijetarët e pyetën bariun:
'Or mik, a mund të na thuash pse flokët i ke të bardha e mjekrën të zezë?'
'Flokët më janë zbardhur nga mendimet,' u tha bariu, 'sepse vras kokën si ta mbaj familjen, bagëtinë . . . Kam njëmijë halle.'
'Po mbreti,' i thanë dijetarët, 'pse i ka flokët e zeza e mjekrën të bardhë?'
'Puna e mbretit është tjetër,' u tha bariu. 'Ai nuk e lodh kokën sepse ka çdo gjë. Për të tjerët nuk mendon fare, kurse mjekra i është zbardhur sepse vetëm atë e lodh, duke përtypur tërë ditën.'

mbret, -ër	king
hall, -e	problem
thinjem	go grey
flokë	hair
mjekër, -a	beard
mbledh	get together
dijetar, -ë	learned man
zgjidh	solve
përpiqem	try
bari, -nj	shepherd
dele, -	sheep
zbardh	whiten

mendim, -e	thought, thinking
vras kokën	ponder, wrack my brains
mbaj	hold, support
bagëti	livestock
njëmijë	thousand
kokë, -a	head
përtyp	chew

Unit Fourteen

■ I/ SITUATIONS

dënoj	punish
dikush	someone
dikë	someone (*acc.*)
natyrisht	naturally
detyrë, -a, -a	duty
detyra shtëpie	homework

A: Mësuese a do ta dënoje dikë për një gjë që nuk e ka bërë?

B: Natyrisht se jo.

A: Shumë mirë sepse sot nuk i kam bërë detyrat e shtëpisë.

që të mos	so that (I) do not; not to
i bie	(I) hit it/him/her
gisht, -i, -a/ërinj	finger
çekan, -i, -ë	hammer

A: Do të jepja çdo gjë ta dija ç'duhet të bëj që të mos u bie gishtave me çekan.

B: Është gjë e lehtë. Mbaje çekanin me të dyja duart.

lag	soak, wet
lagem	get soaked, wet

A: Si kaluat dje në piknik?

B: Do të kishim kaluar shumë më mirë po mos të binte shi.

A: A ju lagu shiu shumë?

B: Do të na lagte edhe më shumë po mos të vinte Petriti e të na merrte me veturë.

do të blija	I'd buy
ndihmoj	help
i/e varfër	poor
ndërtoj	build
shtëpizë, -a, -a	little house

A: Çka do të bëje po të kishe para?

B: Do të blija një veturë të re.

A: Po ti?

C: Do të blija shumë libra.

A: Po ti?

D: Do të udhëtoja nëpër botë.

A: Po ti?

E: Do t'u ndihmoja të varfërve.

A: Po ti?

F: Do ta ndërtoja një shtëpizë në bjeshkë.

adresë, -a, -a	address

A: Po të na kishte shkruar Nora para disa ditësh, sot do ta merrnim letrën.

B: Do të na kishte shkruar por sigurisht nuk ka pasur kohë.

A: Do t'i shkruanim ne por nuk ia dimë adresën.

II/ GRAMMATICAL PATTERNS

The Conditional Tenses

To find the form of the Present Conditional, use the particle **do** followed by the Imperfect Subjunctive.

Active	*Non-active*
do të punoja	**do të lahesha**
do të punoje	**do të laheshe**

do të punonte	do të lahej
do të punonim	do të laheshim
do të punonit	do të laheshit
do të punonin	do të laheshin
(*I would work etc.*)	(*I would wash myself etc*)

The Present Conditional is used to express an action that will take place provided some particular condition is fulfilled, e.g.:

Sikur të ishte më i talentuar, do të bëhej aktor i mirë. If he was more talented, he would become a good actor.

The Past Conditional is formed by adding the participle of the main verb to the Present Conditional of the verb **kam** for active or **jam** for non-active verbs.

Active	*Non-active*
do të kisha punuar	do të isha larë
do të kishe punuar	do të ishe larë
do të kishte punuar	do të ishte larë
do të kishim punuar	do të ishim larë
do të kishit punuar	do të ishit larë
do të kishin punuar	do të ishin larë

The Past Conditional is used to express an action that could have taken place had a particular condition been fulfilled, e.g.:

Ta kisha marrë ombrellën me vete, nuk do të isha lagur. Had I taken the umbrella with me, I wouldn't have been soaked.

Sentences containing a conditional are commonly introduced by a clause beginning in one of the following ways:

(a) by the Present Subjunctive, e.g. **të jem, të kem** e.g.:

Të jem si ti, nuk do të rrija këtu. If I were you, I wouldn't stay here.

(b) by the Past Subjunctive which can also be preceded by **po** or **sikur**, e.g.:

Po/Sikur të punoja çdo ditë kështu, do t'i kisha punët më mirë. If I worked like this every day, I would be better off.

(c) by **në vend tëndin** (*in your place*), e.g.:

Në vend tëndin unë do të veproja ndryshe. In your place I would act differently.

■ III/ READING PASSAGE

EDHE NE DO TË VINIM NË KINEMA

Riçardi, Beti, Meri dhe Agroni sonte ishin në kinema. Ata shikuan filmin 'Uka i Bjeshkëve të Nemuna'. Filmi u pëlqeu shumë e sidomos pamja madhështore e bjeshkëve. Pasi mbaroi filmi, ata u nisën drejt hotelit. Rrugës po bisedonin për jetën në bjeshkë. Meri tha se po të kishte pasur mundësi ajo do të kishte jetuar gjithnjë në bjeshkë. Agroni i tha se jeta në bjeshkë është shumë e mirë por shtoi se ka edhe vështirësi. Ai e pyeti Merin nëse do të jetonte në bjeshkë gjatë dimrit kur ka shumë borë dhe bën shumë ftohtë; kur disa pjesë mbeten me javë të izoluara tërësisht. Meri mendoi pak dhe, kur e kujtoi të ftohtët, tha se dimrit nuk do të jetonte në bjeshkë. . . .

Para se të arrinin në hotel, i takuan Markun e Petritin.

Marku:	Ku ishit?
Riçardi:	Në kinema.
Marku:	Pse s'na treguat? Ndoshta do të kishim ardhur edhe ne. Ndoshta do të kishin ardhur edhe të tjerët.
Beti:	S'e kishim ndërmend të shkonim as ne. Rastësisht u takuam me Agronin. Ai na tha se ndoshta filmi do të ishte interesant për ne dhe na propozoi ta shikonim. Ta dinim se po shkonim në kinema, do t'u tregonim të gjithëve.
Meri:	Po bisedonim për Bjeshkët e Nemuna ku ishte xhiruar filmi. Ishin vërtet bjeshkë të bukura.
Marku:	Edhe unë e Petriti po bisedonim për bjeshkët, por jo për Bjeshkët e Nemuna. Po bisedonim për Brezovicën. Petriti thotë se do të ishte mirë të shkonim në Brezovicë një ditë të gjithë bashkë.
Meri:	Do të ishte mirë të shkojmë të shtunën herët në mëngjes dhe të rrimë deri të dielën në mbrëmje. Kështu do të kishim mundësi të kënaqeshim pak më shumë atje. Unë i dua bjeshkët shumë, sidomos në verë kur nuk është ftohtë.
Marku:	Do të shohim pasi të bisedojmë edhe me të tjerët.

Vocabulary

Bjeshkët e Nemuna	The Accursed Mountains
sidomos	especially

madhështor-e	magnificent
mundësi, -a, -	possibility
vështirësi	difficulty
i/e izoluar	isolated
tërësisht	completely
kujtoj	remember
të ftohtët	the cold
as	neither
propozoj	propose
xhiroj	shoot (*a film*)
kënaqem	please (myself)

IV/ EXERCISES

(1) Answer the following questions on the reading passage:

    1 Kush ishte në kinema?
    2 Ç'film shikuan?
    3 A u pëlqeu filmi?
    4 Çka u pëlqeu veçanërisht?
    5 Çka tha Meri për bjeshkët?
    6 A do të jetonte ajo në bjeshkë edhe gjatë dimrit?
    7 Pse?
    8 Me kë u takuan duke shkuar në hotel?
    9 Për çka po bisedonin Marku e Petriti?
    10 Çka tha Meri?

(2) Complete the following sentences with the Present Conditional of the verbs in brackets:
    Example: Të kisha kohë . . . . prindërit. (vizitoj)
                Të kisha kohë do t'i vizitoja prindërit.

    1 Ta dija se do të vije, ... edhe ty. (ftoj)
    2 Sikur të kisha kohë, ... të mësoj spanjisht. (filloj)
    3 Po të flisja mirë shqip, ... nëpër fshatra. (shkoj)
    4 Po të kishte mjaft (*enough*) para, ... në skijim çdo vit. (shkoj)

5 Po të kishim fotoaparat (*camera*), ... ca
fotografi të bukura këtu. (bëj)
6 Po të kishim ngrënë darkë, ... nga një gotë.
(pi)
7 Po të mos më duhej të punoja, ... në shtrat.
(rri)
8 Po të mos kisha nevojë për para, nuk . . . .
fare. (punoj)
9 Të ishe më i sjellshëm, gjithkush . . . . (dua)
10 Të ishim më të gjatë, ... basketboll. (luaj)

N.B. New vocabulary needed for Exercises 3, 4 and 5 is given
after each exercise.
(3) Match the two halves of the following sayings.

1 Po të isha flutur ....
2 Po të isha luan ....
3 Po të isha bletë ....
4 Po të isha gjarpër ....
5 Po të isha lule ....
6 Po të isha zog ....
7 Po të isha lumë ....
8 Po të isha fushë ....
9 Po të isha yll ....
10 Po të isha diell ....
11 Po të isha ujk ....
12 Po të isha agim ....

a . . . do të udhëtoja me diellin.
b . . . do t'i ushqeja lulet.
c . . . do ta vizitoja çdo lule.
d . . . do t'i thumboja përtacët.
e . . . do ta ngrohja çdo zemër.
f . . . do ta praroja gjithë botën.
g . . . do të flija me qengjin.
h . . . do të këndoja çdo mëngjes.
i . . . do të gjarpëroja nëpër fushë.
j . . . do të vallëzoja me hënën.
k . . . s'do ta haja Kësulkuqen.
l . . . s'do ta përdorja helmin.

flutur, -a, -a	butterfly
luan, -i, -ë	lion
bletë, -a, -	bee
gjarpër, -i, -inj	snake
fushë, -a, -a	field
yll, -i, yje	star
ujk, -u, ujq	wolf
agim, -i, -e	dawn (*fem. in pl.*)
ushqej	feed
thumboj	sting
ngroh	warm (*v.*)
praroj	gild
qengj, -i, -a	lamb
vallëzoj	dance
hënë, -a	moon
Kësulkuqe, -ja	Red Riding-hood
përdor	use
helm, -i, -e	poison (*fem. in pl.*)

(4) Reading comprehension

Denisi sot pati dy befasi për gruan e tij. Ai kishte blerë një
veturë të përdorur dhe një shtëpi të vjetër. Denisi dhe gruaja
e tij u nisën me veturë për ta parë shtëpinë. Së pari, vetura
nuk i pëlqeu gruas së Denisit aspak. Kur e pyeti Denisi gruan
se ç'është dashur të bënte, ajo tha:
   'Unë do ta kisha testuar veturën te ndonjë mekanik; do t'ia
kisha shikuar motorin; do t'ia kisha provuar frenat; do ta
kisha shikuar a është e ndryshkur. . . .'
   Kur arritën te shtëpia, gruaja e Denisit ishte edhe më e
pakënaqur kur pa se dritaret nuk mbylleshin; nuk kishin
xhama të dyfishtë, kurse disa duhej të ndërroheshin; nuk
kishte nxemje qëndrore; kopshti ishte i parregulluar; në banjë
nuk kishte pasqyrë; dyshemetë s'ishin të shtruara me qilima;
muret s'ishin të gëlqerosura; nuk kishte garazh; perdet ishin
të vjetra; bodrumi ishte i papastër, kurse orendi nuk kishte
fare.
   Denisi tha se i kishte ditur të gjitha këto, por gjithashtu e
kishte ditur edhe sa të holla kishte.

befasi, -a, -	surprise
përdorur (i/e)	used
aspak	at all
testoj	test
motor, -i, -ë	engine
provoj	try, test
frena	brakes
ndryshkur (i/e)	rusty
pakënaqur (i/e)	dissatisfied
mbyll	close
xhamë, -i, -a	glass
dyfishtë (i/e)	double
duhej	should
ndërroj	change
nxemje, -a	heating
qëndror, -e	central
parregulluar (i/e)	untidy
pasqyrë, -ja, -e	mirror
dysheme, -ja, -	floor
shtroj	lay
qilim, -i, -a	carpet
gëlqeros	paint
garazh, -i, -e	garage (*fem. in pl.*)
perde, -ja, -	curtain
bodrum, -i, -e	cellar (*fem. in pl.*)
papastër (i/e)	dirty
orendi, -a, -	furniture

(5) Translate the following passage into Albanian:

Mark and Petrit bought a few lottery tickets. They are now talking about what they would do if they won the first prize, which is very big. Mark says that they should spend it travelling around the world, and visiting all the countries that they have always wanted to see. Petrit says that they should not forget (*harroj as*) their friends as well. He adds that perhaps they should visit fewer countries, but go together with their friends. In the end Mark says that perhaps they should wait to see whether they have won before they spend all the money!

lottery	**loto, -ja, -**
win	**fitoj**
prize	**çmim, -i, -e, shpërblim**
always	**gjithmonë**

Unit Fifteen

■ **I/ SITUATIONS AND PROVERBS**

merrem (me)	I do (*lit.* I'm taken with)
në përgjithësi	in general
skitar, -i, -ë	skier
ndër	amongst
i rrezikshëm	dangerous

A: A merresh me sport, Petrit?

B: Merrem nga pak. Sporti, në përgjithësi, më pëlqen shumë.

A: A të pëlqen skijimi?

B: Më pëlqen, por nuk jam skitar i mirë. Agroni është skitari më i mirë ndër ne.

A: Cili është sporti më i mirë për ty?

B: Më i miri sport për mua është futbolli, ndërsa më i keqi boksi.

A: Disa sporte janë bukur të rrezikshme. Edhe skijimi është i rrezikshëm.

B: Po, kur isha i vogël e theva këmbën në skijim.

sa më . . . aq	the more . . . the more . . .
më . . .	
ëmbël	sweet

A: Sot dita është edhe më e bukur se kur ishim në Deçan.

B: Po. Tash edhe kemi kohë të kënaqemi më shumë.

A: Por edhe do të lodhemi më shumë.

B: Sa më e lodhur të jesh, aq më i këndshëm është pushimi.
A: Edhe gjumi është më i ëmbël kur lodhesh, sidomos në bjeshkë.

meritoj	deserve
notë, -a, -a	mark
hartim, -i, -e	essay, composition
i/e ulët	low

A: Nuk mendoj se e kam merituar notën një në këtë hartim.
B: As unë nuk mendoj se e ke merituar notën një, por kjo është
nota më e ulët.

vuaj	suffer
amnezi, -a	amnesia
që sa kohë	for how long (*lit.* since how much time)

A: Doktor, unë vuaj nga amnezia.
B: Që sa kohë?
A: Që sa kohë çka? !

dinar, -i, -ë	dinar
xhep, -i, -a	pocket
pantallona	trousers

A: Luli, po t'i gjeje tre dinarë në xhepin e majtë dhe dy në xhepin
e djathtë, ç'do të kishe?
B: Sigurisht pantallonat e dikujt tjetër.

as . . . as	neither . . . nor
budalla, -i, -enj	fool
rrëzoj	fell
degë, -a, -	branch
vet	own
kruaj	scratch

As ti s'je më i mençur, as unë s'jam më budalla.
(*Lit: Neither you are more clever, nor am I more stupid.*)
Lisin e madh e rrëzojnë degët e veta.
(*A big tree is felled by its own branches.*)
Çdo i mençur i ka borxh budallait.
(*Every clever person is in debt to a stupid one.*)
Si dora jote s'të kruan e askujt.
(*Nobody's hand scratches you as well as your own.*)

II/ GRAMMATICAL PATTERNS

Comparison of Adjectives

You know quite a lot about adjectives by now. You have also come across some adjectives in the comparative degree like **më i mirë** (*better*). Here all the degrees will be given in a more formal way so that you can use them with any adjective where it is possible.

The positive is the unmarked or neutral form, the one we have come across in most of the previous units, e.g.

shtëpia e vogël
Nora është e lodhur
bjeshkët e larta

The comparative is usually marked by **më** (*more, -er*) and precedes the adjective, which is then followed by **se, sesa** (*than*) or **nga** (*from*). Notice this in the following examples:

Sot dita ishte më e mirë se dje.
Today the day was better than yesterday.
Beti është më e bukur sesa e zgjuar.
Betty is more pretty than intelligent.
Ai është më i shpejt nga unë.
He is quicker than me.

To express the idea 'less + *adj.* than', use the following construction:

Sot Nora ishte më pak e lodhur se ditëve të tjera.
Today Nora was less tired than on the other days.
Ajo është më pak zemërmirë nga e motra.
She is less warm-hearted than her sister.
Ai është më pak dinak sesa i rrezikshëm.
He is less cunning than dangerous.

The superlative corresponds to *most + adj.*, *-est* in English. Notice that the qualified noun is in the definite form. This differentiates it from the comparative, e.g.:

Ajo ishte dita më e lumtur e jetës sime.
That was the happiest day of my life.

However, if the adjective precedes the qualified noun, the latter

then is indeclinable, whereas the adjective is in the definite form
and takes the endings which usually go on the noun, e.g.:

Ajo ishte më e lumtura ditë e jetës sime.
Atje e kalova më të mirën pjesë të jetës sime.
There I spent the best part of my life.

Here are some more examples:

Ai është më i gjati ndër shokët e tij.
He is the tallest amongst his friends.
Ajo është më e shpejta në klasë.
She is the fastest in the class.
Ai është më i vjetri në fshat.
He is the oldest in the village.
Kjo është ndërtesa më e lartë në qytet.
This is the highest building in the town.
Ajo është më e bukura nga të gjithat.
She is the prettiest of all.
Marku është më i zgjuari prej nesh.
Mark is the most intelligent of us.
Ai është njëri ndër shkrimtarët më të mëdhenj.
He is one of the greatest writers.
Këto do të jenë kujtime nga më të bukurat.
These will be amongst the best memories.

When equating two things, usually expressed as 'as . . . as . . .'
in English, this is done in Albanian by using one of the following
expressions:

(po) aq . . . sa/si (edhe)
sa . . . aq (edhe)
(sa) . . . sa
. . . si
kaq . . .
aq . . .

The following examples will make this clear:

Nora është sa e bukur aq edhe e sjellshme.
Nora is as pretty as she is polite.
Ata janë aq të këqij sa edhe të rrezikshëm.
They are as bad as they are dangerous.
Ai është sa i mirë aq i zgjuar.
He is as good as he is intelligent.

Ai është sa i gjerë sa i gjatë.
He is as wide as he is tall.
Kurrë s'kam qenë e kënaqur sa atë ditë.
I have never been as pleased as that day.
Ai ishte trim si zana.
He was as brave as a fairy. (This means very brave in Albanian.)
Si mund të jesh kaq i keq?
How can you be so bad? (*kaq i keq* = this bad)
Si mund të ishte aq i qëndrueshëm?
How could he be so firm?

Remember that **sa më** . . . **aq më** corresponds to 'the + *comparative adj.* . . . the + comparative adj.*' in English, e.g.:
Vera është sa më e vjetër aq më e mirë.
The older wine is, the better it is.

Notice also the way of expressing 'more and more' using **gjithnjë e më** . . . , e.g.:
Ai është gjithnjë e më i suksesshëm.
He is more and more successful.

■ **III/ READING PASSAGE**

NË BJESHKË

Meri ka shpirt romantik. Ajo gjithashtu është adhuruesja më e madhe e natyrës ndër të gjithë studentët angleze. Gjatë gjithë ditës dje u kënaq me bukuritë që ofrojnë Bjeshkët e Sharit. Në mbrëmje ra herët në gjumë me qëllim që të ngrihej herët të nesërmen.

Agimi sapo ka zënë të zbardhë. Mizëria e yjeve ka zënë të venitet. Vetëm ylli i mëngjesit ende shndrit në qiell. Nga lindja kanë zënë të shihen rrezet e para që thyhen në kreshtat e thepisura të bjeshkëve dhe bien në majën e lartë në anën tjetër duke i dhënë ngjyrë ari. Vesa e bardhë argjend sikur edhe ajo zgjohet nga gjumi dhe pret të derdhen mbi të rrezet e diellit para se të tërhiqet për gjithë ditën.

Është pothuaj qetësi absolute. Vetëm aty-këtu në largësi dëgjohet ndonjë e lehur e rrallë qensh. Këtyre të lehurave herë-herë u bashkohet edhe kënga e zogjve. Dielli nxjerr një sy aty ku

priten dy faqe mali dhe e tregon fuqinë e vet mbi errësirën.
Natyra merr ngjyrat e veta.

Kur u ngrit dielli mbi kurorën e pishave shtathedhura, që dukeshin edhe më madhështore me hijet e tyre të zgjatura, e gjeti Merin ulur mbi një shkëmb duke e vështruar këtë bukuri që magjeps.

Vocabulary

shpirt, -i, -ra	soul
romantik-e	romantic
gjithashtu	also
adhurues, -i, -	admirer (*masc.*)
adhuruese, -ja, -	admirer (*fem*).
natyrë, -a	nature
bukuri, -a	beauty
ofroj	offer
me qëllim që	in order to
ngrihem	get up, stand up
të nesërmen	on the morrow
mizëri, -a	multitude, swarm
venitem	fade
shndrit	twinkle, glitter
qiell, -i, qiej	sky
lindje, -a, -	east, sunrise, birth
zë + *Subjunctive*	begin to . . .
rreze, rrezja, -	beam
kreshtë, -a, -a	crest
i/e thepisur	sharp-edged
majë, -a, -	peak
anë, -a, -	side
ngjyrë, -a, -a	colour
ar, -i	gold
vesë, -a	dew
argjend, -i	silver
derdh	pour
tërhiqem	withdraw
qetësi, -a	calmness, quietness
absolut-e	absolute
aty-këtu	here and there

largësi, -a, -	distance
e lehur, -a	barking
rrallë	rare
herë-herë	now and again
bashkohem	join, accompany
këngë, -a, -	song
nxjerr	take out
sy, -ri, -	eye
pritem	intersect; cut (myself)
faqe, -ja, -	face; cheek
faqe mali	mountain face
fuqi, -a	strength, force
errësirë, -a	darkness
kurorë, -a, -a	crown
shtathedhur	slim (*read as*: shtat-hedhur)
i/e zgjatur	lengthened
shkëmb, -i, -inj	rock
vështroj	observe
magjeps	enchant

IV/ EXERCISES

(1) Answer the following questions on the reading passage:

   1 Ç'shpirt ka Meri?
   2 A është ajo adhuruese e natyrës?
   3 Me çka u kënaq dje gjatë gjithë ditës?
   4 Ç'bëri në mbrëmje?
   5 Pse ra herët në gjumë?
   6 Kur u ngrit të nesërmen?
   7 Ç'po ndodhte me mizërinë e yjeve?
   8 Cili yll shndriste ende?
   9 Çka zuri të shihej nga lindja?
  10 Ku thyhen rrezet e para të diellit?
  11 Ku bien ato?
  12 Ç'pret vesa e bardhë?
  13 Çka dëgjohet aty-këtu në largësi?

14 Çka u bashkohet të lehurave të qenve?
15 Ç'bën dielli tash?
16 Ku e gjeti Merin kur u ngrit dielli mbi kurorën e pishave?
17 Çka po bënte Meri aty?

Translate the following questions and then answer them. (Try to guess the meaning of some of the words before you look them up in the vocabulary which follows the exercise):
1 Më shumë të pëlqen lindja e diellit apo perëndimi i diellit?
2 Më shumë të pëlqen agimi apo muzgu?
3 Më shumë të pëlqen drita apo errësira?
4 Më shumë të pëlqen dita apo nata?
5 Më shumë të pëlqen qielli i kthjellët apo i vranët?
6 Më shumë të pëlqen ngjyra e bardhë apo e zezë?
7 Më shumë e do detin apo liqenin?
8 Më shumë e do hënën apo yjet?
9 Më shumë e do mëngjesin apo mbrëmjen?
10 Më shumë e do bjeshkën apo vërrinë?
11 Më shumë e do shiun apo borën?
12 Më shumë e do dimrin apo verën?
13 Më shumë e do vjeshtën apo pranverën?
14 Më shumë e do të ftohtët apo të nxehtët?
15 Më shumë i do lulet apo barin?
16 Më shumë i do lumenjtë apo përrenjtë?
17 Më shumë të pëlqen puna apo pushimi?
18 Më shumë të pëlqen pushimi në bjeshkë apo në det?
19 Më shumë të pëlqen vera e kuqe apo e 'bardhë?
20 Më shumë të pëlqejnë qytetet apo fshatrat?

perëndim, -i, -e	sunset
muzg, -u, muzgje	dusk
i/e kthjellët	clear
i/e vranët	cloudy
det, -i, -e	sea
vërri, -a	plain
nxehtët	heat, warmth
bar, -i, -ëra	grass
perr/ua, -oi, -enj	stream

(2) Make sentences equating the two adjectives:
   Example: Boksi është i dëmshëm (*damaging*), i rrezikshëm.
   Boksi është sa i dëmshëm aq edhe i rrezikshëm.

1 Nora është e lumtur dhe e lodhur.
2 Petriti është djalë i mirë dhe i sjellshëm.
3 Skijimi është sport i mirë dhe i rrezikshëm.
4 Drita është punëtore (*hard-working*) dhe e zgjuar.
5 Jeta është e ëmbël dhe e vështirë (*difficult*).

(3) Change the following sentences as in the example:
   Example: I shkrova letër shoqes më të mirë.
   I shkrova letër më të mirës shoqe.

1 Ajo është vajza më e mirë.
2 E pashë vajzën më të mirë.
3 Kjo është shtëpia e vajzës më të mirë.
4 Ia dhashë librin vajzës më të mirë.
5 E mora një letër prej vajzës më të mirë.
6 Ato janë vajzat më të mira.
7 I pashë vajzat më të mira.
8 Kjo është shtëpia e vajzave më të mira.
9 Ua dhashë librin vajzave më të mira.
10 E mora një letër prej vajzave më të mira.

(4) Translate into English:

Natyra është e bukur derisa nuk e prek dora e njeriut. Njeriu, shpesh duke pasur ndërmend ndonjë qëllim të caktuar, nuk mendon se me dorën e vet po dëmton diçka që është e vlef-shme pikërisht për të. Shekulli në të cilin jetojmë ka përjetuar zhvillimin më të bujshëm në shumë fusha, por njëherit ky zhvillim ka krijuar një situatë për pasoja të paparapashme. Nëse nuk reagojmë shpejt, mund t'i paguajmë shtrenjtë të gjitha të arriturat. Aksioni për ruajtjen e natyrës është më i vlefshëm sesa interesi momental për njeriun. Çrregullimi i baraspeshimit natyror nuk e dëmton vetëm njeriun, por edhe gjallesat e tjera. Njeriu është përgjegjës për të gjitha, prandaj duhet ta përdor arsyen dhe të jetë më largpamës.

Vocabulary

prek	touch
i/e caktuar	particular
e vlefshme	valuable
shekull, -i, shekuj	century
përjetoj	experience
zhvillim, -i, -e	development
i bujshëm	rapid
njëherit	at the same time
krijoj	create
situatë, -a, -a	situation
pasojë, -a, -	consequence
i paparapashëm	unpredictable
reagoj	react
shtrenjtë	expensively, dearly
arritur	achievement
aksion, -i, -e	action
ruajtje, -a	preservation
interes, -i, -a	interest
momental-e	momentary
çrregullim, -i, -e	disorder
baraspeshim, -i, -e	balance
gjallesë, -a, -a	being
përgjegjës-e	responsible
prandaj	therefore
largpamës-e	far-sighted

Unit Sixteen

■ I/ SITUATIONS

lirisht	freely
dashurohem	fall in love
fatkeqësisht	unfortunately
vë veshin	pay attention
ia bëj	do (something) about it
disi	somehow
bind	convince
seriozisht	seriously

A: S'e di a mund të të tregoj diçka.
B: Fol lirisht.
A: Jam dashuruar keq.
B: S'ka asgjë të keqe në këtë.
A: Por, fatkeqësisht, ajo që e dashuroj unë nuk ma vë veshin
fare.
B: Ani, si do t'ia bësh?
A: Nuk di. Do të përpiqem disi ta bind se e dua seriozisht.

mërzit	bore (*v*.)
së tepërmi	very much
ditë për ditë	every day
bie në dashuri	fall in love
shpreh	express
hapur	openly
rast, -i, -e	opportunity
kalimthi	in passing
i turpshëm	shy
fort i mirë	very good
me kohë	with time, in time
i/e afërt	close

A: Më ka mërzitur së tepërmi Ylberi.
B: Pse?

A: Ditë për ditë më thërret me telefon.
B: Mos, ndoshta, ka rënë në dashuri me ty?
A: Ndoshta, por nuk po e shpreh këtë hapur.
B: Do të ishte mirë t'i japësh rast.
A: E kam takuar disa herë kalimthi, por duket se është i turpshëm.
B: Po a të pëlqen ty ai?
A: Më pëlqen bukur shumë. Më kanë thënë se është djalë fort i mirë.
B: Sigurisht me kohë do të jeni më të afërt.

ditë-ditë	there are days
kështu	like this
përtaci, -a	laziness
luftoj	fight
heq qafe	get rid of (*lit.* take off from my neck)
merru!	take (something) up!
kot	in vain

A: Ditë-ditë më duket se nuk kalon koha fare.
B: Kështu më duket edhe mua nganjëherë. Zakonisht kjo ndodh kur nuk di çka të bësh.
A: Kurrë më parë s'më ka ndodhur kështu.
B: Mos të ka zënë përtacia? Nuk është lehtë të luftosh me përtacinë.
A: Ndoshta, por duhet ta heq qafe disi.
B: Merru me diçka. Puno diçka. Thonë se më mirë është të punosh kot sesa të rrish kot.

i kam punët mirë	get on well
dorë për dore	hand in hand
ngaherë	for a long time
vërej	notice
i humbur	lost
i hareshëm	cheerful

A: Duket se Ylberi i ka punët mirë me Lulen.
B: Vërtet?
A: E pashë dje dorë për dore me të.
B: Shumë mirë, sepse ngaherë s'kam parë njeri më të dashuruar se Ylberin.

A: Ashtu është. Të gjithë e kemi vërejtur këtë. Sa herë që e takoja, fliste ngadalë dhe pak si i humbur.
B: Shpresoj se tash përsëri do të jetë i hareshëm.

II/ GRAMMATICAL PATTERNS

Adverbs

Adverbs are indeclinable. By now you probably know the meaning of quite a few adverbs. Some more adverbs will be given here so that you can have a clearer view of the whole class, and an extensive reference list. As in many other languages, if wanted, most adverbs can be grouped into those of manner (e.g. **mirë** 'well'), quantity (e.g. **shumë** 'much') or location in time and space (e.g. **sot** 'today', **këtu** 'here').

In terms of their formal characteristics, they can belong to one of the following groups:

(a) *Simple adverbs*:
Included in this group are adverbs formed by dropping **i/e** from the adjective.

afër (*near*)	**atje** (*there*)
larg (*far*)	**aty** (*there*)
keq (*badly*)	**këtu** (*here*)
mirë (*well*)	**prapa** (*behind*)
lart (*high*)	**pas** (*after*)
poshtë (*low*)	**rrotull** (*around*)
krejt (*entirely*)	**rreth** (*round*)
fare (*at all*)	**rrafsh** (*flatly*)
andej (*that way*)	**këndej** (*this way*)
ashtu (*like that*)	**kështu** (*like this*)
sot (*today*)	**dje** (*yesterday*)
sonte (*tonight*)	**pardje** (*the day before yesterday*)
nesër (*tomorrow*)	
pasnesër (*the day after tomorrow*)	**vjet** (*last year*)
	sivjet (*this year*)
nesër mbrëma (*tomorrow evening*)	**mbrëmë** (*last night*)
	moti (*a long time ago*)

herët (*early*) vonë (*late*)

(b) *Adverbs derived from different cases of nouns or adjectives:*
ditën (*by day*) një ditë (*one day*)
natën (*by night*) një natë (*one night*)
një kohë (*one time*) një mbrëmje (*one evening*)
anash (*aside*)

së bashku (*together*) së tepërmi ((*too*) *much*)
së paku (*at least*) së andejmi (*therefore*)
së fundi (*at last*) së këndejmi (*therefore*)

(c) *Participles used as adverbs:*
hapur (*openly*) fshehur (*hidden*)
kaluar (*riding*) papritur (*unexpectedly*)
shkoqur (*clearly*) parreshtur (*non-stop*)

(d) *Adverbs formed with characteristic suffixes:*
-(i)sht
hollësisht (*in detail*) fatmirësisht (*luckily*)
gjerësisht (*lengthily*) fatkeqësisht (*unluckily*)

-as/-azi
barkas, barkazi (*crawling*)
fshehtas, fshehtazi (*secretly*)
gjunjas, gjunjazi (*on one's knees*)
radhas, radhazi (*in turn*)
majtas, majtazi (*on the left*)
djathtas, djathtazi (*on the right*)
fytas, fytazi (*at each other's throats*)

-thi
fluturimthi (*quickly*) kalimthi (*in passing*)
rrëmbimthi (*rushingly*) arithi (*upright*)

-çe
qençe (*doglike*) fshatarçe/fshaçe (*as in a village*)

(e) *Compound adverbs*:

gjith- + -ashtu	**gjithashtu**	(*also*)
gjith- + -një	**gjithnjë**	(*always*)
gjith- + -monë	**gjithmonë**	(*always*)
gjith- + -herë	**gjithherë**	(*always*)
kur- + -do	**kurdo**	(*whenever*)
ku- + -do	**kudo**	(*wherever*)
si- + -do	**sido**	(*anyhow*)
qysh- + -do	**qyshdo**	(*in any way*)
nga- + -do	**ngado**	(*anywhere*)
sa- + -do	**sado**	(*no matter how*)
kur – do – herë	**kurdoherë**	(*anytime*)
nga – ndonjë – herë	**ngandonjëherë**	(*sometimes*)
di – kur	**dikur**	(*at some time*)
di – si	**disi**	(*somehow*)
ndo – kund	**ndokund**	(*somewhere*)
di – kund	**dikund**	(*somewhere*)
di – ku	**diku**	(*somewhere*)
as – gjë – kundi	**asgjëkundi**	(*nowhere*)
as – kund	**askund**	(*nowhere*)
kurr – kund	**kurrkund**	(*nowhere*)
as – kurr – kund	**askurrkund**	(*nowhere*)
gjë – kundi	**gjëkundi**	(*somewhere*)
tjetër – kund	**tjetërkund**	(*somewhere else*)
një- -herë	**njëherë**	(*once*)
asnjë- -herë	**asnjëherë**	(*never*)
menjë- -herë	**menjëherë**	(*immediately*)
nga- -herë	**ngaherë**	(*a long time ago*)
për- -herë	**përherë**	(*always, all the time*)
kurdo- -herë	**kurdoherë**	(*at any time*)
përnjë- -herë	**përnjëherë**	(*all of a sudden*)
shpesh- -herë	**shpeshherë**	(*often*)
rrallë- -herë	**rrallëherë**	(*rarely*)

për- -ballë	përballë	(opposite)
për- -bri	përbri	(aside)
për- -dhe	përdhe	(on the ground)
për- -fundi	përfundi	(underneath)
për- -krahu	përkrahu	(by the arm)
për- -mes	përmes	(by means of)
për- -qark	përqark	(around)
për- -rreth	përrreth	(around)
për- -ditë	përditë	(every day)
për- -natë	përnatë	(every night)
për- -herë	përherë	(always)

ndër – kaq	ndërkaq	(however)
do – si – do	dosido	(no matter how)
një – lloj	njëlloj	(the same)
kësi – soj	kësisoj	(like this)
si – do – ku – do	sidokudo	(anyhow, still)
vet – vetiu	vetvetiu	(spontaneously)
anë – e – kënd	anekënd	(everywhere)
buz – a – gaz	buzagaz	(smilingly)

(f) *Hyphenated adverbs*:

copë-copë (*to pieces*) palë-palë (*in pairs*)
copa-copa (*to pieces*) tufë-tufë (*in bunches*)
flokë-flokë (*in flakes*) shumë-shumë (*at most*)
shkallë-shkallë (*step by step*) aty-këtu (*here and there*)
grupe-grupe (*in groups*) vende-vende (*in places*)
herë-herë (*at times*) dita-ditës (*day by day*)
pjesë-pjesë (*piece by piece*) dredha-dredha (*tortuously*)
Notice that most of these adverbs are reduplicated.

(g) *Phrasal adverbs*:

me natë (*before dawn*) me vrap (*quickly*)
me kohë (*in time*) me ngut (*hastily*)
me pahir (*unintentionally*)

me të egër (*wildly*) me të mirë (*nicely*)
me të keq (*badly*) me të qetë (*calmly*)
me të shpejtë (*quickly*) me të butë (*softly*)

për bukuri (*beautifully*)

për turp (*shamefully*)

për së largu (*from afar*)
për së gjeri (*from the broad side*)
për së gjati (*lengthwise*)
për së larti (*from high up*)

për së ngushti (*narrowly*)
për së shpejti (*quickly*)
për së tepërmi (*exceedingly*)

prej kohe/kohësh (*long ago*)

më këmbë (*on foot*)
më dysh (*into two*)
më tresh (*into three*)
më katërsh (*into four*)

rreth e rreth (*all around*)
varg e varg/vistër (*in a row*)
ditë (e) natë (*day and night*)
fund e krye (*tip to toe*)
hundë e buzë (*flat on your face*)
orë e çast (*now and again*)
shkel e shko (*slap-dash*)
dimër e verë (*winter and summer*)
verë e dimër (*summer and winter*)
poshtë e lart (*up and down*)
pranë e pranë (*next to*)
mirë e mirë (*well enough*)

ditë për ditë (*every day*)
natë për natë (*every night*)
mëngjes për mëngjes (*every morning*)
javë për javë (*every week*)
dorë për dore (*hand in hand*)
fjalë për fjalë (*word for word*)
kokë për kokë (*head to head*)
pikë për pikë (*exactly*)
drejt për drejt (*directly*)
brenda për brenda (*from within*)
tani për tani (*for now*)

breg më breg (*from hill to hill*)
degë më degë (*from branch to branch*)
shpat më shpat (*from slope to slope*)
shteg më shteg (*from path to path*)
skaj më skaj (*from corner to corner*)
gju më gju (*knee to knee*)
gojë më gojë (*mouth to mouth*)
sy më sy (*eye to eye*)
buzë më buzë (*lip to lip*)
faqe më faqe (*cheek to cheek*)
kot më kot (*in vain*)

dita me ditë (*by the day*)
kurrën e kurrës (*never ever*)
pak nga pak (*little by little*)

nga dita në ditë (*from day to day*)
nga çasti në çast (*from moment to moment*)
nga viti në vit (*from year to year*)

(h) *A number plus the Ablative case of the noun* **fije/fill** (*thread*):
njëfish 'onefold' (*single*)
dyfish 'twofold' (*double*)
trefish 'threefold' (*treble*)

Comparison of Adverbs

Some adverbs may have a comparative or even a superlative degree. The comparison of adverbs is similar to the comparison of adjectives (see the previous Unit). Compare the following examples:

Ai është i shpejtë. He is fast.
Ai vrapon shpejt. He runs fast.
Ai është më i shpejtë se unë. He is faster than me.
Ai vrapon më shpejt se unë. He runs faster than me.
Ai është më i shpejti. He is the fastest.
Ai vrapon më shpejt nga të gjithë. He runs faster than all.
Ai vrapon më së shpejti. He runs the fastest.

III/ READING PASSAGE

KTHIMI NË ANGLI

Studentët anglezë po e përfundojnë vizitën e tyre në Kosovë. Sot ata udhëtojnë për në Angli. Aq sa janë të gëzuar që po kthehen në vendlindje, aq janë të pikëlluar që po ndahen nga shokët e tyre.

Ndër të gjithë, Nora është më e gëzuara. Ajo po kthehet në Angli së bashku me Dritën. Drita ka qenë në Angli edhe më parë, por asnjëherë nuk ka kaluar shumë kohë në Londër sepse Nora jetonte me prindërit në Jork. Tash Drita do të kalojë dy javë në Londër sepse Nora studion atje. Drita pret me padurim të vizitojë pjesët më interesante të Londrës, muzetë, galeritë e arteve, sheshet madhështore, parqet, etj., për të cilat ka dëgjuar shumë.

Studentët do të fluturojnë me aeroplan nga Prishtina në Beograd prej ku pastaj kanë aeroplan për Londër. Shumë nga shokët e tyre shqiptarë kanë dalë në aeroportin e Prishtinës në Sllatinë për t'i përcjellë.

Marku do të kthehet në Prishtinë përsëri pas disa javësh. Ai dëshiron ta studiojë gjuhën shqipe. Nora për pak nuk mbeti në Prishtinë sepse mezi e gjeti biletën në çantën e saj bukur të madhe të dorës.

Erdhi koha të përshëndeteshin, dhe ndarja, si çdo ndarje, ishte e pikëllueshme. Disa u larguan të përlotur, disa mbetën të përlotur. . . .

Aeroplani u nis, mori hovin e duhur dhe lehtas u shkëput nga toka. Ata që kishin dalë t'i përcillnin shokët dhe shoqet e tyre që po udhëtonin, e shikuan aeroplanin duke u ngritur në qiellin e kaltër dhe duke u zvogëluar pak nga pak në largësi.

Vocabulary

përfundoj	finish
vendlindje, -a, -	birthplace
i/e pikëlluar	sad
ndahem	part, (am) separated
asnjëherë	never
studioj	study
muzé, -u, -	museum

galeri, -a, -	gallery
art, -i, -e	art (*fem. in pl.*)
shesh, -i, -e	square (*fem. in pl.*)
park, -u, parqe	park (*fem. in pl.*)
etj. (e të tjerë-a)	etc.
fluturoj	fly
aeroplan, -i, -ë	aeroplane
aeroport, -i, -e	airport (*fem. in pl.*)
përcjell	see off
mezi	hardly
përshëndetem	greet each other
ndarje, -a, -	parting, separation
e pikëllueshme	sad
largohem	be distanced from, move away
i/e përlotur	tearful
hov, -i, -e	stride; run-up (*fem. in pl.*)
i/e duhur	necessary
lehtas	easily
shkëputem	be detached, take off
tokë, -a	ground, earth
zvogëlohem	become smaller

IV/ EXERCISES

(1) Answer the following questions on the reading passage:

1 Kur kthehen studentët anglezë në Angli?
2 Me çka do të udhëtojnë ata?
3 Ku do ta ndërrojnë aeroplanin?
4 Kush ka dalë në Sllatinë t'i përcjellë?
5 A janë ata të gëzuar apo të pikëlluar?
6 Pse është Nora më e gëzuara?
7 A ka qenë Drita në Angli më parë?
8 A ka kaluar shumë kohë në Londër?
9 Ku ka jetuar Nora më parë?
10 Pse tash jeton në Londër?

11 Sa kohë do të qëndrojë (*stay*) Drita në Londër?
12 Çka shpreson të vizitojë?
13 Kush do të kthehet në Prishtinë përsëri pas disa javësh?
14 Pse do të kthehet?
15 Çfarë është moti?

(2) Change the following sentences using adverbs instead of adjectives:
Example: Nora është e ngadalshme (*slow*). (ecën)
    Nora ecën ngadalë.

1 Marku është i shpejtë. (vrapon)
2 Kënga e Betit është e bukur. (këndon)
3 Fjala e tij është e hapur. (flet)
4 Ajo ishte e lirë në bisedë (*conversation*). (fliste)
5 Takimi (*meeting*) ynë ishte i rastit. (u takuam)
6 Vonesa (*delay*) e saj është e zakonshme. (vonohet)
7 Ky libër është i shtrenjtë (*expensive*). (kushton)

(3) Substitute an appropriate adverb for the words in italics:
Example: *Sot në mbrëmje* do të shkoj në kino.
    Sonte do të shkoj në kino.

1 *Para dy ditësh* isha te Petriti.
2 *Dje në mbrëmje* e takova Agronin.
3 *Pas dy ditësh* do të kthehemi në Angli.
4 *Vitin e kaluar* isha në Spanjë.
5 *Ka shumë kohë që* nuk jemi parë.
6 *Nesër në mbrëmje* do të shkojmë në teatër.
7 *Gjatë ditës* bën shumë nxehtë (*hot*).
8 *Gjatë natës* bën freskët.
9 *Gjatë verës* shkoj në Detin Adriatik.
10 *Gjatë dimrit* shkoj në skijim.

(4) Complete the following sentences with the opposite adverb:
Example: Ose është poshtë, ose është . . . .
    Ose është poshtë, ose është lart.

1 Kur ka dëshirë, punon mirë, kur nuk ka dëshirë, punon
. . . .

2 Kur është moti i mirë shkoj atje, kur nuk është, rri
. . . .

3 Nëse punon kështu, të ndihmoj, nëse punon
. . . . nuk të ndihmoj.

4 Kur flet shpejt nuk e kuptoj, kur flet . . . . e kuptoj.

5 Kur jam afër e dëgjoj, kur jam . . . . nuk e dëgjoj.

6 Kur punoj shumë ndihem i lodhur, kur punoj
. . . . nuk ndihem i lodhur.

7 Kur çohem (get up) herët, shkoj në punë me kohë, kur çohem . . . . vonohem.

8 Kur jemi bashkë, më kalon koha shpejt, kur jam
. . . . nuk më kalon koha fare.

9 Nëse shkon këndej, ndoshta takohemi, nëse shkon
. . . . sigurisht nuk do të takohemi.

10 Ai na foli shkurtimisht (briefly), unë pata dëshirë të na fliste . . . .

11 Është mirë kur e takon dikë qëllimisht (on purpose), por shpesh është edhe më mirë kur e takon dikë
. . . .

(5) Translate the following into Albanian:

Sam is a clerk in an office (zyrë). He goes to work every day, but he doesn't like work very much. He always reads the newspaper at work. When he gets to the office, he first does the crossword (e plotësoj fjalëkryqin) in the newspaper. Every day he comes home at 3:30. He never helps his wife in the kitchen. He usually watches TV in the evening. He is always very happy when it is the weekend. He goes fishing every Sunday, but never brings anything home.

Unit Seventeen

■ I/ SITUATIONS AND PROVERBS

papagall, -i, papagaj	parrot
pronar, -i, -ë	owner
poliglot, -i, -ë	polyglot
krenari, -a	pride
me krenari	proudly
furrë, -a, -a	oven
pjek	bake
piqem	(am) baked
dëshprim, -i, -e	despair (*fem. in pl.*)
as gojën s'e ka çelur	hasn't even opened its mouth

Një njeri bleu një papagall që fliste pesë gjuhë. Pagoi njëmijë dollarë për të. Pronari i dyqanit i tha se do t'ia dërgonte në shtëpi pas dy orësh. Njeriu shkoi në punë. Tërë ditën u tregoi shokëve të punës se si kishte blerë një papagall poliglot. Kur e mbaroi punën, nuk u ndal në kafene, si zakonisht, për ta çuar një gotë, por shkoi drejt e në shtëpi. E pyeti gruan me krenari nëse kishte arritur papagalli.

'Po,' iu përgjigj ajo.

'Ku është?'

'Në furrë duke u pjekur. Ende nuk është gati.'

'Në furrë? ! Por ai i ka ditur pesë gjuhë!' i tha njeriu plot dëshprim.

'As gojën s'e ka çelur.'

vetë	-self, oneself
vete, vetja	-self, oneself
bërtas	shout

A: Me kë po flet ky njeri?

B: Vetë me veten.

A: Pse atëherë po bërtet kaq shumë?

B: Nuk dëgjon mirë.

time	my
komandoj	command, give orders
thjesht	simply
urdhëroj	give orders
kryhem	(am) finished

A: Unë në shtëpinë time komandoj më shumë se mbreti.
B: Si ashtu?
A: Shumë thjesht. Mbreti urdhëron një herë dhe ajo punë kryhet, kurse unë urdhëroj njëzet herë dhe puna nuk kryhet.

vitrinë, -a, -a	shop window
optikë, -a	optics

Në vitrinën e një dyqani të optikës shkruante:
'Nëse nuk e shihni atë që dëshironi, keni ardhur mu aty ku duhet'

gënjeshtar, -i, -ë	liar
kap	catch
kapem	get caught
topall, -i, -ë	lame person
xhelozi, -a	jealousy
pasqyrë, -a, -a	mirror
e metë, -a, të meta	deficiency, defect
duroj	endure, stand
fatkeqësi, -a, -	misfortune
me anë të	by means of
vetëvrasje, -a, -	suicide
diamant, -i, -e	diamond
përpunoj	refine, process

Gënjeshtari kapet më lehtë se topalli.
(*A liar is caught more easily than a lame person.*)
Xhelozia vjen bashkë me dashurinë, por nuk ikën me të.
(*Jealousy comes together with love, but doesn't go away with it.*)
Pasqyra më e bukur për njeriun është miku i vjetër që ia thotë të metat.
(*The best mirror for a person is the old friend who tells him the whole truth.*)
Është më lehtë ta durosh fatkeqësinë sesa të shpëtosh me anë të vetëvrasjes.
(*It is easier to endure bad luck than to escape by means of suicide.*)

Mendimet janë si diamanti, sa është vështirë të gjenden, aq është vështirë të përpunohen.

(*Thoughts are like diamonds – as difficult to find as they are to be refined.*)

II/ GRAMMATICAL PATTERNS

Possessive Adjectives

im, yt, i tij, i saj, ynë, juaj, i tyre *etc.*
These are not new to you. They have been introduced in Unit Six but only in the Nominative case. A full table for all the cases is given below. They are used attributively, that is, following the noun, e.g. **shoku im**.

Note that the Genitive particle (see Unit Six) has been omitted for simplicity, since there is only one common form to learn for Genitive, Dative and Ablative.

My

CASE	singular		plural	
	masc.	*fem.*	*masc.*	*fem.*
Nom.	shoku **im**	shoqja **ime**	shokët e **mi**	shoqet e **mia**
Acc.	shokun **tim**	shoqen **time**	shokët e **mi**	shoqet e **mia**
Gen./ Dat./ Abl.	shokut **tim**	shoqes **sime**	shokëve të **mi**	shoqeve të **mia**

Your (*sing.*)

Nom.	shoku **yt**	shoqja **jote**	shokët e **tu**	shoqet e **tua**
Acc.	shokun **tënd**	shoqen **tënde**	shokët e **tu**	shoqet e **tua**
Gen./ Dat./ Abl.	shokut **tënd**	shoqes **sate**	shokëve të **tu**	shoqeve të **tua**

His

Nom.	shoku i tij	shoqja e tij	shokët e tij	shoqet e tij
Acc.	shokun e tij	shoqen e tij	shokët e tij	shoqet e tij
Gen./ Dat./ Abl.	shokut të tij	shoqes së tij	shokëve të tij	shoqeve të tij

Her

Nom.	shoku i saj	shoqja e saj	shokët e saj	shoqet e saj
Acc.	shokun e saj	shoqen e saj	shokët e saj	shoqet e saj
Gen./ Dat./ Abl.	shokut të saj	shoqes së saj	shokëve të saj	shoqeve të saj

Our

Nom.	shoku ynë	shoqja jonë	shokët tanë	shoqet tona
Acc.	shokun tonë	shoqen tonë	shokët tanë	shoqet tona
Gen./ Dat./ Abl.	shokut tonë	shoqes sonë	shokëve tanë	shoqeve tona

Your (pl.)

Nom.	shoku juaj	shoqja juaj	shokët tuaj	shoqet tuaja
Acc.	shokun tuaj	shoqen tuaj	shokët tuaj	shoqet tuaja
Gen./ Dat./ Abl.	shokut tuaj	shoqes suaj	shokëve tuaj	shoqeve tuaja

Their

Nom.	shoku i tyre	shoqja e tyre	shokët e tyre	shoqet e tyre
Acc.	shokun e tyre	shoqen e tyre	shokët e tyre	shoqet e tyre
Gen./ Dat./ Abl.	shokut të tyre	shoqes së tyre	shokëve të tyre	shoqeve të tyre

The reflexive possessive i/e vet

This adjective can stand instead of the third person possessives both in the singular and the plural. For example, instead of saying:

Ai e mori librin e tij. He took his book.

which can be ambiguous since **e tij** 'his' can refer either to **ai** 'he' or to somebody else, we can say:

Ai e mori librin e vet. He took his own book.

In this case there is no ambiguity. Notice from the table below all the possible forms of this adjective.

CASE	singular		plural	
	masc.	*fem.*	*masc.*	*fem.*
Nom.	shoku i vet	shoqja e vet	shokët e vet	shoqet e veta
Acc.	shokun e vet	shoqen e vet	shokët e vet	shoqet e veta
Gen./ Dat./ Abl.	shokut të vet	shoqes së vet	shokëve të vet	shoqeve të veta

Kinship

For nouns of kinship there is an alternative way of expressing possession. This is possible only with the possessives **im, ime, yt, jote**. These precede the nouns (e.g. **vëlla, motër,** *etc.*), and have different forms from those used when they follow the noun.

CASE	masculine		feminine	
Nom.	im / yt	vëlla	ime / jot	motër
Acc.	tim / tët	vëlla	time / tët	motër
Gen./Dat./Abl.	tim / tyt	vëllai	sime / sat	motre

For the same nouns another alternative exists for the third person which entails using the particle in front of the noun. The meaning of the particle in all such cases is *his*, *her* or *their*, and the context reveals which is relevant. Notice that elision takes place before nouns beginning with a vowel.

CASE	masculine		feminine	
Nom.	i vëllai	i ati	e motra	e ëma
Acc.	të vëllanë	të atin	të motrën	t'ëmën
Gen./Dat./Abl.	të vëllait	t'et	së motrës	s'ëmës

Nom./Acc.	të vëllezërit	të motrat
Gen./Dat./Abl.	të vëllezërve	të motrave

Pronouns

You have already met many kinds of pronouns and their forms. Here some types of pronouns will be briefly outlined with more emphasis on the forms you have not yet come across.

Pronouns are usually classified into groups, of which a few are considered here. The remaining groups will be met later.

(a) *Personal pronouns*:
   unë, ti, ai, ajo, ne, ju, ata, ato

(b) *Reflexive pronouns*:
   vetja (vetvetja) (-*self, oneself*)
Notice that this pronoun declines like a feminine noun. It has only the singular form, but substitutes for both singular and plural

nouns. It can also be preceded by some prepositions. Here are some examples:

Vetja i pëlqen më shumë se kushdo tjetër. He/she likes him/herself more than anybody else.

Mos e vë veten në rrezik. Don't put yourself in danger.

Nëse nuk i beson vetes, s'mund t'i besosh askujt. If you don't trust yourself, you can't trust anybody.

Punët e vetvetes i duken më të rëndësishmet. His/her affairs seem to him/her the most important.

Ai mendon vetëm për veten. He thinks only about himself.

I mori disa shokë me vete. He took some friends with him.

Ata, për veten e tyre, punuan mjaft. As far as they are concerned, they worked enough.

E dëmtova veten	I hurt (damaged) myself
E dëmtove veten	You hurt yourself
E dëmtoi veten	He/she hurt him/herself
E dëmtuam veten	We hurt ourselves
E dëmtuat veten	You hurt yourselves
E dëmtuan veten	They hurt themselves

(c) *The identifying pronoun*:
vetë
This pronoun does not change for number or case, e.g.:

Ai vetë deshi të vinte. He himself wanted to come.

Ju vetë u thatë të shkonin. You yourselves told them to go.

Dera u hap vetë. The door opened itself.

Puna nuk kryhet vetë. The work doesn't finish itself.

Shpesh njeriut i mërzitet vetë jeta. Life itself is often boring to man.

(d) *Reciprocal pronouns*:
njëri-tjetrin njëra-tjetrën shoku-shokun (shoqi-shoqin) shoqja-shoqen
These all mean 'each other, one another', e.g.:

E shikonin njëri-tjetrin. They looked at each other.

E ngucnin shoku-shokun. They teased each other.

E mësonin shoqja-shoqen. They (*fem.*) taught each other.

Notice that these all decline according to gender.

(e) *Possessive pronouns*:
   imi, yti, i tiji, i saji, yni, juaji, i tyri *etc.*
This group of possessive pronouns corresponds to *mine, yours*
etc. Remember that these pronouns, which can stand on their
own instead of nouns, basically take the same endings as the
nouns, depending on the case, gender and number of the noun
they substitute for, e.g.:
   shoku im – imi, shoqja ime – imja *etc.*
All the forms are listed below.

Mine

CASE	*singular*		*plural*	
	masc.	*fem.*	*masc.*	*fem.*
Nom.	imi	imja	të mitë	të miat
Acc.	timin	timen	të mitë	të miat
Gen./Dat./Abl.	timit	simes	të mive	të miave

Yours (*sing.*)

Nom.	yti	jotja	të tutë	të tuat
Acc.	tëndin	tënden	të tutë	të tuat
Gen./Dat./Abl.	tëndit	sates	të tuve	të tuave

His

Nom.	i tiji	e tija	të tijtë	të tijat
Acc.	të tijin	të tijën	të tijtë	të tijat
Gen./Dat./Abl.	të tijit	së tijës	të tijve	të tijave

Hers

Nom.	i saji	e saja	të sajtë	të sajat
Acc.	të sajin	të sajën	të sajtë	të sajat
Gen./Dat./Abl.	të sajit	të sajës	të sajve	të sajave

Ours

Nom.	yni	jona	tanët	tonat
Acc.	tonin	tonën	tanët	tonat
Gen./Dat./Abl.	tonit	sonës	tanëve	tonave

Yours (*pl.*)

Nom.	juaji	juaja	tuajt	tuajat
Acc.	tuajin	tuajën	tuajt	tuajat
Gen./Dat./Abl.	tuajit	suajës	tuajve	tuajave

Theirs

Nom.	i tyri	e tyrja	të tyret	të tyret
Acc.	të tyrin	të tyren	të tyret	të tyret
Gen./Dat./Abl.	të tyrit	së tyres	të tyreve	të tyreve

(f) *The reflexive possessive pronoun*:
This corresponds to the adjective introduced earlier in the unit, and means 'his own' *etc*. Its forms are as follows.

CASE	singular		plural	
	masc.	*fem.*	*masc.*	*fem.*
Nom.	i veti	e veta	të vetët	të vetat
Acc.	të vetin	të vetën	të vetët	të vetat
Gen./Dat./Abl.	të vetit	së vetës	të vetëve	të vetave

III/ READING PASSAGE

DRITA I SHKRUAN BLERTËS

E dashura Blertë,

Ja, po të shkruaj nga Anglia të të tregoj se udhëtuam mirë. Këtë herë nuk pata shumë frikë në aeroplan. Në Hithrou arritëm rreth orës tre pasdite. Prej aty shkuam në banesën e Norës me metro. Është interesant t'i shohësh anglezët në metro. Pothuaj askush nuk bisedon me askë. Dikush lexon gazetën, dikush ndonjë libër, e ndonjë tjetër kotet në gjumë. Nëse ndodh t'u takohen shikimet dy vetave, njëri bëhet sikur shikon diçka tjetër. Nëse rastësisht dëgjon ndonjë grup duke biseduar më me zë, mund ta dish se janë të huaj.

Njerëzit duken të sjellshëm. Nuk krijojnë tollovi. Presin në rend për çdo gjë dhe gjithçka funksionon si duhet. Zaten, të gjitha këto janë të nevojshme për një qytet kaq të madh, më se dhjetë milionësh, çfarë është Londra.

Sot vendosëm me Norën të mos dalim por të pushojmë. Praktikisht ende nuk kam parë asgjë në Londër por kemi planifikuar që prej nesër t'i fillojmë vizitat. Takova disa shokë e shoqe të Norës. Ata u morën vesh të më shoqërojnë nga një ditë.

Kam një lajm shumë të mirë për ty. Një shoqe e Norës është e interesuar për letërsinë dhe folklorin shqiptar. Ajo dëshiron të vijë në Kosovë. Më tha se nëse kam ndonjë shoqe që do ta pranonte për disa javë, ajo do ta ftonte për vizitë në Angli. Menjëherë më shkoi mendja te ti. Do të të telefonoj pas një jave dhe do të më tregosh çka mendon për këtë.

Nuk po të shkruaj më tepër këtë herë, por pasi t'i filloj vizitat do të të dërgoj nga një kartolinë nga secila vizitë. Shpresoj se vitin e ardhshëm edhe ti do ta vizitosh Anglinë.

Të fala shokëve e shoqeve.

më 28. 9. 1987   Përshëndetje të përzemërta,
    Londër   Drita

Vocabulary

frikë, -a	fear
kam frikë	(am) afraid
metro, -ja	underground
kotem	doze
shikim, -i, -e	glance (*fem. in pl.*)
sikur	as if
bëhem sikur	pretend
me zë	loudly
i/e huaj	foreign
tollovi, -a, -	crowd
rend, -i, -e	queue (*fem. in pl.*)
funksionoj	function
zaten	as a matter of fact, actually
nevojshëm (i)	necessary
më se	more than
vendos	decide
praktikisht	practically
planifikoj	plan (*v.*)
merrem vesh	agree
shoqëroj	accompany
lajm, -i, -e	news (*fem. in pl.*)
i/e interesuar	interested
folklor, -i	folklore
pranoj	accept, receive
secili, secila	each
të fala	regards
përshëndetje, -a, -	greeting
i/e përzemërt	cordial, heartfelt

IV/ EXERCISES

(1) Answer the following questions on the reading passage:

1 Kujt i shkruan Drita?
2 Ç'i tregon në letër?
3 A ka pasur frikë Drita këtë herë në aeroplan?
4 Kur kanë arritur në Hithrou?
5 Si kanë shkuar në banesën e Norës?
6 Çka kanë vendosur të bëjnë sot?
7 Kë ka takuar Drita?
8 Ç'lajm ka ajo për Blertën?
9 Çka i intereson shoqes së re nga Anglia?
10 Kur do t'i telefonojë Drita Blertës?

(2) Change the following sentences as in the example:
Example: Ky është libri im.
        Ky libër është imi.

1 Kjo është shtëpia ime.
2 Këta janë librat e mi.
3 Ato janë shoqet e mia.
4 Këta janë nxënësit e mi.
5 Ky është mësuesi ynë.
6 Kjo është mësuesja jonë.
7 Këta janë shokët tanë.
8 Ato janë shoqet tona.

(3) Do as above:

1 Ky është lapsi yt.
2 Kjo është fletorja jote.
3 Këta janë lapsat e tu.
4 Këto janë fletoret e tua.
5 Kjo është dhoma juaj.
6 Ky është hoteli juaj.
7 Ato janë fotografitë tuaja.
8 Këta janë shtretërit tuaj.

(4) Do as above:

1 Ky është lapsi i saj.
2 Kjo është letra e tij.
3 Ky është kopshti i tyre.
4 Këto janë planet e tij.
5 Ato janë shakatë e saj.
6 Ato janë lulet e saj.
7 Ky është dyqani i tij.
8 Këto janë fjalët e saj.

(5) Complete the following sentences with the appropriate form of the possessive:
   Example: Unë po shkoj në shtëpinë time, ti shko në
   . . . .
   Unë po shkoj në shtëpinë time, ti shko në tënden.

1 Unë do t'i shkruaj shokut tim, ti do t'i shkruash
   . . . .
2 Unë do t'i telefonoj motrës sime, ti do t'i telefonosh
   . . . .
3 Unë mora letër prej prindërve të mi, ajo mori prej
   . . . .
4 Unë e hap dritaren e dhomës sime, ti e hap
   . . . .
5 Ajo mëson në dhomën e saj, ai në . . . .
6 Unë bisedoj me papagallin tim, ju bisedoni me
   . . . .
7 Papagalli im flet pesë gjuhë, (*theirs*) . . . .
   vetëm një.
8 Qeni im vrapon shpejt, (*hers*) . . . . edhe më
   shpejt.
9 Oborri (*yard*) i shtëpisë sime është i madh, (*of yours pl.*)
   . . . . i vogël.
10 Librat tuaj janë mbi tavolinë, (*ours*) . . . . në
   raft (*shelf*).
11 Shkolla jonë është afër, (*theirs*) . . . . është
   larg.
12 Dhoma jote është e bukur, (*mine*) . . . . nuk
   është.

(6) Replace **i/e vet** with the appropriate possessive:
Example: Ajo e mori librin e vet.
　　　　　Ajo e mori librin e saj.

　1 Ajo e ka pjekur papagallin e vet.
　2 Ata shkuan në shtëpinë e vet.
　3 Ata pushojnë pranë kopshtit të vet.
　4 Ajo e ka dhomën e vet.
　5 Ai pushon në shtratin e vet.
　6 Qeni është ulur në karrigen e vet.
　7 Macja po e ha ushqimin e vet.
　8 Ato i lexojnë librat e vet.
　9 Ata nuk banojnë në shtëpinë e vet.
　10 Nora lodhet nga punët e veta.

(7) Translate into Albanian using **vetë** or **vetja** as appropriate.
The vocabulary needed follows the exercise:

　1 The bird itself didn't really speak five languages.
　2 Richard ate five trout by himself.
　3 I, for myself, never gamble.
　4 We built the house ourselves.
　5 There is much beauty in the mountains themselves.
　6 He had forgotten that he was a boy himself once.
　7 She loved him, himself, not his money.
　8 The truth itself is very powerful.
　9 Why don't you do it yourself? !
　10 They bought the car for themselves.
　11 He likes himself, but not others.
　12 He flies with skis like a bird itself.

trout	**troftë, -a, -a**
gamble	**luaj bixhoz**
beauty	**bukuri, -a**
powerful	**i fuqishëm, e fuqishme**
ski (*n.*)	**ski, -a, -**

Unit Eighteen

■ I/ SITUATIONS

Nuk di a më tha gruaja ta pi një e të kthehem në tetë, apo t'i pi
tetë e të kthehem në një.

pazar, -i, -e	market (*fem. in pl.*)
artikull, -i,	article
artikuj	
ushqimor-e	food (*adj.*)
zemërohem	get angry
mishshitës, -i, -	butcher
viç, -i, -a	calf
mish viçi	veal
kështu që	so, so that
lopë, -a, -	cow
mish lope	beef
bukë, -a	bread
bukëpjekës, -i, -	baker
miell, -i, -ra	flour
gatuaj	make bread/a pie

Luani çdo të martë shkon në pazar. Ai shkoi në pazar të martën
e kaluar. Sa herë shkon në pazar, ai zakonisht e pi nga një gotë
para se ta bëjë blerjen. Të martën e kaluar piu katër-pesë gota.
Pas kafenesë bleu artikujt ushqimorë dhe gjërat e tjera të
nevojshme për të cilat e kishte porositur gruaja. Ai zakonisht
kthehet në shtëpi më këmbë, por të martën u kthye me taksi.
Gruaja e tij u zemërua shumë.
G: Luan, a je ti?
L: Po, e dashur. U ktheva nga pazari.
G: Me taksi u ktheve?
L: Po, e dashur. Shportat ishin shumë të rënda.
G: A bleve krejt çka të thashë?
L: Po, e dashur. I bleva të gjitha . . . Pothuaj të gjitha.

G: Pothuaj të gjitha? !
L: Po, e dashur. Shkova te mishshitësi, por nuk kishte mish viçi.
G: Nuk kishte mish viçi?
L: Jo, e dashur, kështu që bleva mish lope.
G: A shkove te bukëpjekësi?
L: Po, e dashur, por nuk kishte bukë.
G: Nuk kishte bukë?
L: Jo, e dashur, por bleva miell. Buka e shtëpisë është më e mirë.
G: Do të ishte edhe më e mirë po ta gatuaje ti.
L: Po, e dashur, por ti e di që nuk di të gatuaj.
G: Nuk di? !
L: Jo, e dashur.
G: Luan!
L: Urdhëro, e dashur.
G: Mos shkove në kafene?
L: Po, e dashur.
G: Sa gota i çove këtë herë?
L: Vetëm katër ose pesë, e dashur, . . . të vogla.

mbishkrim, -i, -e	inscription (*fem. in pl.*)
varr, -i, -e	grave (*fem. in pl.*)
fjalaman, -i, -ë	chatterbox
hesht	be silent

Mbishkrim varri:
Këtu pushon fjalamani që për herë të parë hesht
(Inscription on a grave: *Here rests the chatterbox who for the first time is silent.*)

II/ GRAMMATICAL PATTERNS

More on Pronouns

Demonstrative pronouns:
The following pronouns are included in this group:
  (a) **ai, ajo, ata, ato, ky, kjo, këta, këto**
  (b) **i/e tillë, i/e këtillë, i/e atillë**
  (c) **asi, aso (asisoj, asilloj), kësi, këso, (kësisoj, kësilloj)**
Pronouns under (a) correspond to the English demonstratives *that,*

those, this, these. Notice that these have different forms in Albanian for gender, number and case. They can be used with nouns, or on their own without any change.

Pronouns under (b) correspond to English demonstratives *such, like this, like that.* When they are used with nouns, they behave like adjectives; when they are used on their own, they take endings and decline like nouns.

Pronouns under (c) are basically Ablatives of **ai, ajo, ky, kjo.** The noun they refer to is in the Ablative case. Their meaning in English can be paraphrased as *of that kind, of this kind.* They are often interchangeable with the pronouns in (b). Here are some examples:

Mua më pëlqen një fustan i këtillë./Mua më pëlqen një kësi fustani. I like a dress like this one/such a dress.

Një ditë e këtillë është e paharrueshme. Such a day/a day like this is unforgettable.

Mos paç punë me njeri të tillë. May you never have anything to do with such a man.

Të atillë janë shokët e mirë. Good friends are like that.

Pak kemi ditë të këtilla në Angli. Days like this are few in England.

I tilli të lë në rrugë. The one like that will let you down.

Mos u shoqëro me asi djemsh. Don't socialize with such boys.

Herën tjetër do të blej këso lulesh. Next time I'll buy flowers like this.

The table of the declension of demonstratives in (a) is given in Unit Six. Here is the table of the declension of one of the demonstratives in (b). (The declension of other demonstratives of this group is easy to form by way of analogy.)

CASE	singular		plural	
	masc.	*fem.*	*masc.*	*fem.*
Nom.	i tilli	e tilla	të tillët	të tillat
Acc.	të tillin	të tillën	të tillët	të tillat
Gen./Dat./Abl.	të tillit	të tillës	të tilleve	të tillave

(Notice that the Genitive article has been omitted.)

Interrogative pronouns:
Another group, most of which you have already met, is of interrogative pronouns. They will be briefly recapitulated here.

Kush (*who*) is used for nouns denoting human beings (see its case forms in Unit Four)

Cili (*masc.*), **cila** (*fem.*) (*which, who*) are used with nouns of any kind. The first declines like a masculine noun, the second like a feminine noun. **Cilët** is the plural form for masculine, **cilat** for feminine.

Ç', **çka**, **çfarë** (*what*) are all indeclinable. **Çka** is more colloquial.

Se (*what*) is another interrogative which cannot be used on its own. It is always preceded by a preposition:

me se	with what
për se	what for
prej se	what of/from
mbi se	on what

Sa (*how many, how much*) has been used from the very beginning. Here are some more examples:

Sa veta janë aty? How many persons are there?
Sa nxënës jeni në klasë? How many pupils are you in your class?
Sa kushtojnë vezët e thyera? How much are the broken eggs?
Save u the të vijnë? How many did you tell to come? (*lit.* To how many. . . . ?)

Sa is the Nominative and Accusative form, whereas **save** is the Dative and Ablative form. Notice also the following forms:

i sati (*masc. sing.*) – which one (*in numerical order*)
e sata (*fem. sing.*)
të satët (*masc. pl.*)
të satat (*fem. pl.*)

Here are some examples using these forms:

I sati doli Marku në vrapim? Where did Mark come in the race?
Për të satën herë je këtu? Which visit (*number*) is this for you here?

The masculine forms decline like masculine nouns, the feminine like feminine noun.

Relative pronouns:
The following are relative pronouns: **i cili/të cilët** (*which, who*) (*masc.*), **e cila/të cilat** (*which, who*) (*fem.*), **që** (*that*). The first two decline as nouns. **Që** does not decline. Here are a couple of examples:

Nora, e cila gjithnjë eshtë e lodhur, sot qenka plot energji. Nora, who is always tired, today is full of energy! !
Londra është një qytet që nuk fle kurrë. London is a town that never sleeps.

Kush, ç', çka, and **sa** can also be used as relatives. See this in the following examples:

Le të vijë kush të dojë. Let him/her come, whoever wants.
Shko me kë të duash. Go with whomsoever you want.
Ç'ishin vajza, nuk pinë fare. Those that were girls, did not drink at all.
Na dha krejt çka kishte. He/she gave us all he/she had.
Sa lindin, aq do të vdesin. As many as were born, that many will die.

Pronouns expressing amount:
Some pronouns express the total number or amount of something. Such are: **mbarë, gjithë, tërë**, e.g.:

Mbarë klasa shkoi në kinema. The whole class went to the cinema.
Shiu nuk pushoi gjithë natën. The rain did not stop all night.

(i/e) gjithë, (i/e) tërë can be used on their own as **i gjithi, e gjitha, i tëri, e tëra.** The last two forms decline as nouns do.
The following pronouns express distribution:

çdo	every
çdonjëri	everyone
secili	each
secila	each
cilido	whoever, whichever (*masc.*)
cilado	whoever, whichever (*fem.*)
kushdo	whoever; whichever
gjithkush	everybody

Colloquial Albanian is also available in the form of a course pack (ISBN 0–415–05665–9), containing this book and an accompanying audio cassette. The pronunciation guide, exercises, conversations and texts contained in the book have been recorded by native speakers of Albanian, making the cassette an invaluable aid to speaking and comprehension.

If you have been unable to obtain the course pack the cassette can be ordered separately through your bookseller or, in case of difficulty, cash with order from Routledge Ltd, ITPS, Cheriton House, North Way, Andover, Hants SP10 5BE, price (1993) £9.99* including VAT, or from Routledge, Inc., 29 West 35th Street, New York, NY 10001, USA, price $15.95*.

The Publishers reserve the right to change prices without notice.

CASSETTE ORDER

Please supply one/two/ . . . . cassette(s) of

Isa Zymberi, *Colloquial Albanian*
ISBN 0–415–05664–0
Price £9.99 inc VAT
    $15.95

☐ I enclose payment with order.
☐ Please debit my Access/Mastercharge/Visa/American Express account number

☐☐☐☐☐☐☐☐☐☐☐☐☐☐   Expiry date ....

Name ....

Address ....

....

Order to your bookseller or to . . .

ROUTLEDGE LTD
ITPS
Cheriton House
North Way
Andover, Hants
SP10 5BE
ENGLAND

ROUTLEDGE INC
29 West 35th Street
New York
NY 10001
USA

They are all used like their counterparts in English. All except
çdo decline.

Indefinite pronouns:
Here is a list of indefinite pronouns:

kush	somebody/anybody
dikush	somebody/anybody
ndokush	somebody/anybody
njeri	somebody/anybody
shumëkush	many (a person)
shumëçka	many things
një	one
njëri	one
ndonjë	some
ndonjëri	some
diçka	something
gjësend	something
gjëkafshë	something
Mos ju pa kush?	Did anybody see you?
Le të shkojë dikush.	Let somebody go.
✻ A pe njeri?	Did you see anybody?

From the list above, those that have **kush** as a constituent part
are declinable, and also **njëri** and **ndonjëri**.

Alternative pronouns:
Tjetër (*other, else*) and **tjetërkush** (*somebody else*) are called alter-
native pronouns. The latter is declinable, e.g.:
   Kështu mund ta mashtrosh tjetërkë. You may cheat someone
   else like this (not me).
Notice that **dikush** can also mean 'some people' as in the
expression:
   Dikush e do, dikush jo. Some people like it, some don't.

Pronouns of quality and quantity:
Some pronouns express quality. Such are:

njëfarë	some
çfarëdo	of whatever kind
çdolloj	of any kind
gjithfarë	of all kinds
lloj-lloj	of different kinds

The following pronouns express quantity:

disa	some
ca	some
pak	a few, few
shumë	much, many
mjaft	enough
plot	a lot, full
aq/kaq	that/this much

Only **disa** is declinable.

Negative pronouns:
Here is one final list of pronouns, so-called negative pronouns
which you may find interesting in terms of their formation. Their
constituent parts should be known to you by now:
askush, kurrkush, askurrkush, asnjeri, *etc.* (*nobody*)
**asgjë, kurrgjë, askurrgjë, hiçasgjë, hiçgjëfare, asgjëkafshë,
asgjësend** *etc.* (*nothing*)
asnjë, asndonjë (*none, no-one*)
asnjëri (*masc.*), **asnjëra** (*fem.*) (*nobody*)
kurrfarë, asnjëfarë (+ *noun in the Ablative*) (*nothing* (*of any
kind*))

III/ READING PASSAGE

SHËTITJA E PARË E DRITËS NËPËR LONDËR

Dje Liza ishte e lirë, nuk kishte ligjërata, prandaj kishte vendosur
ta shoqëronte Dritën. Sipas planit që kishin bërë bashkë me
Norën, Drita duhej të bënte një shëtitje nëpër Londër. Në
mëngjes, Drita shkoi me Norën te shkolla e saj ku u takua me
Lizën. Meqë ishte ende herët, ato së pari pinë nga një kafe e
pastaj ecën deri në Trafalgar Skuer.

Shëtitën pak nëpër shesh dhe e shikuan përmendoren e Admira-
lit Nelson. Drita bleu ca ushqim për zogj dhe derisa ajo ushqente
pëllumbat që ishin mësuar me vizitorë dhe ishin krejt të butë,
Liza e fotografoi disa herë. Drita ndjente kënaqësi të veçantë
duke ushqyer pëllumbat të cilët i rrinin në duar, në supe e madje
edhe në kokë.

Pas pak ia bëhu autobusi i veçantë për turne të organizuara
nëpër Londër. Autobusi ishte dy-katesh dhe kati i epërm ishte i
hapur. Fatmirësisht dita ishte e bukur dhe ato u ngjitën në katin

e sipërm dhe zunë dy vende të mira. Në autobus kishte edhe turistë të tjerë. Turneja do të zgjaste tërë ditën.

Autobusi u nis. Kaluan pranë Galerisë Kombëtare dhe vazhduan për te Pallati i Bakingëmit ku është rezidenca e Mbretëreshës. Pastaj i vizituan Shtëpitë e Parlamentit, sahatkullën me famë botërore, Big Ben, dhe manastirin Uestminster Ebi që gjendet aty afër. Prej aty vazhduan nëpër Uajt-holl dhe shkuan në Dauning Stritë. Aty e shikuan ceremonialin e këmbimit të rojeve.

Pasdreke ishte paraparë një vizitë e shkurtër në Muzeun Britanik. Drita e Liza nuk hynë në muze sepse kishin planifikuar që aty të kalonin më shumë kohë një ditë tjetër. Derisa të tjerët e vizituan Muzeun, Drita e Liza pushuan në Rasel Skuer.

Pas tre çerek ore u kthyen te Muzeu dhe bashkë me të tjerët u nisën për te Katedrala e Shën Palit. Kaluan nëpër Flitë Stritë, dikur qendër e shtypit britanik. Prej Katedralës së Shën Palit shkuan në qendër të qytetit ku bëhet veprimtaria kryesore ekonomike e Londrës. Aty është edhe Banka e Anglisë. Në fund vizituan Kullën e Londrës dhe urën përbri.

Kudo që shkuan, Drita bëri shumë fotografi, bleu ndonjë kartolinë për t'u dërguar shokëve a shoqeve, apo ndonjë suvenir për ta ruajtur si kujtim nga vizita.

Vocabulary

ligjëratë, -a, -a	lecture
shoqëroj	accompany
sipas	according to
shesh, -i, -e	square
përmendore, -ja, -	monument
zogj	(*pl. of* **zog**) birds
pëllumb, -i, -a	pigeon, dove
i/e butë	tame, mild
i/e veçantë	special
sup, -i, -e	shoulder (*fem. in pl.*)
madje	even
turne, -ja, -	tour
i/e organizuar	organized
dy-katesh	double-decker, two-storied
i epërm, e epërme	upper
ngjitem	climb (*non-act.*)
i sipërm, e sipërme	upper

zgjat	last
rezidencë, -a, -a	residence
mbretëreshë, -a, -a	queen
sahatkullë, -a, -a	clock tower
me famë botërore	world famous
ceremonial, -i, -e	ceremony (*fem. in pl.*)
këmbim, -i, -e	change (*fem. in pl.*)
roje, -a, -	guard
pasdreke, -a, -a	afternoon
parashoh	plan, anticipate, foresee
shkurtër	short
qendër	centre
shtyp, -i	press, newspapers
britanik, -u, -ë	Briton
katedralë, -a, -a	cathedral
veprimtari, -a, -	activity
ekonomik-e	economic
kullë, -a, -a	tower
urë, -a, -a	bridge
a	or
suvenir, -i, -e	souvenir (*fem. in pl.*)
ruaj	keep, retain

IV/ EXERCISES

(1) Answer the following questions on the reading passage:

    1 Çka bëri Drita dje?
    2 A kishte Liza ligjërata apo ishte e lirë?
    3 Çka kishte vendosur të bënte ajo meqë ishte e lirë?
    4 Ku u takuan Liza e Drita?
    5 Çka bënë ato së pari?
    6 Ku shkuan pastaj?
    7 Si shkuan deri në Trafalgar Skuer?
    8 Çka bënë atje?
    9 Çka bënte Drita derisa e fotografonte Liza?
    10 Si e vazhduan shëtitjen nëpër Londër pastaj?

11 Çfarë ishte autobusi?
12 Çka vizituan?
13 Pse nuk hynë Drita e Liza në Muzeun Britanik?
14 Çka bëri Drita kudo që shkuan?
15 Ç'bleu ajo?

(2) Give short answers to the following questions as in the example. Use **ky/kjo** and then **ai/ajo** in the appropriate case.
Example: Cila është shoqja jote?

. . . .

         Kjo.   Ajo.

1 Cilën shoqe e takove?
2 Cilës ia dhe librin?
3 Me cilin shkove në kinema?
4 I cilit është kjo fotoaparat?
5 E cilës është kjo fotografi?
6 Cilat i ftove?
7 Cilët i takove në stacion?
8 Prej cilës e more këtë laps?
9 Cilëve u dhe libra?
10 Cilave u dërgove lule?

(3) Use **asi, aso, kësi, këso** instead of **i/e tillë/atillë/këtillë** in the following sentences:
Example: Edhe unë kam një fotoaparat të tillë.
              Edhe unë kam një asi fotoaparati.

1 Ai bleu ca mollë të këtilla.
2 Do ta blija një radioaparat të tillë.
3 Do të dëshiroja të kem një shok të tillë.
4 Ai gjithnjë është marrë me punë të këtilla.
5 Kurrë s'kisha parë një shpellë të tillë.
6 Nuk kemi shumë ditë të këtilla të bukura në Angli.
7 Edhe ai ka pasur momente të tilla të vështira.
8 Kurrë më parë s'kam qenë në një qytet të këtillë kaq të madh.
9 Nuk dëshiroj të dëgjoj këngë të atilla.

(4) Translate the following sentences using **i cili, e cila** in the appropriate case:

  1 I read the book which you gave me last week.
  2 The film you told me about (*transl.* 'for which') was very good.
  3 My old teacher, from whom I learnt so much, died last week.
  4 They say that teachers who are good get old but never die.
  5 The writer (*fem.*) whose book I read is very good.
  6 The tale which Merita's grandfather told us was very good.
  7 The (female) friends whom I told to come aren't here.
  8 The girl whose mother went to Spain didn't have time to come.
  9 The photos which we took (*made*) in Deçan were very good.
 10 Those (*fem.*) to whom I am writing this letter are in England.

(5) Translate the following sentences into English:

  1 Ai na tregoi gjithfarë ngjarjesh.
  2 Shkuam atje, por s'kishte njeri.
  3 Paske qenë me tjetërkë në këtë restorant.
  4 U zemërua për asgjësend.
  5 Kushdo që vjen këtu kalon mirë.
  6 Në cilindo vend që shkova bëra shumë shokë.
  7 Të arriturat duhet t'i shërbejnë (*serve*) gjithë njerëzimit (*humanity*).
  8 Në dyqan kishte lloj–lloj artikujsh ushqimorë.
  9 Njerëzit e mbarë botës duhet ta duan njëri-tjetrin.
 10 Çdo gjë që shkëlqen (*shine*) nuk është ar.
 11 Çdo shok i mirë njihet në ditë të vështirë.
 12 Mos më trego kush je, por me kë shoqërohesh!
 13 Dy herë mendo, një herë fol.
 14 Të gjitha shtazët (*animals*) janë të barabarta (*equal*).

Unit Nineteen

■ I/ SITUATIONS

numër, -i, -a	number
elefant, -i, -ë	elephant
jugor-e	southern
mijë, -a, -ra	thousands
sish	of them
zvogëloj	decrease
për shkak të	because of
gjuetar, -i, -ë	hunter
prishje, -a, -	spoiling
balancë, -a	balance
aktivitet, -i, -e	activity
i/e pamenduar	thoughtless
shpresë, -a, -a	hope
Azi, -a	Asia
zbatoj	implement
program, -i, -e	programme
trevjeçar, trivjeçare	three-year
fond, -i, -e	fund
botëror	world(-wide)
mbrojtje, -a, -	defence
shtazë, -a, -	animal
rrezik, -u, rreziqe	danger
ekzistencë	existence
mashkull, -i, meshkuj	male
regjistrim, -i, -e	registration
tufë, -a, -a	herd
mënyrë, -a, -a	way, manner

jetesë, -a	living
pengoj	prevent

Numri i elefantëve në Indinë Jugore, ku tash jetojnë rreth katër mijë sish, po zvogëlohet shpejt për shkak të gjuetarëve dhe prishjes së balancës natyrore me aktivitetin e pamenduar të njeriut. Një shpresë për këtë grup më të madh elefantësh në Azi është zbatimi i suksesshëm i programit trevjeçar nën kujdesin e Fondit Botëror për Mbrojtjen e Shtazëve. Rreziku më i madh për ekzistencën e elefantëve janë gjuetarët të cilët çdo vit vrasin prej njëqind deri në njëqind e pesëdhjetë elefantë të rinj meshkuj. Programi i mbrojtjes parasheh regjistrimin e tufave të elefantëve, studimin e mënyrës së tyre të jetesës dhe pengimin e aktivitetit të gjuetarëve.

pëshpërit	whisper
ndihmës, -i, -	assistant, helper (*masc.*)
ndihmëse, -ja, -	assistant (*fem.*)
bibliotekë, -a, -a	library
plaçkitës, -i, -	robber

'Profesor,' pëshpëriti ndihmësja e shtëpisë, 'në bibliotekë ka hyrë një plaçkitës.'

'Ashtu? E çka po lexon?'

II/ GRAMMATICAL PATTERNS

Prepositions

The main thing to remember about prepositions in Albanian is the case they select for the noun following them, which can be Nominative, Accusative or Ablative. The easiest way to do this is to learn first the prepositions that select their nouns in the Nominative and Accusative because these are fewer in number. Only two prepositions select the Nominative, fifteen the Accusative, and all the rest, over ninety of them, select the Ablative. The meaning of prepositions is best learnt in the context of their usage. The most characteristic meanings are given in the list below. You may find the list rather long, but it will be useful for reference purposes.

Prepositions which take nominative nouns:

nga	– from	**Sapo erdha nga shkolla.** I just came from school.
	– towards	**Ata u nisën nga lumi.** They set out towards the river.

(The meaning 'from' or 'towards' of **nga** is revealed by the context.)

te(k)	– at	**Dje gjithë ditën ndenja te shtëpia.** All day yesterday I stayed at home.
	– to	**Ai shkoi tek i ati.** He went to his father's.
		Nga njëri te tjetri. From one to the other.

(Notice that when the following noun begins with a vowel **tek** is used.)

Prepositions which take accusative nouns:

deri, gjer	– till, until	**Rri deri nesër.** Stay until tomorrow.
		Nuk erdhi në shtëpi deri vonë. He/she didn't come home till late.
	– up to	**Eja deri këtu.** Come up to here.
mbi	– on	**E la librin mbi tryezë.** He left the book on the table.
	– over, above	**Fluturoi mbi det.** He/she flew over the sea.
		Ai kërceu dy metra mbi tokë. He jumped two metres above the ground.
me	– with	**Çdo mbrëmje dal me shokë.** Every evening I go out with friends.
		E hapi derën me çelës. He/she opened the door with the key.
	– by	**Rrafshi është i rrethuar me male të larta.** The plain is surrounded by high mountains.
më	– on	**Më 10 tetor Marku shkon në Prishtinë.** On the 10th of October Mark goes to Prishtina.
ndaj	– near	**Ndaj të gdhirë.** Near the dawn (towards dawn).

në	– in	**Ai jeton në fshat.** He lives in a village.
	– on	**I dëgjova lajmet në radio.** I listened to the news on the radio.
	– to	**E nxori në dritë.** He/she brought it/him/her to light.
nën	– under	**Macja është nën tryezë.** The cat is under the table.
nëpër	– through	**Ata shëtitën nëpër pyll.** They walked through the forest.
pa	– without	**Mbeta pa gjumë gjithë natën.** I remained without sleep all night.
për	– for	**Kjo dhuratë është për ty.** This present is for you.
	– about	**Ato biseduan për pushimet.** They talked about the holidays.
përmbi	– above, on	**Zogu më fluturoi përmbi kokë.** The bird flew above my head.
		E la lapsin përmbi libër. She left the pencil on the book.
që, qysh	– since	**Nuk kam ngrënë që dje.** I haven't eaten since yesterday.

(Notice that after the prepositions **në, mbi, me, përmbi**, the noun, although formally indefinite, in terms of meaning is definite. The definite form of the noun is used when it is qualified in some way, e.g. **në shtëpi** but **në shtëpinë time, mbi tryezë**, but **mbi tryezën e madhe** etc.)

Prepositions which take ablative nouns:

afër (*near*)
anekënd (*all through, anywhere*)
anembanë (*everywhere*)
anës (*along*)
ballë (*facing, opposite*)
brenda (*inside*)
bri (*beside*)
buzë (*by, close to*)
drejt (*towards, straight to*)
gjatë (*during*)
jashtë (*out of*)

midis (*between*)
ndaj (*towards*)
ndërmjet (*among*)
nëpërmes (*through, by*)
para (*in front of*)
për (*by*)
përpjetë (*upwards*)
pos/veç (*except*)
poshtë (*down*)
pranë (*by*)
prapa (*behind*)
prej (*from*)

krahas (*alongside with*)
kundër (*against*)
larg (*far from, away from*)
lart (*up*)
matanë (*across, on the other side*)
mbas/pas (*after, behind*)
menjanë (*aside*)
mes (*between, among*)

përballë (*opposite*)
përbri (*beside*)
përfund (*underneath*)
përgatë (*along*)
përkrah (*alongside with*)
përkundër (*besides*)
përmbas (*behind*)

rreth/qark (*round*)
rrëzë (*at the foot of*)
sipas (*according to*)
sipër (*above*)
tatëpjetë (*downwards*)
tej (*away, further*)
tëposhtë (*downwards*)
tutje (*further*)

përmes/mjet (*by means of*)
përpara (*before, in front of*)
përpos/përveç (*except*)
përqark (*around*)
përreth (*around*)
përsipër (*over, above, on*)
përtej (*over*)

Phrasal prepositions:
In addition to the prepositions listed above, there are also so-called complex or phrasal prepositions. They mainly select the Accusative, Genitive or Ablative. Here are some of the more usual ones:

me anë + *gen./abl.*:
   me anë të shokëve   by means of friends
   me anë kursesh   by means of courses
me anën + *gen.*:
   me anën e një shoku   by means of a friend
në bashkëpunim me + *acc.*   in cooperation with
në krahasim me + *acc.*   in comparison with
në të mirë + *gen.*   in favour of
në lidhje me + *acc.*   in connection with
për hir + *gen.*   for the sake of
për pasojë + *gen.*   as a consequence of
për shkak + *gen.*   because of
për në + *acc.*:
   për në Londër   to London
për nga + *nom.*:
   për nga madhësia   as far as the size is concerned

III/ READING PASSAGE

PËR ÇUDI EDHE SOT MOTI ËSHTË I BUKUR

Drita është adhuruese e madhe e fotografisë. Ngado që shkon ajo e merr fotoaparatin me vete dhe bën fotografi. Daja i saj është fotograf. Ai ka dyqan të vetin. Drita i bën fotografitë te daja i vet. Ajo vetë i zhvillon filmat. Shpesh u bën fotografi edhe shoqeve e shokëve të saj.

Pos fotografisë, Drita ka edhe një dashuri tjetër të madhe. Ajo i do shumë shtazët. Ditën e sotme e priti me padurim sepse kishin planifikuar që me Norën dhe me disa shokë e shoqe të tjera ta vizitonin kopshtin zoologjik në Rixhents Park.

Të gjithë kaluan mirë. Për çudi, edhe sot moti ishte i bukur. Drita madje i pyeti disa se pse i kishin thënë se moti në Angli asnjëherë nuk është i mirë. I thanë se kjo ishte verë indiane. Moti i mirë e bëri edhe më të përshtatshëm fotografimin. Drita fotografoi shumë shtazë, duke filluar nga majmunët, arinjtë kontinentalë dhe polarë, gjirafat, fokat, zebrat, drerët e sorkadhet, luanët e tigrat, dhelprat e ujqit, e deri te zogjtë me pupla të bukura.

Pasi që e vizituan kopshtin zoologjik, të gjithë bashkë shkuan në teatrin e hapur që gjendet aty pranë dhe që shfaq pjesë teatrale vetëm nga Shekspiri. Sot shfaqej drama e Shekspirit »Mbreti Lir«. Drita, edhe pse nuk e njeh anglishten mirë, nuk pati shumë vështirësi ta përcillte shfaqjen sepse ajo e kishte lexuar këtë dramë para disa vjetësh. Shumica e dramave të Shekspirit, si edhe në shumë gjuhë të tjera, janë të përkthyera edhe në shqip. Ato i përktheu një intelektual i shquar shqiptar i quajtur Fan Noli. Mendohet se përkthimet e tij janë të një niveli shumë të lartë.

As studentët anglezë nuk e përcollën shfaqjen më me lehtësi sepse gjuha e Shekspirit ndryshon bukur shumë nga gjuha e sotme angleze.

Pasi që e shikuan pjesën teatrale ata dolën përsëri në park ku u ulën dhe i hëngrën senduiçat që kishin marrë me vete. Rreth orës katër u nisën për në banesë. Nora dëshironte të pushonte pak sepse në orën gjashtë ishin marrë vesh të takoheshin me Markun në një pub. Marku sot nuk mundi ta shoqëronte Dritën sepse iu desh të siguronte biletë aeroplani për Prishtinë.

Vocabulary

çudi, -a, -ra	astonishment, wonder
për çudi	strangely
fotoaparat, -i, -e	camera
dajë, -a, -	uncle (*on the mother's side*)
fotograf, -i, -ë	photographer
zhvilloj	develop
film, -i, -a	film
kopsht zoologjik	zoo
fotografim, -i	taking photos
majmun, -i, -ë	monkey
ari, -u, -nj	bear
kontinental-e	continental
polar-e	polar
gjirafë, -a, -a	giraffe
fokë, -a, -a	seal
zebër, -a, -a	zebra
dre, -ri, -rë	stag
sorkadhe, -ja, -	doe
tigër, -i, -a	tiger
dhelpër, -a, -a	fox
pupël, -a, -a	feather
shfaq	perform
pjesë teatrale	play
dramë, -a, -a	drama
vështirësi, -a, -	difficulty
shfaqje, -a, -	performance
i/e përkthyer	translated
përkthej	translate
intelektual, -i, -ë	intellectual
i/e shquar	distinguished
nivel, -i, -e	level (*fem. in pl.*)
lehtësi, -a	ease
me lehtësi	easily
ndryshoj	differ
senduiç, -i, -a	sandwich
pub, -i, -e	pub (*fem. in pl.*)
siguroj	secure, get
biletë aeroplani	air ticket

IV/ EXERCISES

(1) Answer the following questions on the reading passage:

1 Çka merr Drita me vete ngado që shkon?
2 Ku i bën Drita fotografitë?
3 Kujt i bën Drita fotografi ndonjëherë?
4 Ç'dashuri tjetër të madhe ka Drita?
5 Pse e ka pritur Drita ditën e sotme me padurim?
6 Pse çuditet (is astonished) Drita me motin e mirë?
7 Çka fotografoi Drita sot?
8 Ku shkuan pasi që e vizituan kopshtin zoologjik?
9 Ç'pjesë teatrale shikuan?
10 Ç'bënë ata pas pjesës teatrale?
11 Kur u nisën për në banesë?
12 Pse shkuan në banesë?
13 Më kë dhe ku ishin marrë vesh të takoheshin në orën gjashtë?
14 Pse Marku nuk mundi ta shoqëronte Dritën sot?

(2) Put the nouns in brackets into the correct case:

1 Drita e Nora shkuan në . . . . (Muzeu).
2 Drita e Nora shkuan në . . . . (Muzeu Britanik).
3 Afër . . . . (banesa e Norës) është një restorant i mirë.
4 Pushimi buzë . . . . (lumi) është i këndshëm.
5 Sot Nora fluturon nga . . . . (gëzimi joy).
6 Fshati i Meritës gjendet rrëzë . . . . (bjeshkët).
7 Prishtina sot luan kundër . . . . (Partizani).
8 Petriti e Agroni jetojnë larg . . . . (ne).
9 Rri pranë . . . . (unë)!
10 Shko në kinema me . . . . (Marku)!
11 Matanë . . . . (rruga) gjendet një dyqan pemësh e perimesh.
12 Beti, krahas . . . . (studimet studies), punon në . . . . (një bibliotekë).
13 Do të të pres para . . . . (ndërtesa).

14 Midis . . . . (ju), gjendet një këngëtar (*singer*)
i mirë.
15 Prej . . . . (shtëpia ime) e deri në
. . . . (shkolla) shkoj për dhjetë minuta me
. . . . (autobusi).

(3) Do the same as above:

1 Në krahasim me . . . . (viti i kaluar) këtë vit
moti është më i mirë.
2 Për shkak . . . . (tollovia e madhe) nuk munda
të hipi në autobus.
3 Për pasojë . . . . (kjo) arrita vonë në punë.
4 Rezultati i ndeshjes ishte 3: 1 në të mirë . . . .
(Prishtina).
5 Për hir . . . . (shoqja) nuk shkoi as ajo në
kinema.

(4) Translate the following into English. The vocabulary needed
follows the exercise:

Në këtë vjeshtë futbollistët e Prishtinës po luajnë hove-hove.
Pas barazimit me Hajdukun, në fillim, patën tri humbje rad-
hazi, pastaj me fitoren kundër Sutjeskës (3: 0) luajtën mirë
dhe realizuan katër fitore me radhë. Fitoret u ndërpritën me
barazimin kundër Partizanit (0: 0).

U erdhi radha tri humbjeve në kampionat, tri humbjeve
nëpër Çekosllovaki dhe një humbjeje në Zemun (para një
jave). Dje mundën Buduçnostin e Titogradit (4: 0) dhe duket
se paralajmëruan fitore të reja të cilat nuk mund të realizohen
lehtë, nga se tash Prishtina, deri në fund të vjeshtës, vetëm
një herë luan në fushën e vet, kurse ka tri udhëtime për pikë
e një për kupë. Sidoqoftë, fitorja e djeshme jep shpresa.

futbollist, -i, -ë	footballer
hove-hove	inconsistently
barazim, -i, -e	equalization; draw
në fillim	at the beginning
humbje, -a, -	defeat
fitore, -ja, -	victory

me radhë	in a row
ndërpritem	(am) interrupted
kampionat, -i, -e	championship
mund	beat
paralajmëroj	forewarn
udhëtim, -i, -e	journey
kupë, -a, -a	cup
sidoqoftë	however
djeshme	of yesterday

(5) Translate the following into Albanian. The vocabulary is given below:

Sport has always been a good thing for people, especially now when many people work inside in offices. Unfortunately, not everybody can swim in the sea or walk in the mountains, but there is a sports centre near everyone's home, or a park where they can walk or run. Unfortunately, sport has now become connected with big money, and problems always come together with money. Sport should bring health and friendship, not fighting and damage to people and society. It is time that the values of sport should again be the main characteristics of different games. People should go to matches for the pleasure of watching good games, and people should take up sport for the sake of sport, not just for winning and money.

connected with	lidhur me
problems	problemet
health	shëndet, -i
friendship	miqësi, -a
fighting	përleshje, -a, -
damage	dëm, -i, -e
society	shoqëri, -a, -
value	vlerë, -a, -a
characteristics	karakteristikë, -a, -a
winning	fitore, -ja, -

Unit Twenty

■ **I/ SITUATIONS**

helmues-e	poisonous
shkaktoj	cause
panik, -u	panic
kompani ajrore	airline company
shteg, -u, shtigje	path
udhëtar, -i, -ë	passenger
paraqitje, -a, -	appearance
pilot, -i, -ë	pilot
zgjat	last
kontrollim, -i, -e	check
zbulim, -i, -e	discovery
futem	get inside
stjuardesë, -a, -a	air hostess
paraqitem	appear
padëshiruar	unwelcome
kabinë, -a, -a	cabin

Një gjarpër helmues shkaktoi panik në aeroplanin e një kompanie ajrore të Indonezisë kur doli në shtegun midis karrigeve dhe u kaloi udhëtarëve nën këmbë. Menjëherë pas paraqitjes së gjarprit piloti e ktheu aeroplanin në aeroportin më të afërm. Që të pesëdhjetë udhëtarët u larguan nga aeroplani derisa zgjati kontrollimi për zbulimin e këtij gjarpri helmues të gjatë gjysmë metri. Mendohet se gjarprin në aeroplan e futi stjuardesa me një tufë lulesh. Kjo nuk ishte hera e parë të paraqitej në këtë aeroplan një udhëtar i këtillë i padëshiruar. Në muajin nëntor të vitit të kaluar piloti kishte gjetur në kabinën e pilotëve një gjarpër helmues të gjatë një metër e gjysmë.

dhëmb, -i, -ë	tooth
artificial-e	artificial
natyral-e	natural

ashtu është	that's right
dhembje, -a, -	pain
ankohem	complain

A: Kur m'i vutë dhëmbët artificialë më thatë se do të më jenë si dhëmbë natyralë.

B: Ashtu është.

A: Por dhëmbët tuaj artificialë po më shkaktojnë dhembje shumë.

B: Pse po ankoheni atëherë? A s'ju thashë se do t'i keni si dhëmbë natyralë?

II/ GRAMMATICAL PATTERNS

Conjunctions

You already know by now some of the basic conjunctions which have been used in the previous units. Here a list of conjunctions will be given without any classification or further explanation. You may notice that some of them have already been mentioned in the list of pronouns and in the list of adverbs. Their translation (which sometimes is rather literal in order to help you understand them), as well as the examples given for the ones that have not already been used, may be helpful.

apo (*or*)
Do të vijsh me ne, apo do të shkosh me Markun e Petritin? Will you come with us, or will you go with Mark and Petrit?

andaj, ndaj, prandaj (*therefore*)
Dëgjova se ka ardhur Drita, ndaj (*or* **andaj**) **erdha ta takoj.** I heard that Drita had come, therefore I went to meet her.

(as) . . . as (*neither . . . nor*)
Nora dje ishte e sëmurë, as drekë nuk hëngri. Nora was ill yesterday, nor did she (*or* and did not) eat supper.
Një agim të këtillë as e pikturon, as e përshkruan njeri. A dawn such as this, one can neither paint nor describe.

çfarë ((*such*) *that/as*)
Në galeri shikoi piktura çfarë s'kishte parë kurrë më parë. In the gallery she saw pictures such as she had never seen before.

daç . . . (**daç**), **ose** . . . **ose, o** . . . **o** (*either* . . . *or*)
Daç eja me ne në peshkim, daç shko me Merin në fshat. Either come fishing with us or go with Mary to the village.
Ose bëje punën si duhet, ose mos e nis fare. Either do the job as you should, or don't start it at all.
O merre për vete, o po e marr unë. (Either) take it for yourself, or (*or* otherwise) I will take it.

derisa, gjersa (*while*)
Derisa (*or* **gjersa**) **unë lexoja, Nora e bëri një sy gjumë.** While I was reading, Nora took forty winks.
Ata e ndiqnin me sy, derisa aeroplani zhdukej në kaltërsinë e qiellit. They followed it with their eyes, while the aeroplane disappeared into the blue of the sky.

duke qenë se (*being that; since*)
Duke qenë se ndihej i padëshiruar, shkoi më herët në shtëpi. Since he felt unwanted, he went home earlier.

dhe, edhe, e (*and*)
Zana i mori librat dhe u nis për shkollë. Zana took her books and left for school.
Ditët shkojnë e vijnë, e jeta i afrohet fundit. Days come and go, and life approaches its end.

edhe . . . **edhe, hem** . . . **hem** (*both* . . . *and*)
Edhe na ftoi në gosti, edhe nuk na përshëndeti. He both invited us to the party and did not greet us.
Hem ka dëshirë të shpenzojë, hem të ketë shumë para. He both likes to spend, and to have a lot of money.

edhe në, edhe në qoftë se, edhe sikur (*even if*)
'**Edhe në fjetsha, zemrën s'ma vë dot njeri në gjumë.**' Even if I sleep, no-one will put my heart to sleep.

Edhe në qoftë se vonohem pak, më prit se do të vij. Even if I'm a little late, wait for me as I will come.
Edhe sikur të isha i lirë, nuk do të shkoja me ta. Even if I were free, I wouldn't go with them.

edhe pse, megjithëqë, megjithëse, ndonëse, sado që (*although*)
Edhe pse i thashë të ma sillte librin, ai kishte harruar. Although I told him to bring me the book, he had forgotten.
Megjithëse ishte i zënë, i la punët e erdhi me ne. Although he was busy, he left his work and came with us.
Ndonëse i vetmuar, dashurinë tënde s'e harroj kurrë. Although lonely, I will never forget your love.
Sado që ia shpjegova disa herë, ai nuk e kuptoi mësimin. Although I explained to him several times, he didn't understand the lesson.

gjithsaherë, kurdoherë që, sa herë që (*whenever*)
Gjithsaherë kam shkuar tek ai, e kam gjetur të mërzitur. Whenever I went to his place, I found him bored.
Kurdoherë që kisha kohë, i vizitoja gjyshin e gjyshen. Whenever I had time, I visited my grandparents.
Eja tek unë kurdoherë që të ndihesh i vetmuar. Come to me whenever you feel lonely.
Sa herë që shpreson shumë, fiton më pak. Whenever you hope a lot, you gain little.

jo që ... por (*not that ... but*)
Jo që nuk pata dëshirë të shkoja, por qeshë i zënë. Not that I did not want to go, but I was busy.

jo vetëm që *or* **le që ... por (edhe/as)** (*not only ... but* (*also/neither*))
Jo vetëm që ma mori librin pa më pyetur, por edhe nuk ma ktheu kurrë. Not only did she take my book without asking me, but also she never returned it to me.
Le që s'erdhi vetë, por as të vëllanë s'e la të vinte. Not only did he not come himself, neither did he (*or* he also did not) let his brother come.

kështu që (*so* (*that*))
Më në fund erdhi edhe Marku, kështu që të gjithë ishin të lumtur.
In the end Mark came too, so everyone was happy.

ku (*where*)
Ku ka tym, ka dhe zjarrë. Where there's smoke, there's fire.

kurse, ndërsa (*whereas*)
Unë i thosha, 'Ja ku është mali', kurse ai më thoshte, 'Ja ku është lisi'. He couldn't see the wood for the trees.

kushedi (*who knows*)
I kam treguar kushedi sa herë si të punojë me fotoaparat, por ai ka harruar përsëri. I have told him who knows how many times how to use the camera, but he has forgotten again.

mbasi (që), pasi (që), meqenëqë, meqenëse, meqë (*since*)
Mbasi (që) s'pata kohë ta vizitoja në spital, i dërgova një tufë lulesh. Since I didn't have time to visit him in hospital, I sent him a bunch of flowers.

me kusht që (*with* or *on the condition that*)
Ia mora librin shokut, me kusht që t'ia kthej pas dy ditësh. I took the book from my friend, on the condition that I returned it to him after two days.

me qëllim që (*in order to*)
Sot u nis për në punë më herët me qëllim që të mos vonohet prapë. Today I left for work earlier in order not to be late again.

mirëpo (*but, however*)
I thashë të mos vepronte ashtu, mirëpo ai nuk më dëgjoi. I told him not to act so, but he didn't listen to me.

në, nëse, në qoftë se, në rast se, po qe se (*if*)
Në doni të jeni shokë të mirë, ndihmojeni njëri-tjetrin. If you want to be good friends, help each other.
Do të vij me ty nëse më premton se nuk do të pish shumë. I will

come with you if you promise that you won't drink a lot.

Në qoftë se nuk më gjen në shtëpi, do të jem te Petriti. If you don't find me at home, I will be at Petrit's.

Në rast se më duhesh, do të të thërras. If I need you, I will call you.

Po qe se të duket më mirë atje, shko me ata. If it seems better to you there, go with them.

Po qe se vjen ti, vij edhe unë. If you come, I will go too.

ngase, nga shkaku se, për shkak se, sepse, për arsye se (*because*)
Ishte lodhur shumë ngase kishte punuar gjithë ditën. He was very tired because he had worked all day.

Ai nuk shkoi në pushim për shkak se nuk kishte para. He didn't go on holiday because he didn't have the money.

Ajo shkoi në shkollë më këmbë sepse ia kishte dhënë biçikletën shoqes. She went to school on foot because she had given her bicycle to her friend.

Doli të shëtiste pak, për arsye se ishte mërzitur në shtëpi. She went out to walk a little because she was bored at home.

para se (*before*)
Para se të nisej për Prishtinë, Nora i vizitoi prindërit. Before she left for Prishtina, Nora visited her parents.

përderisa (*as long as*)
Përderisa të jetë moti kështu me shi, nuk do të nisem për pushim. As long as the weather is rainy like this, I won't set off on holiday.

përndryshe (*otherwise*)
Dëgjo me kujdes, përndryshe s'do të dish çka të bësh. Listen carefully, otherwise you won't know what to do.

posa, sapo (*as soon as*)
Posa (*or* **sapo**) **cingërroi telefoni, e dita se je ti.** As soon as the phone rang, I knew it was you.

prapëseprapë (*still*)
Edhe pse ky fustan po më pëlqen shumë, prapëseprapë ai tjeri më duket më i mirë. Even though I like this dress, the other one still looks better to me.

që, se (*that*)
Ai është një shok që kurrë s'të lë në rrugë. He is the sort of friend who wouldn't let you down.
Sa herë që vij te ti, ndihem mirë. Whenever I come to you, I feel good.
Ajo më tha se do të vinte në orën tetë. She told me that she would come at eight o'clock.

qoftë . . . qoftë (*be it . . . or, either* or *whether . . . or*)
Ajo e kaloi verën qoftë duke punuar në kopsht, qoftë duke lexuar ndonjë libër. She spent the summer either working in the garden or reading a book.
Ai vjen me ty kurdo që ta thërrasësh, qoftë ditën, qoftë natën. He comes with you whenever you call him, be it by day or by night.

sesa, se (*than*)
Më mirë të vdesësh një ditë sesa (se) përditë. Better to die one day than every day.
Dhelpra, kur iu dogj bishti, mendoi se gjithë bota kishte marrë zjarrë. The fox, when his tail burnt, thought that the whole world had caught fire.

siç (*as*)
Siç po e shihni, gjuha shqipe nuk është aq e vështirë. As you see, the Albanian language isn't that difficult.

veç, veçse, vetëm se (*only*)
S'dinte çka të bënte, veçse sillej poshtë e lart. He didn't know what to do, only wandered up and down.

■ **III/ READING PASSAGE**

NJË MBRËMJE E KËNDSHME

Pasi u kthyen nga parku, Nora u shtri të pushonte pak, kurse Drita filloi të shkruante ca kartolina. Nuk kaluan pesë minuta dhe Norën e zuri gjumi. Në orën pesë e gjysmë Drita e zgjoi Norën sepse duhej të bëheshin gati e të dilnin. Pubi ku duhej të takoheshin me Markun ishte bukur larg prandaj duhej të shkonin me autobus.

Kur arritën në pub, aty e gjetën Markun me dy shokë. Pas dy-tre minutash erdhi edhe Liza. Marku i pyeti ç'do të pinin dhe që të tria morën lëng portokalli. Marku me qëllim nuk i njohu vajzat me shokët që kishte sjellë me vete. U bë gjoja se harroi.

Marku: Si e kaluat ditën sot, Dritë?

Drita: Shumë mirë. Po ti, Mark, a e bleve biletën?

Marku: E rezervova një biletë për datën dhjetë.

Drita: Ç'ditë është më datën dhjetë?

Marku: E mërkurë.

Drita: Shumë mirë, sepse të mërkurave në mbrëmje ka aeroplan për Prishtinë nga Beogradi. Nuk ke nevojë të presësh shumë, nja tre çerek ore ndoshta.

Marku: Ashtu është. Pata fat. Në të vërtetë edhe unë sot pata një ditë interesante.

Nora: Ditë interesante duke kërkuar biletë? ! Mos u tall me ne.

Marku: Nuk po tallem. Pata një ditë që ma përkujtoi Koso-vën. Piva kafe turke, disa gota alkohol nga Kosova.

Nora: Ndoshta këto i ke marrë me vete nga Kosova.

Marku: Jo, jo, nuk i kam marrë me vete, por më janë ofruar në shenjë mikpritjeje.

Nora: Mikpritje shqiptare në Londër? !

Marku: Madje në qendër të Londrës.

Nora: E pabesueshme.

Drita: Na trego si ndodhi kjo. Mjaft na mbajte pezull.

Nora: Vërtet na i zgjate veshët, Mark.

Marku: Ja, po ju tregoj. Në mëngjes, duke kërkuar në gazetë ndonjë agjenci që shet bileta për Jugosllavi, rastësisht e pashë një emër që m'u duk se ishte shqiptar. Shkruante H. Gashi. M'u kujtua se mbi-emri i një shoku të Petritit ishte Gashi. E shënova adresën dhe u nisa menjëherë për në Rixhent Stritë. Arrita atje, trokita në derë dhe hyra brenda. Një burrë rreth të pesëdhjetave ulur pranë një tryeze më ofroi një karrige dhe më pyeti ç'dëshi-roja. Edhe nga pamja m'u duk se ishte shqiptar. Thashë më vete, 'Do ta përshëndes në shqip, e nëse nuk më përgjigjet ia kthej në anglisht. I thashë, 'Mirëdita'. Për një çast ai mbeti i hutuar.

Kjo i erdhi si e papritur. Pastaj m'u përgjigj me 'Mirëdita, urdhëroni'. I tregova se çka dëshiroja. I tregova se sapo isha kthyer nga Kosova dhe se dëshiroja të shkoja atje përsëri që ta studioj gjuhën shqipe. Më siguroi biletë me çmim mjaft të lirë.

Liza: Vërtet paske pasur një ditë interesante. A ma jep edhe mua adresën. Ndoshta edhe unë e blej biletën tek ai.

Marku: Sigurisht, por prit se paskam harruar krejt t'ju njoh me shokët. Ky është Roberti, një shok i shkollës, kurse ky është Adili, student i gjuhës angleze nga Prishtina. Adili më gjeti duke pirë kafe te Zotëri Gashi.

Ora është gati dymbëdhjetë në mbrëmje. Nora është përsëri në gjumë, kurse Drita sapo e përfundoi ditarin për ditën e sotme me fjalinë, 'Ishte kjo një mbrëmje e këndshme'.

Vocabulary

shtrihem	lie down
më zë gjumi	fall asleep
zgjoj	wake (*somebody*) up
me qëllim	on purpose
gjoja	as if
datë, -a, -a	date
tallem	joke (*non-act.*)
përkujtoj	remind
kafe turke	Turkish coffee
shenjë, -a, -a	sign
në shenjë mikpritjeje	as a sign of hospitality
e pabesueshme	unbelievable
pezull	pending; afloat; suspended
na i zgjate veshët	you kept us waiting long (*lit.* you lengthened our ears)
agjenci, -a, -	agency
emër, -i, -a	name
mbiemër, -i, -a	surname
trokas	knock
rreth të pesëdhjetave	around the fifties

pamje, -a, -	appearance
i/e hutuar	confused
i/e papritur	unexpected (*adj.*)
siguroj	secure
ditar, -i, -ë	diary
fjali, -a, -	sentence

IV/ EXERCISES

(1) Answer the following questions on the reading passage:

1 Çka bëri Nora pasi u kthyen nga parku?
2 Po Drita?
3 Në orën sa e zgjoi Drita Norën?
4 Pse e zgjoi?
5 Me kë e gjetën Markun kur arritën në pub?
6 Për datën sa e kishte rezervuar Marku biletën?
7 Te kush e kishte rezervuar biletën ai?
8 Si e kishte gjetur atë?
9 Çka i kishte ofruar ai Markut?
10 Kë e kishte takuar Marku në zyrën e tij?

(2) The following statements are taken from the first situation. Mark them with **T** if they are true, or with **F** if not:

1 Gjarpri që u paraqit herën e parë në aeroplan ishte dy metra e gjysmë i gjatë.
2 Gjarpri që u paraqit këtë herë ishte një metër e gjysmë i gjatë.
3 Gjarpri i parë nuk ishte helmues, kurse i dyti ishte helmues.
4 Kur i treguan pilotit për gjarprin ai e ktheu aeroplanin në aeroportin prej ku ishin nisur.
5 Disa mendojnë se stjuardesa e ka futur gjarprin në aeroplan me një tufë lulesh.
6 Të gjithë udhëtarët e vazhduan udhëtimin me një aeroplan tjetër.
7 Gjarpri i parë doli në kabinën e pilotëve në nëntor të këtij viti.

(3) Complete the following sentences with a conjunction that will fit the context:

1 Nuk na ftoi në gosti . . . . mua . . . . ty.

2 Qeni im . . . . është i shpejtë . . . . i mençur.

3 . . . . vij në Angli, do të të vizitoj.

4 . . . . pata shumë kohë, i bëra një vizitë të shkurtër.

5 . . . . s'më ke dëgjuar mua, të ka dalë keq.

6 . . . . unë shkruaja letra, Nora flinte.

7 Qeni yt qenka i mençur, ... imi është edhe më i mençur.

8 . . . . vonohem pak, më prit se do të vij gjithsesi.

9 . . . . shkofsha atje, nuk do ta vizitoj.

10 . . . . i thashë të ma sillte librin, ai përsëri kishte harruar.

11 . . . . arrita në punë, m'u kujtua se e kisha lënë ujin duke rrjedhur (*flowing*).

12 . . . . kemi mysafirë nga Anglia, shkojmë në Shpellën e Gadimës.

(4) Reading comprehension

Fëmijët janë si bletët, e kanë vështirë të qëndrojnë në një vend. Bota, që është një fushë e madhe lodrash, i rrëmben shpejt, u merr mendtë dhe i largon nga trishtimi dhe gëzimi i çastit. Edhe lodra më e mahnitshme, si për bletën lulja me nektar, nuk i mban për një kohë të gjatë e në një vend duart e tyre, këmbët e tyre, sytë e tyre të gjallë. Shpejt do të mërziten, do ta lënë e do të hidhen gjetiu, ashtu si e lë bleta punëtore lulen dhe fluturon nëpër petalet e tjera të panjohura. E kështu, me bredhjet e fluturimet e tyre, si ai burimi, që duke ecur kullohet, ata shkundin pluhurin me të cilin koha mbulon gjërat dhe qëndrojnë gjithmonë të çelët e të lirë.

Kështu ngjau edhe me Kilin. Në fillim e kërkonte nënën kudo, po shpejt u mësua me këtë mungesë e me sjelljen e të mëdhenjve që mundoheshin t'ia fshihnin atë mungesë dhe kështu, pak nga pak, rrethi i botës së tij e mënjanoi fare boshtin e vjetër, rreth të cilit i vogli ishte mësuar të lodronte, të qante, të qeshte, dhe ai zuri të vërtitej tani sa më larg e më larg qendrës. Lahuri i zi që i kishte mbetur përpara syve që atë ditë kur ia hodhën në fytyrë nënës së tij, sikur po e humbte ngjyrën, dhe ajo njollë e zezë, që i bënte hije burimit të jetës dhe vreroste sytë e të voglit, pák nga pak po fshihej e zbërdhulej.

Dielli që u jep dritë e ngjyrë sendeve, ai edhe ua heq!

Adaptuar sipas J. Xoxës
»Lumi i vdekur«

Vocabulary

bletë, -a, -	bee
lodër, -a, -a	toy
rrëmbej	grab
trishtim, -i, -e	sadness, sorrow
gëzim, -i, -e	joy, happiness
çast, -i, -e	moment
e mahnitshme	astonishing
nektar, -i	nectar
i gjallë	living, lively
hedh	throw
gjetiu	elsewhere
petale, -ja, -	petal
bredhje, -a, -	wandering
fluturim, -i, -e	flying
burim, -i, -e	spring
kullohem	become clean; be filtered
shkund	shake off
pluhur, -i	dust
i/e çelët	open
ngjaj	happen; resemble
mësohem me	get used to
mungesë, -a, -a	absence
të mëdhenj	grown-ups
mundohem	try
fsheh	hide

mënjanoj	put aside
bosht, -i, -e	axis
lodroj	run around
qaj	cry, weep
vërtitem	move around, revolve
tani	now
lahur, -i	fine cloth
njollë, -a, -a	spot, stain
vreros	embitter
zbërdhulet	it fades
send, -i, -e	thing (*fem. in pl.*)
heq	take off
adaptuar	adapted
vdekur	dead

Unit Twenty-One

■ **I/ SITUATIONS**

    blija   buy her/him
A: Beti e ka ditëlindjen. Nuk di ç'dhuratë t'i blej.
B: Blija një libër.

    lajmëronani   let us know
A: Ndoshta vijmë vitin e ardhshëm në Angli.
B: Shumë mirë. Lajmëronani para se të niseni.

    hapja   open it for her/him
    jepma   give me
A: Nora më telefonoi para pesë minutash. Ka mbetur e mbyllur
    në dhomë. Nuk po e gjen çelësin.
B: A ke çelës ti?

A: Po, kam.
B: Atëherë shko e hapja derën.
A: Por kam shumë punë. A je e zënë me punë ti?
B: Jo, sot nuk kam shumë punë.
A: Shko, të lutem, e hapja derën Norës.
B: Jepma çelësin se po nisem menjëherë.

ruhu	take care
mos u brengos	don't worry
më shkruaj	write to me
dërgoma	send me

A: Ditën e mirë, nënë.
B: Ditën e mirë, bija ime. Ruhu.
A: Po, nënë, do të ruhem. Mos u brengos fare. Do të të shkruaj një letër sapo të arrij.
B: Jo, mos më shkruaj letër, por dërgoma një kartolinë me ndonjë pamje të bukur.
A: Ani, nënë.

tregomë	tell me
mbushe	fill it
xhezve, -ja, -	small coffee pot
qes	put
qiti	put (to) it
lugë, -a, -	spoon
varësisht	depending
vloj	boil
vloje	boil it
qitja	put it (to it)
përzieje	stir it
bëma	make me
shikomë	look at me

A: Tregomë, të lutem, si të bëj kafe turke.
B: Është shumë lehtë. Së pari mbushe xhezven me ujë. Pastaj qiti sheqer, gjysmë luge, një lugë, dy lugë, varësisht si e pi kafenë. Pastaj vloje ujin, por mos e lë të vlojë shumë. Në fund qitja një lugë kafe dhe përzieje duke e mbajtur mbi zjarr. Kur fillon të vlojë, kafeja është gati.

A: Do të provoj ta bëj një menjëherë. Ta bëj edhe ty një?
B: Ani, bëma edhe mua një.
A: Por ti rri këtu e shikomë mos po gaboj.

II/ GRAMMATICAL PATTERNS

The Imperative

The Imperative has only one person, that is, second person, singular and plural. The second person plural is easy to remember because almost all the verbs have the same form as for the Present Indicative, e.g. **ju pononi – punoni!, ju shkoni – shkoni.**

As far as the second person singular is concerned, only a small number of verbs have the same form as for the Present Indicative. Such are:

hap	(*open*)	**ti hap – hap!**
kap	(*catch, grab*)	**ti kap – kap!**
di	(*know*)	**ti di – di!**
pi	(*drink*)	**ti pi – pi!**
ha	(*eat*)	**ti ha – ha!**
rri	(*stay*)	**ti rri – rri!**
jap	(*give*)	**ti jep – jep!**

Other verbs can be divided into different groups in terms of the formation of the second person singular of the Imperative. Verbs of the types **punoj, rrëfej** (*tell*) and **fshij** (*sweep*) do not take any ending, e.g.:

punoj – puno   rrëfej – rrëfe   fshij – fshi

Exceptions are **gjej – gjej!, blej – bli!** and **brej** (*gnaw*) – **brej!**

Verbs like **laj, shkruaj, përziej** (*mix*), **bëj, thyej** (*break*) and **fryj** (*blow*) take the ending **-j**, and thus are identical with the first person of the Present Indicative. Here are some examples:

mbaj	(*hold*)	**mbaj!**
luaj	(*play*)	**luaj!**
lyej	(*paint*)	**lyej!**
përziej	(*mix*)	**përziej!**
bëj	(*do, make*)	**bëj!**

Note, however, **hyj – hyr!**

In a similar way **them** and **dua** form the imperative:

them – thuaj!   **dua – duaj!**

Another group consists of verbs such as **dal** (*go out*), **ndjek** (*chase, follow*), **djeg** (*burn*). These change **-a-** or **-je-** into **-i-**, and those ending in **-k** and **-g** change these into **-q** or **-gj** as they do in the second person plural of the Present Indicative, e.g.:

ndjek		**ndiq!**
dal		**dil!**
vjel	(*pick* (*fruit*))	**vil!**
mbjell	(*plant*)	**mbill!**
nxjerr	(*take out*)	**nxirr!**
djeg		**digj!**
thërras	(*call*)	**thërrit!** (*also* **thirr!**)

Some verbs of the same type as the last two, such as **vras** (*shoot*), **ngas** (*run*) and **pres** (*cut*) have two forms:

vras – vra!/vrit!   **pres – pre!/prit!**

The Imperative of the verb **marr** (*take*) is **merr!**

The last group consists of those verbs that take the ending **-r** for the second person singular. Such are:

vë	(*put*)	**vër!**
zë	(*catch*)	**zër!**
lë	(*leave*)	**lër!**
shpie	(*take to*)	**shpjer!**
bie	(*fall; bring; lie down*)	**bjer!**

(Notice that the last two also change **-i-** into **-j-**.)

The Imperative of **flas** is **fol** for the singular, and **flitni** for the plural; similarly **jam** has **ji!** and **jini!**, and **kam** has **ki!** and **kini!**

The verb **vij** has the forms **eja!** (*sing.*), **ejani!** (*pl.*) for the Imperative.

The verb **vete** (*go*) has no Imperative forms, but the Subjunctive forms **të vesh** (*sing.*), **të veni** (*pl.*) can be used.

The negative form of the Imperative is formed by putting **mos**

(*don't*) in front of the verb, e.g. **mos puno, mos mëso, mos luaj**
etc.

The Imperative of verbs which are non-active in form is arrived
at by adding the ending **-u** to the stem and, for those verbs that
end in a vowel, inserting **-h-** before the **-u** for ease of pronunci-
ation. In the second person plural, the ending **-ni** is added after
the **-u**. Here are some examples:

hapu	**hapuni**	**mësohu**	**mësohuni**
kapu	**kapuni**	**bëhu**	**bëhuni**
jepu	**jepuni**		

Notice some other changes in the following verbs:

ruaj	**ruhu**	**ruhuni**	(*keep, retain*)
zë	**zihu**	**zihuni**	
vë	**vihu**	**vihuni**	

In the negative Imperative of non-active verbs, the ending **-u**
becomes a separate element between the negative particle **mos**
and the verb, and is written as follows:

mos u lodh	(*don't get tired*)
mos u nis	(*don't set out*)
mos u mëso	(*don't get used to*)
mos u trego	(*don't show yourself*)

You can see that some of the verbs change their meaning when
they are non-active. Such are the last three given above. The
negative forms of the last three verbs are also ambiguous because
the non-active particle **u** coincides with the dative plural clitic **u**
and can therefore mean 'don't teach (to) them', 'don't narrate
(to) them', 'don't tell (to) them'. The intended meaning is usually
revealed by the context.

The clitics, or the short forms relating to the first and third
person singular and plural can be used with Imperatives. They
can precede the verb in the Imperative (in the negative this is
obligatory) in which case they are written separately, or they can
follow the Imperative form and then are written together as one
unit with the verb.

See first some of these clitics used with the negative form of
the verb **përmend** (*mention*):

mos **më** **përmend**	Don't mention me/to me
,, **ma** ,,	it to me
,, **m'i** ,,	them to me
,, **e** ,,	it
,, **i** ,,	them/it to him
,, **ia** ,,	it to him/her
,, **na** ,,	us
,, **na e** ,,	it to us
,, **na i** ,,	them to us
,, **u** ,,	to them
,, **ua** ,,	it/them to them

Here is an example of a verb in the Imperative followed by clitics:

merrmë-ni	take me / for/to me
merrma-ni	take it for me / to me
merrmi-ni	take them for me / to me
merre-ni	take it
merri-ni	take them
merrja-ni	take it from him/her (*notice* **ia** = **ja**)
merrna-ni	take us / it/them for us
merru-ni	take from/for them
merrua-ni	take it from/for them
merrmia-ni	take it from/for my . . . (*sing.*)
merrmua-ni	take it from/for my . . . (*pl.*)

(Notice that the form **merru-ni** is ambiguous and may be confused
with the non-active.)

Verbs ending in a vowel in the Imperative add **-j-** before taking
one of the above clitics beginning with a vowel, e.g.:

puno	**punoje**	**punojeni**	**punojini** *etc.*
mëso	**mësoje**	**mësojeni**	**mësojini** *etc.*

Also, some of the verbs that end with **-j** in the Imperative like
mbaj, **laj** *etc.*, lose this **-j** before taking one of the above clitics
beginning with a consonant, e.g.:

mbaj	**mbamë**	**mbana**	*etc.*
laj	**lamë**	**lana**	*etc.*

III/ READING PASSAGE

NË MUZEUN BRITANIK

Moti është tipik anglez, i vranët e me riga shiu të kohëpas-kohshme. Por kjo sot nuk është me rëndësi sepse Drita e Nora do ta kalojnë ditën duke vizituar disa muze, në radhë të parë Muzeun Britanik, për të cilin Drita kishte dëgjuar aq shumë. Për çudi, Nora sot u çua e para dhe e bëri mëngjesin gati. Në orën nëntë dolën nga banesa dhe u nisën për në muze. Kur arritën para ndërtesës së muzeut, Drita tha se ndërtesa i dukej e vogël në krahasim me sa kishte dëgjuar për këtë muze. Nora nuk tha asgjë.

Hynë brenda, morën disa kataloge dhe pasi që i shikuan, vendosën t'ia fillonin nga qytetërimet e vjetra egjiptiane, greke e romake. Duke shikuar objektet e ekspozuara dhe duke kaluar nga një korridor në tjetrin, Drita filloi ta ndërrojë mendimin lidhur me madhësinë e ndërtesës. Tani, nga brenda, ajo i dukej e pafund ashtu si mjeshtria e imagjinata e atyre që kishin gdhendur objektet e ekspozuara. Secili objekt të mahniste me diçka.

Korridoret ishin plot me njerëz. Disa vinin në grupe e me ciceronë që jepnin shpjegime plotësuese shumë interesante. Koha kalonte pahetueshëm. Kur Drita e shikoi orën dhe pa se kishte kaluar mesdita, nuk u besoi syve. Mendoi se e kishte orën keq, por jo, ora e tregonte kohën e saktë.

Para se ta vizitonin ekspozitën e veçantë të muzeut me krijime prej qelqi të periudhës romake, ato vendosën të pinin nga një kafe. Pasi që e shikuan ekspozitën, ku panë një zhvillim interesant e shkallë-shkallë të objekteve prej qelqi, ato vizituan seksionin e orëve. Aty panë disa nga orët më të vjetra e më primitive e deri te orët pak a shumë moderne dhe shumë të bukura. Kryesisht ishin orë muri.

Ora po bëhej katër pasdreke. Drita në fund bleu disa suvenire e kartolina dhe që të dyja dolën nga muzeu. Ato kishin planifikuar t'i shikonin edhe figurat prej dylli në Madam Tusodë, por vendosën që këtë ta bënin një ditë tjetër. Nora, natyrisht, tha se më mirë ishte të shkonin e të pushonin pak sepse në mbrëmje ishin të ftuara në festimin e ditëlindjes së Betit.

Para se të ktheheshin në banesë, ato shkuan e i blenë Betit nga një dhuratë.

Vocabulary

tipik-e	typical
rigë, -a, -a	drizzle
i kohëpaskohshëm	from time to time (*adj.*)
radhë	order, line, row
në radhë të parë	in the first place
çohem	get up
mëngjes, -i, -e	breakfast
katalog, -u, -ë	catalogue
qytetërim, -i, -e	civilization
egjiptian-e	Egyptian
romak-e	Roman
objekt, -i, -e	object
i/e ekspozuar	exhibited
korridor, -i, -e	corridor, hall
ndërroj	change
lidhur me	in connection with
madhësi, -a, -	size
i/e pafund	endless
mjeshtri, -a, -	mastery, skill
imagjinatë, -a	imagination
gdhend	carve
mahnis	amaze
ciceron, -i, -ë	guide
shpjegim, -i, -e	explanation
plotësues-e	supplementary
pahetueshëm	unnoticed (*adv.*)
mesditë, -a	midday
i/e saktë	right, exact
ekspozitë, -a, -a	exhibition
krijim, -i, -e	creation
qelq, -i	glass
periudhë, -a, -a	period
shkallë-shkallë	gradually, step by step
seksion, -i, -e	section
primitiv-e	primitive

kryesisht	mainly
(që) te dyja	both
dyll, -i	wax
i/e ftuar	invited
festim, -i, -e	celebration

IV/ EXERCISES

(1) Answer the following questions on the reading passage:
1 Si është moti sot?
2 Cila u çua e para sot, Drita apo Nora?
3 Në orën sa dolën Drita e Nora nga banesa?
4 Kush u jepte shpjegime plotësuese njerëzve që vinin në grupe?
5 Çka shikuan Drita e Nora së pari?
6 Çka shikuan ato pasi që pinë nga një kafe?
7 Çka vizituan në fund?
8 Ç'bëri Drita para se të dilnin?
9 A shkuan t'i shikonin figurat prej dylli?
10 Ç'bënë ato para se të ktheheshin në banesë?
11 Ku ishin ftuar të shkonin në mbrëmje?

(2) Change the following sentences as in the example:
Example: Më shkruaj më shpesh.
    Shkruamë më shpesh.

1 U thuaj të vijnë.
2 Ma blij librin që të thashë.
3 M'i matni (*measure, weigh*) dy kilogramë rrush, ju lutem.
4 Ia dërgo një ftesë (*invitation*) Norës.
5 Na sillni nga një kafe, ju lutem.
6 Më merrni edhe mua.
7 Ia trego fotografitë Petritit.
8 M'i përshëndet shokët.
9 Ma zër një vend pranë teje, të lutem.
10 U bëj nga një kafe, të lutem.
11 Ua lexo një tregim (*story*) interesant.
12 U fol për muzetë.

13 Ia uro ditëlindjen Betit.
14 Na e shpjego filmin shkurtimisht.
15 M'i vizito prindërit.

(3) Make the following sentences negative:

1 Merre ombrellën me vete.
2 Blija Betit dhuratën.
3 Folu për të kaluarën (past).
4 Mbyllja derën me çelës.
5 Pritnani në stacion.
6 Ftojini edhe ata në darkë.
7 Puno shumë.
8 Merrja majmunit bananen.
9 Mbill lule në kopsht.
10 Ujiti (water) lulet çdo ditë.
11 Përgjigjmu në pyetje.
12 Fotografoje kopshtin e Betit.

(4) Change the following sentences using the non-active Imperative:
Example: Ruaje veten.
          Ruhu.

1 Mbaje veten se do të bëhet mirë.
2 Kurrë mos e brengos veten për gjëra të parëndësishme (unimportant).
3 Mos e tregoni veten para gjithkujt.
4 Gjithmonë largoje veten nga rreziku.
5 Mos e mashtro veten me gjëra që nuk vlejnë.
6 Mbuloje veten mirë që të mos ftohesh.
7 Mos bëj shoqëri me shokë të këqij.
8 Mos e krahasoni (compare) veten me ata.
9 Mos e lodhni veten pa nevojë.
10 Mos e përlyeni veten në baltë.

Unit Twenty-Two

■ I/ SITUATIONS

më erdhi mirë	I was glad
u bëfsh	may you (*sing.*) become

A: Para një ore bisedova me Teutën e Petritin.

B: Vërtet?

A: Më thirrën me telefon për të ma uruar ditëlindjen! Më erdhi shumë mirë. Më thanë, 'Urime për ditëlindjen! U bëfsh njëqind vjeç!'

B: Mirë që qenkan kujtuar të të telefonojnë për ditëlindje.

shitore, -ja, -	shop
shtëpi mallrash	department store
send, -i, -e	thing (*fem. in pl.*)
provoj	try
shitës, -i, -	salesman
durim, -i	patience
zhvesh	take off
çlodhem	rest (*non-act.*)

A: Ç'bëtë dje, Dritë?

B: Dje tërë ditën e kaluam nëpër shitore e shtëpi mallrash.

A: A bletë ndonjë send?

B: Më shumë provuam se ç'blemë. Për fat shitësit patën durim derisa unë vishja e zhvishja fustana të ndryshëm.

A: A u lodh Nora?

B: U lodhëm që të dyja, por nga ora një pasdreke u ulëm në një restorant, hëngrëm drekë, pimë kafe dhe u çlodhëm mirë.

më pihet	I feel like drinking
më flihet	I feel like sleeping

A: Të të bëj një kafe?

B: Jo, nuk po më pihet.

A: Mua po më pihet një kafe.

B: Atëherë bëje një për vete. Mua po më flihet. Sapo të përfundojë ky film do të shkoj në shtrat.

A: Të hahet diçka nga pemët ndoshta?

B: Po, do ta haja një mollë.

lodhem së foluri   I get tired of speaking

A: Njëri nga shokët e Markut ishte fjalaman i madh. Si nuk u lodh së foluri gjatë gjithë mbrëmjes.

B: Ashtu është. Unë u lodha së dëgjuari. Dikur fillova të mos ia vija veshin.

A: Disave u dukeshin fjalët e tij interesante. Kurrë s'pushuan së qeshuri.

B: Mendoj se ishin pak të dehur.

II/ GRAMMATICAL PATTERNS

Some Patterns in the Derivation of Verbs

Verbs can be simple like **luaj, blej, shkoj**, *etc.*, or derived. The derived ones are formed in different ways. This can be seen from the list below:

dëm	**dëmtoj**	damage *n.*	– damage *v.*
dorë	**dorëzoj**	hand	– hand in
	përdor		use
	shpërdor		abuse, misuse
	keqpërdor		misuse
	përdoroj		use, make use of, handle
	shpërdoroj		abuse, misuse
nder	**nderoj**	honour	– respect, honour
	çnderoj		dishonour, disgrace
faj	**fajësoj**	blame *n.*	– blame *v.*
	shfajësoj		clear, exonerate
rregull	**rregulloj**	rule	– put in order, arrange
	çrregulloj		disorder, scatter

punë	punoj	work *n.*	– work *v.*
	përpunoj		refine
	punësoj		employ
	çpunësoj		dismiss, put out of work
shëndet	përshëndet	health	– greet
vlerë	vlerësoj	value *n.*	– value *v.*, appraise
	zhvlerësoj		devalue, degrade, depreciate
vend	vendos	place *n.*	– place *v.*; decide
	zhvendos		displace; annul a decision

There are other types of verb formation such as **jetoj** + **bashkë** = **bashkëjetoj** (*coexist*), **trokas** + **duar** = **duartrokas** (*clap*) etc. However, you should pay special attention to three of the prefixes used above, which, when added to the verb usually give it the opposite meaning. These are **ç-**, **sh-** and **zh-**. **Ç-** is prefixed to verbs beginning with **m, n, nj, j, l, r** or **rr** as well as to verbs beginning with a vowel, e.g.:

mbështjell	**çmbështjell**	wrap – unwrap
mbledh	**çmbledh**	collect – disperse
mbush	**çmbush**	fill – empty
mërzis	**çmërzis**	bore – relieve boredom
ngatërroj	**çngatërroj**	entangle – disentangle
organizoj	**çorganizoj**	organize – disorganize
(për)mallohem	**çmallem**	long for – relieve nostalgia
lodh	**çlodh**	tire – rest
regjistroj	**çregjistroj**	register – cross out
rregulloj	**çrregulloj**	arrange – disarrange
end	**çend**	weave – unpick
ënjt	**çënjt**	swell – subside

Note one exception – **liroj** and **çliroj** both mean 'free, liberate'.

Zh- is prefixed to verbs beginning with a voiced consonant, such as **b, d, g, gj** or **v**, e.g.:

bëj	**zhbëj**	do – undo
brengos	**zhbrengos**	worry – soothe

dredh	**zhdredh**	twist – untwist
vesh	**zhvesh**	put on – take off
varros	**zhvarros**	bury – exhume

Sh- is prefixed to verbs beginning with a voiceless consonant such as **p, t, k, f** or **th**, e.g.:

paloj	**shpaloj**	pile, pack – unpack
kurdis	**shkurdis**	wind – unwind
frenoj	**shfrenoj**	brake – release brakes
thur	**shthur**	knit – undo knitting

s- and z- are two variants of another prefix which gives to the verbs with which it is used an intensive meaning. S- is used before voiceless consonants, z- before voiced consonants, e.g:

skuq	redden
zbukuroj	beautify, decorate
zgjeroj	widen
zgjas	lengthen
zvogëloj	diminish, reduce
zmadhoj	enlarge
zverdh	make yellow

Notice the relationship between the following pairs of verbs:

mbath	put on (*shoes*)	**zbath**	take off (*shoes*)
ngul	stick in	**shkul**	take out, pull out
ngrij	freeze	**shkrij**	defrost
mbuloj	cover	**zbuloj**	uncover, discover
ngatërroj	entangle	**shkatërroj**	disentangle, destroy

Use of the Non-Active

In the third situation at the beginning of the unit you can see a particular use of the non-active to express the equivalent of English *I* (*don't*) *feel like* . . . These constructions in Albanian are preceded by a dative pronominal clitic, e.g.:

Nuk më shkohet në kinema.		I don't feel like going to the cinema.
,, **të**	,,	You (*sing.*) ,,
,, **i**	,,	He/she ,,
,, **na**	,,	We ,,
,, **ju**	,,	You (*pl.*) ,,
,, **u**	,,	They ,,

Ablative of Neuter Nouns

In the last situation at the beginning of the unit a special use of the ablative of some neuter nouns deriving from participles can be seen. For example:

të folur (*talking*)
U lodha së foluri. — I got tired of talking.
të pritur (*waiting*)
U mërzita së prituri. — I got bored of waiting.
të qarë (*weeping*)
S'pushoi së qari. — He/she never stopped crying.

III/ READING PASSAGE

DITËLINDJA E BETIT

Në shtëpinë e Betit zilja e derës cingëronte orë e çast. Shokët e shoqet e Betit që ishin ftuar për ditëlindjen e saj, vinin palë-palë. Të gjithë i kishin blerë nga një dhuratë; kush ndonjë libër, kush ndonjë disk gramafoni a ndonjë shirit magnetofoni. Shokët e shoqet e saj ia dinë shijen Betit.

U mblodhën më se gjysma e të ftuarve, a Beti ende nuk ishte midis tyre. Kur e pyeti Marku të ëmën e saj se ku ishte Beti, ajo i tha se ende po bëhej gati. Nuk kaluan disa minuta dhe Beti u duk në krye të shkallëve. Kishte veshur një fustan solemn shumë të bukur, kishte rregulluar flokët, ishte bërë të mos e njohësh.

Të gjithë ia uruan ditëlindjen me këngën e zakonshme dhe

ngritën dolli për shëndetin e saj. Drita e Adili ia uruan ditëlindjen në shqip sepse e dinin se ajo fliste nga pak shqip. I dëshiruan jetë të gjatë e të lumtur dhe shëndet të mirë.

Mbrëmja pastaj vazhdoi deri në orët e vona me biseda, me shaka të ndryshme, me muzikë e vallëzim dhe me pije. Fatkeqësisht disa e tepruan pak me pije, por jo dhe aq sa ta prishnin atmosferën e gëzuar. Të gjithë ndiheshin të lumtur dhe të gjithë kaluan mirë. Beti ishte e buzëqeshur dhe e hareshme tërë kohën. Disa e ngucnin duke e pyetur nëse kishin filluar ta brengosnin vitet, por ajo e dinte se shokët po talleshin, sepse sapo i kishte mbushur të nëntëmbëdhjetat dhe e kishte jetën përpara.

Beti veçanërisht u kujdes që Drita e Adili të ndiheshin sa më mirë në gostinë e saj, në mesin e shokëve dhe të shoqeve të saj.

Vocabulary

disk, -u, disqe	record
gramafon, -i, -a	record player
shirit, -i, -a	cassette, tape
magnetofon, -i, -a	tape recorder
shije, -a, -	taste
të ëmën	her mother
në krye të shkallëve	on the top of the stairs
solemn-e	solemn
rregulloj	arrange
dolli, -a, -	toast
orë të vona	late hours
bisedë, -a, -a	conversation
vallëzim, -i, -e	dancing
teproj	exaggerate
atmosferë, -a	atmosphere
i/e lumtur	happy
i/e buzëqeshur	smiling (*adj.*)
brengos	worry
mbush	complete
të nëntëmbëdhjetat	*lit.* the nineteens
kujdesem	take care
në mesin	among

IV/ EXERCISES

(1) Answer the following questions on the reading passage:

1 Ditëlindja e kujt ishte sot?
2 Si vinin të ftuarit?
3 Çka i kishin blerë ata Betit?
4 A ia dinin ata shijen Betit?
5 Pse nuk ishte Beti ende midis tyre?
6 Si dukej ajo kur u paraqit në krye të shkallëve?
7 Si ia uruan ditëlindjen Drita e Adili?
8 Ç'bënë gjatë mbrëmjes?
9 A ishte Beti e gëzuar?
10 Për çka u kujdes ajo veçanërisht?

(2) Complete the following sentences as in the example:
Example: Unë e mbështjell librin, kurse ai ....
Unë e mbështjell librin, kurse ai e çmbështjell.

1 Ajo i radhit (*put in order*) librat, kurse unë i ....
2 Ju e rregulloni dhomën, kurse ata e ....
3 Ne e organizojmë gostinë, kurse ai e ....
4 Unë mbathem, kurse ajo ....
5 Unë vishem, kurse ajo ....
6 Ajo i palon rrobat (*clothes*), kurse unë i ....
7 Unë e kyç (*switch on*) hekurin (*iron*), kurse ajo e ....
8 Ata më fajësojnë, kurse ky më ....
9 Unë e thur shportën, kurse ai e ....
10 Unë ia mbuloj të këqiat, kurse ai ia ....

(3) Use verbs in the following sentences instead of adjectives as in the example:
Example: Ai e ka bërë murin të bardhë.
Ai e ka zbardhur murin.

1 Ai është bërë i verdhë.
2 Ai e ka bërë problemin të vogël.

3 Ai e ka bërë dhomën të bukur.
4 Ai u bë i kuq në fytyrë.
5 Ai e bëri mbledhjen (*meeting*) të gjatë.
6 Ata e bënë rrugën të gjerë.

(4) Change the following sentences into the non-active:
Example: Do ta haja një mollë.
  Më hahet një mollë.

1 Do të lexoja, por s'kam kohë.
2 Do ta pija një gotë lëng.
3 Do të shkonte në kinema, por s'ka kohë.
4 Do të punonim por jemi përtacë.
5 Dëshiroj të fle, por duhet t'i shkruaj detyrat.
6 Ata dëshirojnë të vijnë, por janë të zënë.
7 Ti dëshiron të hash darkë, por mua më duket herët.
8 Ti dëshiron të rrish, unë deshiroj të punoj.
9 Drita dëshiron të pijë një kafe, Nora dëshiron të hajë një mollë.
10 Nuk dëshirojmë të rrimë këtu, por s'kemi ku të shkojmë.
11 Nuk dëshiroj të luaj futboll, por do të vij t'ju shikoj.
12 Sot nuk dëshirojmë të notojmë sepse jemi të lodhur.

Unit Twenty-Three

■ I/ SITUATIONS

për pak	for a while, for a little
duke mos e ditur	not knowing
dasmë, -a, -a	wedding
martohem	get married
krushk, -u, krushq	wedding guest (*masc.*)
krushkë, -a, -a	wedding guest (*fem.*)
dhëndër, -i, dhëndurë	bridegroom

A: A shkuat te Liza sot?

B: Po, shkuam për pak paradreke. Kur arritëm, Liza kishte qenë duke e pastruar macen.

A: Liza e do shumë macen e vet.

B: Duke mos e ditur se do të kthehem pasnesër, ajo më ftoi në dasmën e të vëllait.

A: Iu martuaka vëllai?

B: Po, javën e ardhshme. Kisha dashur ta shoh një dasmë angleze, por më duhet të udhëtoj gjithsesi.

A: Si u thonë në shqip të ftuarve në dasmë?

B: Në shqip u thonë krushq burrave dhe krushka grave. Ajo që martohet është nusja, kurse ai që martohet është dhëndëri.

A: Falemnderit. E kam ditur vetëm fjalën nuse, por jo të tjerat.

pa u takuar	without meeting (*non-act.*)
me të arritur	on arrival

A: Në orën sa ke aeroplan pasnesër?

B: Në orën një e gjysmë pasdreke.

A: Mos shko pa u takuar me mua. Kam të të jap diçka për Ylberin.

B: Jo, jo, nuk do të shkoj pa u përshëndetur me ty. Më thuaj, kur duhet të nisem për të arritur në aeroport me kohë?

A: Në aeroport duhet të jesh së paku gjysmë ore para se të fluturojë aeroplani. Për të arritur me kohë është mirë të nisesh në orën njëmbëdhjetë e gjysmë. Na shkruaj pasi të arrish.

B: Do t'ju shkruaj, po si jo. Me të arritur në shtëpi, do ta thërras Norën me telefon.

II/ GRAMMATICAL PATTERNS

Non-finite Forms of Verbs

These forms are usually divided into two groups. The first group consists of the Participle and the forms derived from it, e.g. **larë** 'washed', **duke larë** 'while washing' (Gerundive), **pa larë** 'without washing' (Negative Participle). Sometimes you may come across a Past Gerundive of the form **duke pasë** + *Participle*. The second group consists of forms of the type **për të larë** 'to wash, *lit.* for washing' and **me të larë** 'having washed', *lit.* 'with washing'. Notice that **të larë** is a nominalized participle preceded by the prepositions **për**, to form the infinitive, or **me**, to express an action that has just finished.

The Participle is not a new form for you. A list of some verbs has been given in Unit Seven.

Participles are formed in several ways. The forms given in the middle column below (which are either the first person singular or plural of the Simple Past) may help you identify the base to which one of the possible endings is added:

(a) **-rë/r**

vras (*kill*)	vramë	**vrarë**
laj (*wash*)	lamë	**larë**
shoh (*see*)	pamë	**parë**
bëj (*do*)	bëmë	**bërë**
shkoj (*go*)	shkuam	**shkuar**
punoj (*work*)	punuam	**punuar**
kthej (*return*)	kthyem	**kthyer**

(b) **-ur**

gjej (*find*)	gjeta	**gjetur**
fle (*sleep*)	fjeta	**fjetur**
mbaj (*hold*)	mbajta	**mbajtur**
hap (*open*)	hapa	**hapur**
fal (*give away*)	fala	**falur**

njoh (*know*)	njoha	**njohur**
rri (*stay*)	ndenja	**ndenjur**

(c) **-në**

vë (*put*)		**vënë**
zë (*catch*)		**zënë**
lë (*leave*)		**lënë**

(d) Verbs ending in **l, ll, r** or **rr** which also change the stem vowel when forming the Simple Past of the Indicative, take the ending -ë.

dal (*go out*)	dola	**dalë**
sjell (*bring*)	solla	**sjellë**
nxjerr (*take out*)	nxora	**nxjerrë**
marr (*take*)	mora	**marrë**

For some verbs, although one of the above endings can be identified, there is an irregularity in the formation of the Participle base. Here are a few of them:

kam (*have*)	pata	**pasur**
dua (*want*)	desha	**dashur**
vdes (*die*)	vdiqa	**vdekur**
vij (*come*)	erdha	**ardhur**
bie[1] (*fall; hit*)	rashë	**rënë**
bie[2] (*bring*)	prura	**prurë**
shpie (*take to*)	shpura	**shpënë/shpurë**
shtie (*inject*)	shtira	**shtënë**
jam (*be*)	qeshë	**qenë**
ha (*eat*)	hëngra	**ngrënë**
jap (*give*)	dhashë	**dhënë**
them (*say*)	thashë	**thënë**

The formation of the other non-finite forms mentioned above is easy once you know the Participle of the verb being used. Below examples of their use are given without further explanation, as the translations are explanatory.

Remember that two forms in Albanian correspond to the infinitive in English, the Subjunctive and **për të** + *Participle*. They are often synonymous.

Ata dolën për të shëtitur pak. They went out to walk a little.

Për të mos u vonuar përsëri, ajo u nis më herët. Not to be late again, she left earlier.

Ato shkuan për t'u larë në lumë. They went to bathe in the river.

Nuk ka asgjë për të qeshur. There's nothing to laugh about.

Për të marrë, marrin nga ne; për të dhënë, s'japin. If it's to take, they take from us; if to give, they don't give.

'Nata ra, jo për të qetësuar trupin nga lodhja, por për të shqetësuar zemrat.' Night fell, not to calm the tired body, but to disquieten hearts.

Me të arritur në shtëpi, u ul pranë televizorit. Having just arrived home, he sat in front of the television.

Me t'u kthyer nga shkolla, ai filloi t'i kryejë detyrat. Having just returned from school, he started his homework.

Duke shëtitur në park, e takova një shok të vjetër. Walking in the park, I met an old friend.

Duke mos ditur ç'të bënte, u shtri në shtrat dhe e zuri gjumi. Not knowing what to do, he lay in bed and fell asleep.

Duke u kthyer nga qyteti, i piu ca gota në një kafene. While returning from town, he drank a few glasses in a cafe.

Ai iku pa na thënë lamtumirë. He went without saying goodbye to us.

Pa ngrënë hudhër, s'të vjen era. Without eating garlic, you don't smell of it.

(N.B. **Pa** + *Participle* is often synonymous with **duke mos** + *Participle*.)

III/ READING PASSAGE

JETËSHKRIMI I NJË NËNE

Nëna për të cilën e kemi fjalën quhej Gonxhe Bojaxhiu. Gonxhja rrjedh nga një familje shqiptare që merrej me tregti, e cila, duke shitur mallra nëpër vende të ndryshme, është shpërndarë edhe vetë. Ajo u lind në Shkup më 27 gusht të vitit 1910. Babai i Gonxhes quhej Kolë, nëna e saj Drane, motra e saj e madhe Age, kurse vëllai i saj i madh Lazër.

Vetëm katër vitet e para të shkollës fillore Gonxhja i kreu në gjuhën amtare. Sa ishte e vogël ajo ëndërronte të bëhej mësuese, të shkruante vjersha, të kompononte e të luante muzikë. Por, më vonë, zgjodhi një rrugë tjetër, rrugën e humanizmit.

Në moshën tetëmbëdhjetë vjeçare u largua nga gjiri familjar. Mori një rrugë të gjatë e të largët për të krijuar një familje çfarë s'e kishte krijuar njeri në botë. Ja ç'thotë ajo në një letër pas një udhëtimi të këtillë të gjatë:

'Rrugë e largët. . . . Natyra këtu është e bukur. Tërë qyteti duket si një kopsht i madh. Palmat e larta ngrihen me krenari nga qielli. Pothuaj çdo shtëpi ka gjelbërim. . . . Por, me habi shikuam rrugët e qytetit. Kudo mjerim. Të binte në sy se të pasurit ishin evropianë. Më së tepërmi ndjenim dhembje për ata njerëz që tërhiqnin qerre si të ishin kuaj. Vendosëm të mos voziteshim ashtu. Por çka ngjau? Pikërisht atëherë, mikpritësi ynë vendosi të na përcillte për në shtëpi në një karrocë të tillë. Ai ishte mësuar me skena të tilla. Mbetëm të shtanguara. S'kishim si të kundërshtonim. S'na mbeti asgjë tjetër pos të luteshim që pesha jonë të ishte sa më e lehtë. Sa të lumtura qemë kur arritëm te shtëpia e tij.'

Ajo zgjodhi të bëhej nënë e varfanjakëve, e të lënëve pas dore, nënë e të sëmurëve, e pleqve të flakur e të braktisur dhe e fëmijëve ilegjitimë, nënë e të vetmuarve dhe e fatkëqijve. Të këtillë mblodhi me mijëra në shumë vende të rruzullit tokësor. Të gjithë këta, dhe jo vetëm këta, e quajnë nënë.

Kjo është Nënë Tereza, e cila e shkriu gjithë jetën duke u ndihmuar nevojtarëve, e cila për punën e saj humanitare u nderua me çmimin Nobel më 1979, e cila ende, edhe pse e shtyrë në moshë, gjen forcë t'u ndihmojë atyre që fati ua ka kthyer shpinën. Natyrisht, në këtë punë, ajo nuk është vetëm. Ka ndihmë e përkrahje të gjerë.

Vocabulary

jetëshkrim, -i, -e	biography
tregti, -a	trade
shpërndaj	spread
kryej	finish
gjuhë amtare	mother tongue
ëndërroj	dream
vjershë, -a, -a	poem
komponoj	compose
humanizëm, -i	humanity; humanism
moshë, -a	age
vjeçar-e	of age
gji, -ri, -nj	bosom

i/e largët	remote
palmë, -a, -a	palm tree
gjelbërim, -i, -e	greenery
mjerim, -i, -e	misery
bie në sy	catch one's eye
i/e pasur	rich
evropian-e	European
ndiej, ndjeva	feel
tërheq	pull
qerre, -ja, -	cart
vozitem	ride (*non-act.*)
ngjaj	happen
karrocë, -a, -a	carriage, cart
skenë, -a, -a	scene
i/e shtanguar	stunned
kundërshtoj	refuse; contradict; oppose
peshë, -a, -a	weight
i/e lehtë	light
varfanjak, -u, -ë	poor, needy
i/e lënë	left
pas dore	neglected
(i/e) sëmurë	ill
i/e flakur	thrown out
i/e braktisur	abandoned
ilegjitim-e	illegitimate
i/e vetmuar	lonely
mijëra	thousands
rruzull, -i, -j	globe, earth
tokësor	of earth; terrestrial
nevojtar-e	needy
humanitar-e	humanitarian
çmim, -i, -e	prize
i/e shtyrë në moshë	old aged
shtyj	push
forcë, -a, -a	force
kthej shpinën	turn one's back
ndihmë	help
përkrahje, -a, -	support
i/e gjerë	wide

IV/ EXERCISES

(1) Answer the following questions on the reading passage:

    1 Si quhej Nënë Tereza?
    2 Nga ç'familje rrjedh ajo?
    3 Me çka merrej familja e saj?
    4 Sa vite të shkollës fillore i kreu në gjuhën amtare?
    5 Ç'ëndërronte të bëhej kur ishte e vogël?
    6 Ç'rrugë zgjodhi ajo më vonë?
    7 Sa vjeçe ishte kur u largua nga gjiri familjar?
    8 Çka mendoni, cilin qytet e përshkruan ajo në letrën e saj?
    9 Ç'pa në rrugët e qytetit?
   10 Ç'i binte në sy?
   11 Për kë ndjeu dhembje më së tepërmi?
   12 A pati dëshirë të vozitej me karrocë?
   13 Si u ndie kur arriti te shtëpia e mikpritësit?
   14 Nënë e kujt zgjodhi të bëhej?
   15 A mblodhi shumë të tillë?
   16 Me çka u nderua për punën e saj humanitare?
   17 Kur e mori këtë çmim?
   18 A është ajo vetëm në këtë punë?

(2) Use the Infinitive instead of (që) të + *Participle*:
    Example: Që të zësh peshq, duhet të kesh durim.
              Për të zënë peshq, duhet të kesh durim.

    1 Që të punosh më shumë, duhet të flesh më pak.
    2 Që të jesh i pasur, dikush duhet të jetë i varfër.
    3 Që të mos vonohesh, më mirë nisu me kohë.
    4 Që të mos na digjte dielli, u ulëm nën hije.
    5 Ata shkuan të mos kthehen më kurrë.
    6 Që të të mos them se është keq, po të them se nuk është
      mirë.
    7 Që të kthehej në shtëpi sa më parë, ajo e kreu punën më
      shpejt.
    8 Ai kishte shkuar të takohej me prindërit.
    9 Ato shkuan në qytet që t'i blejnë biletat për teatër.
   10 Fëmijët dërgohen në shkollë që të edukohen (*be educated*).

(3) Use the construction **me të** + *Participle* instead of **sapo** + *Verb*:

Example: Sapo arriti, i thirri prindërit me telefon.

Me të arritur, i thirri prindërit me telefon.

1 Sapo u kthye nga puna, hëngri drekë dhe filloi ta lexonte gazetën.
2 Sapo doli nga shtëpia, iu kujtua se e kishte harruar ombrellën.
3 Sapo hynë në shtëpi, e panë se e kishin harruar ujin duke rrjedhur.
4 Sapo e mori letrën e saj, u ul t'ia kthente përgjigjen.
5 Sapo përfundoi filmi, e nisën një diskutim të gjatë rreth tij.
6 Sapo hëngrën mëngjes, u nisën për në Shpellën e Gadimës.
7 Sapo i hapi derën, e vërejti se Marku nuk ndihej mirë.
8 Sapo e kryejnë një punë, e nisin tjetrën.
9 Sapo ra muzgu, u mblodhën të gjithë para hotelit.

(4) Translate the following sentences into Albanian:

1 Without looking carefully on both sides, he crossed the road.
2 Without finishing one job, Nora starts another.
3 Without waiting for his friends, Richard started eating.
4 Without thinking about the consequences, man is destroying nature for money.
5 Not being rich, one doesn't have to worry about money.
6 Without visiting the gallery, Nora and Drita returned home.
7 Without jumping into water, one never learns to swim!

Unit Twenty-Four

■ I/ SITUATIONS

ngutem	hurry
aeroplani më ikën	I miss the plane
më shkon kot	is useless to me

A: Duhet të ngutemi. Nëse vonohemi edhe pak, kur të arrijmë në aeroport, aeroplani do të ketë fluturuar.

B: E di, por po e pres motrën të ma sjellë biletën. Nuk di pse u vonua. Do t'i ketë ndodhur diçka.

A: Mund të të pres vetëm edhe pesë minuta, përndryshe aeroplani më ikën dhe më shkon bileta kot.

B: Prit një çast sepse dikush është në derë. Sigurisht do të jetë motra.

A: Mirë, nëse është ajo, më trego. Do të vij te ti me taksi dhe do të shkojmë bashkë në aeroport.

shkollë e mesme	secondary school
kushtoj kujdes	pay attention
gjuhë letrare	standard language
e dhënë, të dhëna	data
për qind	per cent
vazhdimisht	continuously
variant, -i, -e	variety
rreth, -i, -e	surroundings
situatë, -a, -a	situation
përafërsisht	approximately
e ngjashme, i ngjashëm	similar
dialekt, -i, -e	dialect
veri, -u	north
jug, -u	south
nëndialektor-e	subdialectal

A: Sa vjet ke mësuar anglisht, Dritë?

B: Kam mësuar katër vjet në shkollën fillore dhe katër vjet në shkollën e mesme, por vetëm në kohën e fundit i kam kushtuar pak më tepër kujdes.

A: Ti flet mjaft mirë anglisht.

B: Tash jam duke e studiuar gjuhën dhe letërsinë angleze. Shpresoj ta mësoj edhe më mirë. Kam nga pak vështirësi t'i kuptoj disa njerëz.

A: Unë vetë, edhe pse jam anglez, ndonjëherë kam vështirësi t'i kuptoj disa njerëz. Arsyeja është se jo të gjithë e flasin gjuhën letrare. Në të vërtetë, sipas disa të dhënave statistikore vetëm tre për qind të njerëzve në Angli e flasin vazhdimisht gjuhën letrare, rreth pesëmbëdhjetë për qind mund ta përdorin kur e do nevoja, kurse të tjerët kryesisht e flasin variantin e rrethit të tyre. Prandaj edhe ke vështirësi t'i kuptosh disa. Si është situata me shqipen?

B: Edhe me shqipen situata është përafërsisht e ngjashme. Sigurisht e di se shqipja ka dy dialekte kryesore, gegërishten, që flitet në Kosovë dhe në veri të Shqipërisë, dhe toskërishten, që flitet në jug të Shqipërisë. Por ka edhe variante të tjera nëndialektore.

A: Kur isha në Kosovë kisha vështirësi t'i kuptoja shokët e mi shqiptarë kur flisnin midis tyre, por më lehtë i kuptoja kur më flisnin mua.

B: Ata, sigurisht, midis tyre kanë folur në dialektin gegë.

II/ GRAMMATICAL PATTERNS

The Future Perfect

This tense is formed by using the future of **kam** for active verbs or **jam** for the non-active verbs plus the participle of the main verb, e.g.:

do të kem punuar	I will have worked
do të jem mërzitur	I will have been bored

This tense is sometimes used to express an action taking place in the future before another action is finished.

Ai do të pendohet, por atëherë do të jetë vonë. *Ajo do të ketë shkuar* **në një botë tjetër, larg, shumë larg nga ai.** He will regret (it), but then it will be late. She will have gone to another world, far, far away from him.

Conditional Clauses

The Future Perfect is more usually used to express probability in Albanian, and it is then translated as 'may have'. Notice this use in the following examples:

Ndarja nga Drita do ta ketë dëshpëruar Norën. The parting from Drita may have (*or* will have) upset Nora.

I telefonova Markut. S'u përgjigj askush. 'Do të ketë shkuar në kinema,' thashë më vete. I telephoned Mark. Nobody answered. 'He must/may have (*or* will have) gone to the cinema,' I said to myself.

A tense which has the same forms as the Present Conditional and which is termed the Future Imperfect in Albanian, may be translated as a future conditional in English:

Të nesërmen do të punonin në kopsht, prandaj ranë në gjumë herët. The next day they would work in the garden, therefore they went to sleep early.

This tense is usually used in reported speech:

Më tha se do të shkonim në teatër në mbrëmje. He said to me that we would go to the theatre in the evening.

The Main Dialects of Albanian

There are two main dialects in Albanian – Gheg, spoken in northern Albania and Kosovo, and Tosk, spoken in southern Albania. The standard variety, or the literary language as it is called by the Albanians, was established only after World War II and is based on both dialects. Before that, each dialect had its own

standard variety. Some of the main differences between the two
dialects are briefly shown in the table below.

(^) = nasal sound

Standard (Literary) form	Tosk form	Gheg form
është	është	âsht
bëj	bëj	bâj
hënë	hënë	hânë
lë/lënë	lë/lënë	lâ/lânë
zemër	zëmër	zêmër
emër	emër	êmën
gjendje (state, situation)	gjëndje	gjêndje
femër (female)	femër	fêmën
vaj (oil)	vaj	voj
vatër (home)	vatër	votër
varr	varr	vorr
i/e varfër	i/e varfër	i/e vorfën
zë, zëri	zë, zëri	zâ, zâni
rërë (sand)	rërë	rânë
pjekuri (maturity)	pjekuri	pjekuni
zog	zok	zog
gju	gju	gjû; gû
mbret	mbret	mret
për të punuar (to work)	për të punuar	me punue
kam punuar	kam punuar	kam punue

III/ READING PASSAGE

MARKU KTHEHET NË PRISHTINË

Marku e Liza udhëtuan bashkë për Prishtinë. Meqë Liza nuk e
kishte marrë biletën me kohë, ata u nisën bukur vonë për në

aeroport. Arritën vetëm dhjetë minuta para se të fluturonte aeroplani. I dorëzuan valixhet, i kryen formalitetet e tjera shpejt e shpejt dhe vrapuan korridorit të gjatë që çonte drejt aeroplanit të tyre. Ishin udhëtarët e fundit që hipën në aeroplan. Edhe pse të lodhur e të djersitur, qenë shumë të lumtur që e zunë aeroplanin. Pas gjashtë orësh, Marku e Liza arritën në Prishtinë. Petriti e Blerta kishin dalë t'i takonin në aeroport. Blerta e Liza e kishin pritur me padurim takimin e tyre të parë. Që të dyja qenë shumë të gëzuara dhe u ndien sikur të kishin qenë shoqe me vite. Liza shkoi te Blerta. Me të do të qëndronte dy javë.

Marku shkoi me Petritin në shtëpinë e studentëve ku i ishte ndarë një dhomë për këtë vit shkollor. Ai në fillim të shtatorit ishte regjistruar dhe njëherit kishte bërë kërkesë të pranohej në shtëpinë e studentëve. Pasi që u vendos Marku në dhomë, Petriti shkoi në shtëpi. U morën vesh që të nesërmen të takoheshin para Fakultetit Filozofik. Petriti do ta çonte në Degë dhe do ta njihte me ndonjë shok të grupit. Marku duhet ta marrë orarin dhe të fillojë t'i ndjekë mësimet. Marku është i vetëdishëm se në fillim do të ketë pak vështirësi për mosnjohjen sa duhet të gjuhës por është i sigurt se këtë fazë do ta kalojë shpejt.

Vocabulary

formalitet, -i, -e	formality
që çonte	which led
udhëtar, -i, -ë	passenger
hip	get on, mount
i/e djersitur	sweaty
me vite	for years
shtëpi studentësh	students' hostel
ndaj	set aside (*lit.* separate)
vit shkollor	school year
regjistrohem	enrol (*non-act.*)
kërkesë, -a, -a	application; requirement
pranohem	am accepted
vendosem	settle
Degë, -a	Department
orar, -i, -e	timetable
ndjek	attend, follow (*lit.* chase)
mësim, -i, -e	lesson

i vetëdishëm	aware
mosnjohje, -a, -	lack of knowledge, ignorance
sa duhet	as much as he should
fazë, -a, -a	period, phase

IV/ EXERCISES

(1) Answer the following questions on the reading passage:

   1 Pse kthehet Marku në Prishtinë?
   2 Pse u nisën vonë për në aeroport?
   3 Kur arritën atje?
   4 Pas sa orësh arritën në Prishtinë?
   5 Kush kishte dalë t'i takonte?
   6 Si u ndien Blerta e Liza?
   7 Ku shkuan Marku e Petriti?
   8 Ku u morën vesh të takoheshin të nesërmen?
   9 Për çka është Marku i vetëdishëm?
  10 A shpreson ta kalojë këtë fazë shpejt?

(2) Put the verbs in brackets in the Future Perfect:
    Example: Kur të arrijmë në shtëpi, nëna (bëj) drekën gati.
             Kur të arrijmë në shtëpi, nëna do ta ketë bërë
             drekën gati.

   1 Kur të arrijmë në shtëpi, filmi (përfundoj).
   2 Kur të kthehet Marku nga Kosova, (mësoj) shqipen mirë.
   3 Shumë gjëra (ndodh) para se të arrinte atje.
   4 Ajo, gjithnjë, para se të bjerë në gjumë, (lexoj) ndonjë
     libër.
   5 Lajmi për fatkeqësinë e shokut (dëshpëroj).
   6 Nora e Drita nuk shkuan në restorant. Nora (jam) e
     lodhur.
   7 Riçardi do të vinte, por sigurisht (harroj).
   8 Teuta nuk po e gjen librin; (jap) shoqes.
   9 Nora e Drita (vij), por pasi që nuk na kanë gjetur këtu,
     (kthehem) në banesë.
  10 Nuk di a do ta gjejmë Petritin atje. Shpresoj se nëna e tij
     (tregoj) se do ta vizitojmë.

11 Meri nuk po ndihet mirë, (ftohem) në bjeshkë.
12 Nora nuk po e gjen biletën. (Lë) në hotel.
13 Biçikleta nuk qenka këtu. (Marr) Petriti.
14 Tash mund të shkojmë te Nora e Drita sepse sigurisht (çlodhem).
15 Nesër kthehet Drita nga Anglia. Sigurisht (kaloj) mirë.

(3) Put the following sentences into reported speech:
Example: Do të rri në shtëpi.
Tha se do të rrinte në shtëpi.

1 Do të blej një veturë të re.
2 Do të fle nja dy orë pasdreke.
3 Nesër do ta vizitojmë Shpellën e Gadimes.
4 Do të të shkruaj gjithsesi, por jo për motin.
5 Do të të lë një porosi (*message*) në hotel.
6 Pas dy javësh do të shkoj në pushim në bregdet (*seaside*).
7 Do ta pastroj kuzhinën para se të kthehesh ti.
8 Nesër do të peshkojmë, kurse pasnesër do të shkojmë në Deçan.
9 Shpresoj se do ta zëmë aeroplanin.
10 Do të lahemi në lumë.
11 Jam e bindur se do të kënaqesh në Angli.
12 Petriti do të gëzohet kur të na shohë.
13 Kam vendosur të merrem me sport.
14 Do ta sjell librin javën e ardhshme.
15 Pas disa ditësh do ta festoj ditëlindjen.

■ V/ A POEM

SONTE ZEMRA IME FESTON

Ikni,
    sonte zemra ime feston . . .
Zhdukuni nga oda ime
se sonte shpirti do të më dehë arsyen,
sonte,
    dua të zhvishem,
    dua të më lajë muzgu
    në lakuriqësinë time,

dua të jem e pastër
e dëlirë si natyra,
dua të jem vetë natyrë.

Ma hiqni këtë rreth nga qafa,
prekja juaj më nguros . . .
Zhvishmani dhe lëkurën,
   dua të jem e lirë . . .
      e dëlirë . . .

Ikni, ikni,
dhe derën pas jush mbylleni,
         e dini?
Dua të jem lakuriqe,
e paveshur me shikimin tuaj.
Dua të loz,
      e lirë,
         e dëlirë,
   të loz në afshin e zemrës . . .

Ju fal qaforen e dhuruar nga ju,
merreni dhe vallen e rrejshme
dhe ikni, ikni
se sonte kam festë.

I D, ja ku jam,
ma jep dorën
Eja, eja të vallëzojmë
me muzikën memece të ëndrrave
unë jam, EGO-ja
      eja!
Sonte dua të festoj.

                                        E. Shukriu

Vocabulary

festoj	celebrate
odë, -a, -a	room
deh	intoxicate
lakuriqësi, -a	nakedness

e dëlirë	clean
prekje, -a, -	touch
nguros	petrify
lëkurë, -a, -	skin
paveshur (i/e)	not clothed/dressed
loz	play
afsh, -i, -e	passion
qafore, -ja, -	necklace
i/e dhuruar	awarded
valle, -ja, -	dance
e rrejshme	false, fake
I D = i dashur	my love
memec-e	mute
ëndërr, -a, -a	dream

Supplementary Reading

PËRSHKRIM FSHATI

Fundi i të pesë kodrave lëshohej pjerrtas dhe humbte në fushën e vogël me formë trekëndëshi, e cila tërë verën e ruante blerimin, edhe atëherë kur dielli piqte gjithçka. Pesë përrenjtë që i ndanin ato kodra të vjetra, të cilat kushedi sa lisa kishin rritur dhe ushqyer, dhe, më në fund, i kishin kalbur e tretur, sajonin një lumë të vogël, i cili ia shtonte bukurinë edhe më tepër asaj lugine që dukej si një qilim i madh. Lumi dredharak e përshkonte nëpër qendër, e ndante fshatin në dy pjesë dhe gjatë tërë verës rridhte, ashtu i qetë, me ata pak ujë të kthjellët e të vakët. Vetëm në vjeshtë e herë-herë në dimër e pranverë, uji si i tërbuar, i kalonte buzët e gërryera të shtratit të vet, mbyste ara e livadhe dhe linte pas vetëm lym. Njerëzit me fuqinë e krahut të tyre e bartnin këtë lym dhe përsëri e hidhnin në lumë, thuajse ashtu vepronin për inat të fuqisë së tij që për atë vit ua kishte shkatërruar frytet e punës së tyre. Por në verë uji ishte më i çmueshëm se çdo gjë që kishte fshati dhe banorët e tij. Ai ua mbante kopshtet, arat dhe kafshët. U ndihmonte fshatarëve sa herë që qiellit nuk i vinte keq për tërë atë nxehtësi që derdhte mbi ta. Ishte ushqim i çmueshëm për tokën e tyre, për trembëdhjetë familjet e atij fshati të vogël malor.

Dita në atë fshat malor ishte shumë e qetë. Njerëzit shpërndaheshin në punë së bashku me agimin e çdo dite.

Kur dielli depërtonte me rrezet e veta nëpër kurorat e mëdha të lisave përballë fshatit, ndonjë udhëtar i rastit mund ta vërente fshatin me të gjitha karakteristikat e tij; aty këtu ndonjë fëmijë të vogël që lozte në oborr apo në rrugë, përrenjtë e vegjël të ujit, që hynin e dilnin nga oborri në oborr dhe më në fund drejtoheshin si gjarpërinj dredha-dredha e të gjatë nga arat e gjelbëruara. Ditëve të verës mund të dëgjohej prej së largu, vetëm herë pas here, ndonjë zile kafshe ose blegërima e ndonjë deleje të ndarë nga tufa, e që herë-herë përzihej me zërin e barinjve, me jehonat që kumbonin thekshëm përrua pas përroi, duke e përcjellë zërin derisa humbte në largësi.

Nga mesdita fshati bëhej edhe më i qetë. I ngjante një vendi të shkretë, pa kund njeri të gjallë në të. Edha nga pamja e jashtme ai nuk jepte shumë shenja gjallërie. Por, kur dielli lëshohej nga kodrat e perëndimit që ishin vetëm pak më të ulta se ato të lindjes dhe qielli dukej më i gjerë, e hijet e shtëpive e mbulonin një pjesë të oborreve, fshati ngjallej përsëri. Njerëzit ktheheshin nga puna në mbrëmje, ndaleshin midis fshatit dhe bisedonin deri vonë.

Adaptuar nga 'Malësorja'
e N. Rrahmanit

PËRSHËNDETJET

I futi gishtërinjtë në gotën e madhe dhe nxori protezën. E lau me brushë e, pastaj, përsëri e vuri në qelqin përballë pasqyrës. Uli kokën dhe e futi gojën nën krua, e mbushi me ujë. Sërish e ngriti kokën dhe bëri gargara, që ta lante fytin. Pas kësaj e vuri protezën në gojë. U shikua në pasqyrë. E vuri buzën në gaz. E preku me gishtërinj lëkurën e posarruar. I shpaloi buzët, kurse në pasqyrë u dukën dhëmbët. Me dorën e majtë e menjanoi një tufë flokësh dhe iu qas krejtësisht pasqyrës: po i shikonte bebëzat e syve. Një copë herë ndenji ashtu, i palëvizshëm, si shtatore.

Më në fund foli. U dëgjua zëri i tij:

'Mirëdita!'

E përshëndeti vetveten.

U vesh e u mbath. I shikoi mirë e mirë rrobat që të dilte i ndërruar me shije, ose të mos i ikte pa e vënë re ndonjë njollë. E donte pastërtinë dhe rregullin, kurse fqinjët e njihnin si banorin më pedant të hyrjes. Më në fund, meqë çdo gjë ishte në rregull, doli. Duke mbyllur derën, shkallëve po ngjitej një grua e moshuar, që mbante në dorë një strajcë.

'Mirëdita!', i tha ky.

Ajo priti të pushonte një çikëz, pasi që ishte mbushur frymë, e lodhur nga shkallët, dhe ia ktheu, pastaj, përshëndetjen, pa e shikuar fare:

'Mirëdita!'

Duke zbritur shkallëve iu dha rasti t'i përshëndeste edhe nja tre banorë të hyrjes së tij:

'Mirëdita, mirëdita!'

Në rrugë, atë ditë, nuk takoi asnjë njeri që e njihte, për çudi. Nuk përshëndeti askë. Nuk i erdhi mirë. Mirëpo rrugën atë ditë e kishte të shkurtër, prandaj u ngushëllua. Vazhdoi të ecte. Nja njëqind metra më larg ishte qoshku në të cilin i blinte cigaret dhe gazetën gjithmonë, thuaja në orën e caktuar.

'Mirëdita!', i tha shitësit, kurse ai pa ia kthyer përshëndetjen ia nxori nga dritarja e vogël e qoshkut »Rilindjen« dhe pakon e cigareve. Ai i mori, e paloi gazetën, e futi në xhepin e setrës dhe u nis dalngadalë. Pas pesë a gjashtë minutash, përsëri u gjend para hyrjes së ndërtesës, ku ishte banesa e tij. Shkallëve, njerëzit po ecnin pas punëve të tyre. Derisa arriti te dera, pati rastin t'i përshëndeste nja pesë a gjashtë banorë:

'Mirëdita, mirëdita!'

E mbylli derën e banesës pas vetes. Mengadalë e hoqi setrën e trashë e të zezë. Dukej se kishte dhembje eshtrash, prandaj i imponohej kjo ngadalësi. Pasi, më në fund, e hoqi dhe e vari setrën në korridor, u ul e i zbathi këpucët. Pastaj u kthye dhe e nxori gazetën prej xhepi. I mori edhe cigaret. Shkoi në kuzhinë dhe i hodhi këto në një kolltuk të vjetër, por të pastër. Mori xhezven dhe vuri një kafe. Rrinte në këmbë para shporetit dhe e priste kafenë. Kur kafja vloi, e ktheu në një filxhan të vogël me do lule të imëta dhe e la para vetes në tavolinë. I piu dy hurpe, pastaj u ngrit dhe e mori gazetën e pakon me cigare. U ul ku ishte më parë. E ndezi cigaren. Pastaj e mori filxhanin dhe piu edhe një hurpë, duke e hapur gazetën. E hapi faqen e parafundit dhe zuri t'i lexonte 'In memoriamet'. Gjatë kohë qëndroi mbi këtë faqe. Kur i lexoi të gjitha, mbylli gazetën, dhe, duke e kthyer edhe gëllënkën e fundit të kafesë dhe duke e fikur duqin e cigares, u ngrit dhe doli në korridor. E veshi sërish setrën, mengadalë. Doli. Duke mbyllur derën, shikoi prapa, mirëpo shkallëve nuk vinte askush. Asnjë njeri. Shkallët ishin të zbrazëta. Ai u nis shkallëve tëposhtë, i shoqëruar me rrudhat që dalin nga dhembjet. Me siguri do të ketë pasur dhembje eshtrash, pasi që hapat i ndërronte me vështirësi e me kujdes, thuajse po ecte nëpër vezë. Kur doli në rrugë e pa një të njohur, nga ana e kundërt, që po ngutej në punë të vet, me një çantë të madhe në dorë. E përshëndeti me kokë, meqë nga ana tjetër e rrugës i përshëndeturi s'do të kishte mundur ta dëgjonte. Ky, sa për vete, nuk e la pa i lëvizur buzët – 'mirëdita'. Nuk mund ta tund kokën pa e thënë edhe fjalën. Tjetri, matanë rrugës, nuk e vuri re fare. Kur e pa se i përshëndeturi nuk do ta vërente, e ngriti jakën e setrës dhe u nis drejt cakut të tij të përditshëm, në kafenenë e vogël me tri tryeza, që gjendej në qendër të qytetit.

Përshëndetja e pakthyer nuk e linte indiferent dhe në këso situatash dhembjet e eshtrave fill i aktivizoheshin. Kafeneja nuk ishte aq afër, kështu që me këtë barrë nuk do ta kishte lehtë. Por deshi fati, në rrugë u takua me shumë qytetarë. Të gjithë e përshëndetën dhe i përshëndeti.

'Mirëdita, mirëdita!'

U fut në kafene.

'Mirëdita, mirëdita!'

Të tri tavolinat e kafenesë ishin të zëna. Kafeneja përplot me mysafirë. Doli. I ra qendrës kryq e tërthor. Dhe, shpesh kthehej e kalonte nga dritaret e mëdha të kafenesë së vogël. Kur e pa se njëra tavolinë ishte liruar, hyri brenda.

'Mirëdita!'

Kamarieri e vuri re kur u ul. Iu afrua, e përshëndeti me 'mirëdita' dhe pa thënë fjalë tjetër ia la një gotë konjak mbi tavolinë. Konjak me akull. Ai, kamarieri, e dinte pijen e preferuar të tij, prandaj edhe ia solli pa pritur që ky të porosiste. Ky s'e vuri re as pijen as kamarierin. Kamarieri, kur e pa se njeriu nuk e kishte vënë re, ia afroi pijen mu te duart dhe e përsëriti 'mirëditën'. Ky ia ktheu përshëndetjen qetas dhe e mori konjakun. Nja një orë të mirë bëri teraqillëk duke e pirë atë gotë të vogël konjaku. Ndërkohë në kafene hynin e dilnin njerëzit. Thuaja të gjithë e njihnin pasi që ky çdo ditë e në të njëjtën kohë, në të njëjtën kafene e pinte të njëjtën pije. Që të gjithë e përshëndetnin:

'Mirëdita!'

'Mirëdita!', ua kthente ky.

Sipas tregimit me titull 'Përshëndetjet e
mbrëmjes' nga Xh. Ahmeti

VITA E ADILI

. . . Ajo ishte puthja e parë . . . E
puthjen e pare i riu as di ta japë,
as di ta marrë, as di ta fshehë.

Kur Vita arriti te bërrylaku, pa menjëherë një qeleshe të bardhë të lëvizte nëpër errësirë.

– Adil, ti qenke? – pyeti vajza me ankth, me duart në kraharor, duke u përpjekur të mbante hovet e zemrës, që i luftonte pa pushim.

– Unë jam . . .

– Ç'pate që brite ashtu? – tha vajza dhe eci drejt tij me hap të druajtur.

– Një gjarpër nën gurë më kafshoi këtu, – iu përgjigj djaloshi duke zgjatur krahun e djathtë, të shtrënguar si në darë, me dorën tjetër, me qëllim që helmi të mos merrte përpjetë.

Vita vrapoi drejt tij.

– Ja, këtu . . .

Ajo i rrëmbeu krahun. Djaloshi deshi ta largonte mënjanë, por Vita ia kishte zënë me të dyja duart. Me njërën e kishte kapur te qafa e dorës, pakëz më sipër vendit të kafshuar, kurse me tjetrën i mbante pëllëmbën. Dy të rinjtë ndien në duart e tyre, që po shtrëngoheshin për herë të parë, avujt e ngrohtë që zbrisnin bashkë me gjakun te vendi i takimit, ardhur nga zemrat e ngrohura prej të njëjtit diell.

Larg, prapa krahëve të Vitës, u dëgjuan hapat e një njeriu. Djaloshi u përpoq të hiqte krahun, por atëherë, rreth e qark vendit të kafshuar, ai ndjeu një unazë të nxehtë, që po ia përvëlonte plagën, duke u shtrënguar gjithnjë e më shumë. Vita, me buzët e mbërthyera si shushunjë mbi vendin e helmatisur, po i thëthinte gjakun e lig. Në atë veprim që i jepte pulsit të djaloshit goditje më të forta, asaj i dukej sikur i kishte mbështetur kokën mbi kraharor dhe po e puthte mu në zemër.

Sa herë Vita ngrinte kokën për të pështyrë vrerin e nepërkës, Adilit i vinte në hundë një aromë e lehtë, si era e sanës në netët e vjeshtës. Flokët e vajzës, shpërndarë nga të bredhurit, njomur nga djersa, po avullonin afshin e tyre të veçantë, ashtu si avullon e kundërmon sana e thatë, sa herë sfurku e merr nga fusha dhe e vërvit mbi qerre. Një hop dhe leshrat e vajzës, në vrullin e tyre të hedhjes pas, e trazuan kosovarin në gushë, në mjekër e në pushin e hollë të faqeve. Adili uli kokën dhe e mbështeti, me një ndjenjë të trazuar sulmi dhe përmbajtjeje, mbi kurorën e artë të flokëve të saj.

– Ah, gjarpërushe, kafshon më fort se gjarpëri! – fërshëlleu me një gjysmë zëri, se gjysmën tjetër ia kishte marrë zemra që po i buçiste me vrull.

Çupa ngriti kokën dhe e pa në sy, me një palë sy të pulitur. S'ka lule që të mbijë, të lulëzojë e të shpalosë kaq shpejt sa dashuria kur gjen klimën e vet . . .

Hëna, një hënë e re pesëmbëdhjetëtshe, e plotë dhe e verdhë si një bukëz dylli, nxori kokën nga gjiri i fletëve të gjelbëra të ullinjve, si për të parë çka po ndodhte në dritën e saj. Fusha mori një dukje tjetër.

Vita rrëmbeu në duar kindat e fustanit, i cili u ngrit përpjetë. Një vetull e bardhë zbardhëlleu në kufijtë e fustanit të zi. Adili ktheu kokën mënjanë dhe kafshoi buzën sikur t'i dhembte gjëkafshë. Po fustani ra përsëri në vend. Hëna u fsheh prapë në ullinjtë, sikur ta kishte zënë turpi dhe sërish vendi e fytyra e djaloshit ranë në errësirë . . . Atëherë, për çudi, pakëz më vonë nga ç'ngjau në të vërtetë, Adili dëgjoi grisjen e fustanit, ndjeu lidhjen e krahut dhe lëndimin e plagës.

Oh! – rënkoi, me një 'oh' që më tepër se dhembje trupore shprehte një lëndim tjetër.

– Adil, po si do të ngasësh kuajt, tash?

– Për atë s'po çaj kokën, po ty si të të falënderoj?

– Falënderimin mund ta lësh kur të shërohesh, po qerren si do ta çosh në shtëpi? – qeshi vajza duke bërë një hap e duke u kthyer mbi belin e saj të hollë, si për të parë ç'do të ngjiste më tej.

Adili, sikur me këtë deshi t'i tregonte vajzës sa i zoti ishte të falënderonte dhe të bënte punë edhe me dorën e kafshuar, i shkoi krahun kular, si gjarpër, rreth belit dhe e shtrëngoi pas vetes. Te gusha, poshtë rrëzës së veshit, atje ku cikte vëthi i gjatë, i dha një të puthur vetëtimthi. Pastaj, duke harruar plagën dhe vajzën që mbeti në vend e topitur, kërceu mbi qerre, rrëmbeu kamxhikun dhe u foli kuajve.

– Oho, ju shitoftë rrufeja!

Vajza hoqi duart nga sytë dhe pa qerren të çante përpara. Mori frymë thellë dhe sytë i shndritën nga gëzimi.

– I marri! – bëlbëzoi me vete gjithë gaz e qejf, pa pyetur se farën e marrosjes ia pati shtënë ajo.

Atëherë Vitës iu kujtua e puthura e papritur e djaloshit dhe vendi i ngrohtë që i la aty, nën gushë. Vuri dorën si për të prekur puthjen e tij. Pak nga pak, kjo pullë e nxehtë iu kthye në një pare të ftohtë, thuajse në atë vend t'i kishte vënë dikush rrethin e një unaze floriri. Por në zemër kujtimi i atyre dy buzëve sa vinte e ngrohej.

Atë kohë, në ndijimet që i kishin marrë mend, zemër e sy, ajo dëgjoi, prapa krahëve, një të kollitur burri. Ktheu kokën menjëherë, e trembur. Pati harruar fare se kishte ardhur aty me të vëllanë. Fshiu me vrap vendin nën gushë, që të mos e pikaste i vëllai, sikur e puthura të qe ndonjë lulkuq që, tek hedh farën, lidh petalet zjarr.

Po kishte të drejtë vajza . . . Ajo ishte e puthura e parë . . . E puthjen e parë i riu as di ta japë, as di ta marrë, as di ta fshehë . . .

Adaptuar nga 'Lumi i vdekur' i
J. Xoxës

Appendix

THE SYSTEM OF TENSES – ACTIVE VOICE

laj (*wash*)

	Indicative	Subjunctive	Conditional	Optative	Admirative	Imperative
Present	laj	të laj	do të laja	lafsha	lakam	laj (*sing.*)
	lan	,, lash	,, laje	lafsh	lake	
	lan	,, laje	,, lante	laftë	laka	lani (*pl.*)
	lajmë	,, lajmë	,, lanim	lafshim	lakemi	
	lani	,, lani	,, lanit	lafshit	lakeni	
	lajnë	,, lajnë	,, lanin	lafshin	lakan	
Perfect	kam larë	të kem larë	do të kisha larë	paça larë	paskam larë	
	ke ,,	,, kesh ,,	,, kishe ,,	paç ,,	paske ,,	
	ka ,,	,, ketë ,,	,, kishte ,,	pastë ,,	paska ,,	
	kemi ,,	,, kemi ,,	,, kishim,,	paçim ,,	paskemi ,,	
	keni ,,	,, keni ,,	,, kishit ,,	paçit ,,	paskeni ,,	
	kanë ,,	,, kenë ,,	,, kishin ,,	paçin ,,	paskan ,,	
Imperfect	laja	të laja			lakësha	
	laje	,, laje			lakëshe	
	lante	,, lante			lakësh/lakej	
	lanim	,, lanim			lakëshim	
	lanit	,, lanit			lakëshit	
	lanin	,, lanin			lakëshin	
Plu–perfect	kisha larë	të kisha larë			paskësha larë	
	kishe ,,	,, kishe ,,			paskëshe ,,	
	kishte ,,	,, kishte ,,			paskësh ,,	

(cont.)	kishim larë kishit ,, kishin ,,	të kishim larë ,, kishit ,, ,, kishin ,,		paskëshim larë paskëshit ,, paskëshin ,,	
Simple *Past*	lava lave lau lamë latë lanë				
Future	do të laj ,, lash ,, lajë ,, lajmë ,, lani ,, lajnë				
Future *Perfect*	do të kem larë ,, kesh ,, ,, ketë ,, ,, kemi ,, ,, keni ,, ,, kenë ,,				

Participle – larë	*Infinitive* – për të larë	*Gerundive (present)* – duke larë	*Gerundive (past)* – duke pasë larë

PASSIVE VOICE

lahem (am/get washed)

	Indicative	Subjunctive	Conditional	Optative	Admirative	Imperative
Present	lahem lahesh lahet lahemi laheni lahen	të lahem " lahesh " lahet " lahemi " laheni " lahen	do të lahesha " laheshe " lahej " laheshim " laheshit " laheshin	u lafsha " lafsh " laftë " lafshim " lafshit " lafshin	u lakam " lake " laka " lakemi " lakeni " lakan	lahu (sing.) lahuni (pl.)
Perfect	jam larë je " është " jemi " jeni " janë "	të jem larë " jesh " " jetë " " jemi " " jeni " " jenë "	do të isha larë " ishe " " ishte " " ishim " " ishit " " ishin "	qofsha larë qofsh " qoftë " qofshim " qofshit " qofshin "	qenkam larë qenke " qenka " qenkemi " qenkeni " qenkan "	
Imperfect	lahesha laheshe lahej laheshim laheshi laheshin	të lahesha " laheshe " lahej " laheshin " laheshit " laheshin			u lakësha " lakëshe " lakësh/lakej " lakëshim " lakëshit " lakëshin	
Plu-perfect	isha larë ishe " ishte "	të isha larë " ishe " " ishte "			qenkësha larë qenkëshe " qenkësh "	

(cont.)	ishim larë ishit ,, ishin ,,	të ishim larë ,, ishit ,, ,, ishin ,,		qenkëshim larë qenkëshit ,, qenkëshin ,,	
Simple Past	u lava ,, lave ,, la ,, lamë ,, latë ,, lanë				
Future	do të lahem ,, lahesh ,, lahet ,, lahemi ,, laheni ,, lahen				
Future Perfect	do të jem larë ,, jesh ,, ,, jetë ,, ,, jemi ,, ,, jeni ,, ,, jenë ,,				

Participle –	*Infinitive* – për t'u larë	*Gerundive (present)* – duke u larë	*Gerundive (past)* – duke u pasë larë

AUXILIARIES

kam (have)

	Indicative	Subjunctive	Conditional	Optative	Admirative	Imperative
Present	kam	të kem	do të kisha	paça	paskam	ki (sing.)
	ke	,, kesh	,, kishe	paç	paske	
	ka	,, ketë	,, kishte	pastë	paska	
	kemi	,, kemi	,, kishim	paçim	paskemi	kini (pl.)
	keni	,, keni	,, kishit	paçit	paskeni	
	kanë	,, kenë	,, kishin	paçin	paskan	
Perfect	kam pasur	të kem pasur	do të kisha pasur	paça pasur	paskam pasur	
	ke ,,	,, kesh ,,	,, kishe ,,	paç ,,	paske ,,	
	ka ,,	,, ketë ,,	,, kishte ,,	pastë ,,	paska ,,	
	kemi ,,	,, kemi ,,	,, kishim ,,	paçim ,,	paskemi ,,	
	keni ,,	,, keni ,,	,, kishit ,,	paçit ,,	paskeni ,,	
	kanë ,,	,, kenë ,,	,, kishin ,,	paçin ,,	paskan ,,	
Imperfect	kisha	të kisha			paskësha	
	kishe	,, kishe			paskëshe	
	kishte	,, kishte			paskësh/paskej	
	kishim	,, kishim			paskëshim	
	kishit	,, kishit			paskëshit	
	kishin	,, kishin			paskëshin	
Pluperfect	kisha pasur	të kisha pasur			paskësha pasur	
	kishe ,,	,, kishe ,,			paskëshe ,,	
	kishte ,,	,, kishte ,,			paskësh ,,	

(cont.)	kishim pasur kishit ,, kishin ,,	të kishim pasur ,, kishit ,, ,, kishin ,,			paskëshim pasur paskëshit ,, paskëshin ,,
Simple Past	pata pate pati patëm patët patën				
Future	do të kem ,, kesh ,, ketë ,, kemi ,, keni ,, kenë				
Future Perfect	do të kem pasur ,, kesh ,, ,, ketë ,, ,, kemi ,, ,, keni ,, ,, kenë ,,				

Participle – pasur	*Infinitive* – për të pasur	*Gerundive (present)* – duke pasur	*Gerundive (past)* – duke pasë pasur

jam (be)

	Indicative	Subjunctive	Conditional	Optative	Admirative	Imperative
Present	jam	të jem	do të isha	qofsha	qenkam	ji (*sing.*)
	je	,, jesh	,, ishe	qofsh	qenke	
	është	,, jetë	,, ishte	qoftë	qenka	jini (*pl.*)
	jemi	,, jemi	,, ishim	qofshim	qenkemi	
	jeni	,, jeni	,, ishit	qofshit	qenkeni	
	janë	,, jenë	,, ishin	qofshin	qenkan	
Perfect	kam qenë	të kem qenë	do të kisha qenë	paça qenë	paskam qenë	
	ke ,,	,, kesh ,,	,, kishe ,,	paç ,,	paske ,,	
	ka ,,	,, ketë ,,	,, kishte ,,	pastë ,,	paska ,,	
	kemi ,,	,, kemi ,,	,, kishim ,,	paçim ,,	paskemi ,,	
	keni ,,	,, keni ,,	,, kishit ,,	paçit ,,	paskeni ,,	
	kanë ,,	,, kenë ,,	,, kishin ,,	paçin ,,	paskan ,,	
Imperfect	isha	të isha			qenkësha	
	ishe	,, ishe			qenkëshe	
	ishte	,, ishte			qenkësh/qenkej	
	ishim	,, ishim			qenkëshim	
	ishit	,, ishit			qenkëshit	
	ishin	,, ishin			qenkëshin	
Pluperfect	kisha qenë	të kisha qenë			paskësha qenë	
	kishe ,,	,, kishe ,,			paskëshe ,,	
	kishte ,,	,, kishte ,,			paskësh ,,	

(cont.)	kishim qenë kishit ,, kishin ,,	të kishim qenë ,, kishit ,, ,, kishin ,,	paskëshim qenë paskëshit ,, paskëshin ,,
Simple Past	qeshë qe qe qemë qetë qenë		
Future	do të jem ,, jesh ,, jetë ,, jemi ,, jeni ,, jenë		
Future Perfect	do të kem qenë ,, kesh ,, ,, ketë ,, ,, kemi ,, ,, keni ,, ,, kenë ,,		

Participle – qenë	Gerundive (present) – duke qenë	Gerundive (past) – duke pasë qenë
Infinitive – për të qenë		

FIRST CONJUGATION

punoj (work)

	Indicative	Subjunctive	Conditional	Optative	Admirative	Imperative
Present	punoj punon punon punojmë punoni punojnë	të punoj ,, punosh ,, punojë ,, punojmë ,, punoni ,, punojnë	do të punoja ,, punoje ,, punonte ,, punonim ,, punonit ,, punonin	punofsha punosh punoftë punofshim punofshit punofshin	punuakam punuake punuaka punuakemi punuakeni punuakan	puno (*sing.*) punoni (*pl.*)
Perfect	kam punuar ke ,, ka ,, kemi ,, keni ,, kanë ,,	të kem punuar ,, kesh ,, ,, ketë ,, ,, kemi ,, ,, keni ,, ,, kenë ,,	do të kisha punuar ,, kishe ,, ,, kishte ,, ,, kishim ,, ,, kishit ,, ,, kishin ,,	paça punuar paç ,, pastë ,, paçim ,, paçit ,, paçin ,,	paskam punuar paske ,, paska ,, paskemi ,, paskeni ,, paskan ,,	
Imperfect	punoja punoje punonte punonim punonit punonin	të punoja ,, punoje ,, punonte ,, punonim ,, punonit ,, punonin			punuakësha punuakëshe punuakësh punuakëshim punuakëshit punuakëshin	
Pluperfect	kisha punuar kishe ,, kishte ,,	të kisha punuar ,, kisha ,, ,, kishte ,,			paskësha punuar paskëshe ,, paskësin ,,	

(cont.)	kishim punuar kishit ,, kishin ,,	të kishim punuar ,, kishit ,, ,, kishin ,,	paskëshim punuar paskëshit ,, paskëshin ,,
Simple Past	punova punove punoi punuam punuat punuan		
Future	do të punoj ,, punosh ,, punojë ,, punojmë ,, punoni ,, punojnë		
Future Perfect	do të kem punuar ,, kesh ,, ,, ketë ,, ,, kemi ,, ,, keni ,, ,, kenë ,,		

Participle – punuar	*Infinitive* – për të punuar	*Gerundive (present)* – duke punuar	*Gerundive (past)* – duke pasë punuar

SECOND CONJUGATION

vendos (decide; place)

	Indicative	Subjunctive	Conditional	Optative	Admirative	Imperative
Present	vendos vendos vendos vendosim vendosni vendosin	të vendos ,, vendosësh ,, vendosë ,, vendosim ,, vendosni ,, vendosin	do të vendosja ,, vendosje ,, vendoste ,, vendosnim ,, vendosnit ,, vendosnin	vendossha vendossh vendostë vendosshim vendosshit vendosshin	vendoskam vendoske vendoska vendoskemi vendoskeni vendoskan	vendos (sing.) vendosni (pl.)
Perfect	kam vendosur ke ,, ka ,, kemi ,, keni ,, kanë ,,	të kem vendosur ,, kesh ,, ,, ketë ,, ,, kemi ,, ,, keni ,, ,, kenë ,,	do të kisha vendosur ,, kishe ,, ,, kishte ,, ,, kishim ,, ,, kishit ,, ,, kishin ,,	paça vendosur paç ,, pastë ,, paçim ,, paçit ,, paçin ,,	paskam vendosur paske ,, paska ,, paskemi ,, paskeni ,, paskan ,,	
Imperfect	vendosja vendosje vendoste vendosnim vendosnit vendosnin	të vendosja ,, vendosje ,, vendoste ,, vendosnim ,, vendosnit ,, vendosnin			vendoskësha vendoskëshe vendoskësh vendoskëshim vendoskëshit vendoskëshin	
Pluperfect	kisha vendosur kishe ,, kishte ,,	të kisha vendosur ,, kisha ,, ,, kishte ,,			paskësha vendosur paskëshe ,, paskësh ,,	

	kishim vendosur	të kishim vendosur		paskëshim vendosur	
(cont.)	kishim vendosur kishit ,, kishin ,,	të kishim vendosur ,, kishit ,, ,, kishin ,,		paskëshim vendosur paskëshit ,, paskëshin ,,	
Simple Past	vendosa vendose vendosi vendosëm vendosët vendosën				
Future	do të vendos ,, vendosësh ,, vendosë ,, vendosim ,, vendosni ,, vendosin				
Future Perfect	do të kem vendosur ,, kesh ,, ,, ketë ,, ,, kemi ,, ,, keni ,, ,, kenë ,,				

Participle – vendosur	*Infinitive* – për të vendosur	*Gerundive (present)* – duke vendosur	*Gerundive (past)* – duke pasë vendosur

THIRD CONJUGATION

di (*know*)

	Indicative	Subjunctive	Conditional	Optative	Admirative	Imperative
Present	di	të di	do të dija	ditsha	ditkam	di (*sing.*)
	di	,, dish	,, dije	diç	ditke	
	di	,, dijë	,, dinte	dittë	ditka	
	dimë	,, dimë	,, dinim	ditshim	ditkemi	dini (*pl.*)
	dini	,, dini	,, dinit	ditshit	ditkeni	
	dinë	,, dinë	,, dinin	ditshin	ditkan	
Perfect	kam ditur	të kem ditur	do të kisha ditur	paça ditur	paskam ditur	
	ke ,,	,, kesh ,,	,, kishe ,,	paç ,,	paske ,,	
	ka ,,	,, ketë ,,	,, kishte ,,	pastë ,,	paska ,,	
	kemi ,,	,, kemi ,,	,, kishim ,,	paçim ,,	paskemi ,,	
	keni ,,	,, keni ,,	,, kishit ,,	paçit ,,	paskeni ,,	
	kanë ,,	,, kenë ,,	,, kishin ,,	paçin ,,	paskan ,,	
Imperfect	dija	të dija			ditkësha	
	dije	,, dije			ditkëshe	
	dinte	,, dinte			ditkësh	
	dinim	,, dinim			ditkëshim	
	dinit	,, dinit			ditkëshit	
	dinin	,, dinin			ditkëshin	
Pluperfect	kisha ditur	të kisha ditur			paskësha ditur	
	kishe ,,	,, kishe ,,			paskëshe ,,	
	kishte ,,	,, kishte ,,			paskësh ,,	

(cont.)	kishim ditur kishit „ kishin „	të kishim ditur „ kishit „ „ kishin „			paskëshim ditur paskëshit „ paskëshin „	
Simple Past	dita dite diti ditëm ditët ditën					
Future	do të di „ dish „ dijë „ dimë „ dini „ dinë					
Future Perfect	do të kem ditur „ kesh „ „ ketë „ „ kemi „ „ keni „ „ kenë „					

Participle – ditur	*Infinitive* – për të ditur	*Gerundive (present)* – duke ditur	*Gerundive (past)* – duke pasë ditur

BASIC TENSES AND FORMS OF SOME IRREGULAR VERBS

INDICATIVE

	lë	them	jap	shoh	rri	ha
Present	lë	them	jap	shoh	rri	ha
	lë	thua	jep	sheh	rri	ha
	lë	thotë	jep	sheh	rri	ha
	lëmë	themi	japim	shohim	rrimë	hamë
	lëni	thoni	jepni	shihni	rrini	hani
	lënë	thonë	japin	shohin	rrinë	hanë
Simple Past	lashë	thashë	dhashë	pashë	ndenja	hëngra
	le	the	dhe	pe	ndenje	hëngre
	la	tha	dha	pa	ndenji	hëngri
	lamë	thamë	dhamë	pamë	ndenjëm	hëngrëm
	latë	thatë	dhatë	patë	ndenjët	hëngrët
	lanë	thanë	dhanë	panë	ndenjën	hëngrën
Imperfect	lija	thosha	jepja	shihja	rrija	haja
	lije	thoshe	jepje	shihje	rrije	haje
	linte	thoshte	jepte	shihte	rrinte	hante
	linim	thoshim	jepnim	shihnim	rrinim	hanim
	linit	thoshit	jepnit	shihnit	rrinit	hanit
	linin	thoshin	jepnin	shihnin	rrinin	hanin
Perfect	kam lënë	kam thënë	kam dhënë	kam parë	kam ndenjur	kam ngrënë
Pluperfect	kisha lënë	kisha thënë	kisha dhënë	kisha parë	kisha ndenjur	kisha ngrënë

Future	do të lë ,, lesh ,, lërë ,, lëmë ,, lini ,, lënë	do të them ,, thuash ,, thotë ,, themi ,, thoni ,, thonë	do të jap ,, japësh ,, japë ,, japim ,, jepni ,, japin	do të shoh ,, shohësh ,, shohë ,, shohim ,, shihni ,, shohin	do të rri ,, rrish ,, rrijë ,, rrimë ,, rrini ,, rrinë	do të ha ,, hash ,, hajë ,, hamë ,, hani ,, hanë
Future Perfect	do të kem lënë	do të kem thënë	do të kem dhënë	do të kem parë	do të kem ndenjur	do të kem ngrënë

ADMIRATIVE

Present	lënkam	thënkam	dhënkam	pakam	ndenjkam	ngrënkam

OPTATIVE

Present	lënça	thënça	dhënça	pafsha	ndenjsha/ça	ngrënça

IMPERATIVE

	lër lini	thuaj thoni	jep jepni	shih shihni	rri rrini	ha hani

INDICATIVE

	dua	vë	zë	bie	bie	vij
Present	dua	vë	zë	bie	bie	vij
	do	vë	zë	bie	bie	vjen
	do	vë	zë	bie	bie	vjen
	duam	vëmë	zëmë	biem	biem	vijmë
	doni	vini	zini	bini	bini	vini
	duan	vënë	zënë	bien	bien	vijnë
Simple Past	desha	vura	zura	rashë	prura	erdha
	deshe	vure	zure	re	prure	erdhe
	deshi	vuri	zuri	ra	pruri	erdhi
	deshëm	vumë	zumë	ramë	prumë	erdhëm
	deshët	vutë	zutë	ratë	prutë	erdhët
	deshën	vunë	zunë	ranë	prunë	erdhën
Imperfect	doja	vija	zija	bija	bija	vija
	doje	vije	zije	bije	bije	vije
	donte	vinte	zinte	binte	binte	vinte
	donim	vinim	zinim	binim	binim	vinim
	donit	vinit	zinit	binit	binit	vinit
	donin	vinin	zinin	binin	binin	vinin
Perfect	kam dashur	kam vënë	kam zënë	kam rënë	kam prurë	kam ardhur
Pluperfect	kisha dashur	kisha vënë	kisha zënë	kisha rënë	kisha prurë	kisha ardhur

Future	do të dua	do të vë	do të zë	do të bie	do të bie	do të vij
	,, duash	,, vësh	,, zësh	,, biesh	,, biesh	,, vij
	,, dojë	,, vërë	,, zërë	,, bjerë	,, bjerë	,, vijë
	,, duam	,, vëmë	,, zëmë	,, biem	,, biem	,, vijmë
	,, doni	,, vini	,, zini	,, bini	,, bini	,, vini
	,, duan	,, vënë	,, zënë	,, bien	,, bien	,, vijnë
Future Perfect	do të kem dashur	do të kem vënë	do të kem zënë	do të kem rënë	do të kem prurë	do të kem ardhur

ADMIRATIVE

Present	dashkam	vënkam	zënkam	rënkam	prukam	ardhkam

OPTATIVE

Present	daça	vënça	zënça	rënça	prufsha	ardhsha

IMPERATIVE

	duaj	vër	zër	bjer	bjer	eja
	doni	vini	zini	bini	bini	ejani

Key to Exercises

Unit 1

(1) 1 Marku është mirë.
     2 Në Prishtinë.
     3 Po, Marku është student.
     4 Shtatë.
     5 Jo, disa janë nga Londra, disa nga Oksfordi.
     6 Jo, Marku nuk është i lodhur.
     7 Nora është pakëz e lodhur.
     8 Po, ata janë shumë të lodhur.
     9 Po, ato janë shumë të lodhura.
     10 Ato janë në hotel.
     11 Edhe ata janë në hotel.
     12 Po, Petriti është student.
     13 Jo, Prishtina nuk është qytet i madh.
     14 Londra është qytet shumë i madh.

(2)
(a) Mirëdita, Brenda.
    Mirëdita, Agron. Si je?
    Mirë, falemnderit.
    Vetëm je në Prishtinë?
    Jo, jam me **disa** shokë e shoqe.
    Ku janë të tjerët?
    Në hotel.

(b) **Mirëdita**, Petrit.
    Mirëdita, Mark.
    Këta janë disa shokë e shoqe nga Britania e Madhe.
    Kjo është Nora, **ky** është Denisi, **ajo** është Meri, **ai** është
    Riçardi.
    Sa **veta** jeni?
    Jemi **shtatë** veta.

A jeni të gjithë **nga** Londra?
Disa jemi **nga** Londra, **disa** jemi **nga** Oksfordi.

(c) Prishtina është **qytet** i vogël. Kjo është **rruga** kryesore. Kjo **këtu** është bankë. **Ai** atje është Fakulteti **Filozofik**. Ajo është **shkollë** fillore.

(d) Disa studentë dhe studente nga Britania e Madhe **janë** në Prishtinë. Marku **nuk është** i lodhur. Ai **nuk është** në hotel. Denisi e Riçardi **janë** në hotel. Ata **janë** të **lodhur**. Marku e Nora janë me një shok **nga** Prishtina. Nora nuk është shumë **e lodhur**. Ajo është **pakëz** e lodhur. Meri e Beti janë të **lodhura**. Ato **janë** në hotel.

(3) 1 Unë jam . . .
    2 Jam nga Londra.
    3 Londra është qytet i madh.
    4 Oksfordi nuk është qytet i madh, Oksfordi është qytet i vogël.
    5 Nora është nga Oksfordi.
    6 Marku është nga Londra.
    7 Ai është student.
    8 Edhe Riçardi e Denisi janë studentë.
    9 Nora e Meri janë studente.
    10 Nora është e lodhur, Meri nuk është e lodhur.
    11 Beti e Nora janë të lodhura.
    12 Marku nuk është shumë i lodhur.
    13 Denisi e Riçardi janë shumë të lodhur.
    14 Petriti është me disa shokë nga Britania e Madhe.

(4) Kjo/ajo është Nora.
    Ky/ai është Riçardi.
    Ky/ai është student.
    Këta/ata janë studentë.
    Kjo/ajo është studente.
    Ky/ai është hotel.
    Kjo/ajo është rruga kryesore.
    Kjo/ajo është bankë.
    Kjo/ajo është shkollë.

Unit 2

(1) 1 Babai i Petritit është mësues.
2 Jo, babai i Petritit nuk është në shtëpi.
3 Në shkollë.
4 Jo, nëna e Petritit nuk është mësuese.
5 Ajo është amvisë.
6 Po, ajo është në shtëpi.
7 Zana është nxënëse.
8 Ajo është shtatë vjeçe.
9 Po, ajo është nxënëse shumë e mirë.
10 Jo, shkolla e Zanës është afër.
11 Jo, ai nuk është inxhinier.
12 Ai është mjek.

(2)
(a) A: Nënë, këta janë **disa** shokë e shoqe **nga** Anglia.
B: **Mirë se** vini. **Urdhëroni** brenda. Uluni, **ju lutem.**

(b) A: Ja çanta **jote**, zotëri.
B: Falemnderit.
A: **Me nder** qofsh.

(c) Kjo është shtëpia **e** Petritit.
Ky është babai **i** Petritit.
Motra e vogël **e** Petritit është nxënëse.
Vëllai **i** madh **i** Petritit është mjek.
Kjo është shkolla **e** Zanës.

(d) A: A është shkolla jote **larg** nga shtëpia?
B: Jo, është shumë **afër**.
A: Sa veta jeni **në** klasë?
B: Tridhjetë.
A: Sa **vajza** dhe sa **djem** jeni?
B: Jemi **katërmbëdhjetë vajza** dhe **gjashtëmbëdhjetë djem.**

(e) A: **Ku** është babai i Petritit?
B: Në shkollë.
A: **C'është** ai?
B: Ai është mësues.

(3) Petrit and Mark are friends. Petrit is a student from Prishtina. Mark is a student from London. Mark is in Prishtina with some friends from England. They are at Petrit's house. Petrit's mother, Petrit's older brother, Agron, and Petrit's little sister, Zanë, are at home. Petrit's father is not at home. He is a teacher. He is at school. Petrit's older brother, Agron, is a doctor. Petrit's little sister, Zanë, is a pupil. She is seven years old. She is not at school. Zanë's school is near. Zanë is a good pupil.

(4) Nora e Drita janë shoqe. Ato janë studente. Nora është në Prishtinë. Drita është në Londër. Nëna e Norës nuk është amvisë. Ajo është mësuese. Ajo nuk është në shkollë. Ajo është në shtëpi. Vëllai i Norës është nxënës. Ai është dhjetë vjeç. Ai është në shkollë. Shkolla e tij është shumë larg nga shtëpia e tij.

Unit 3

(1) 1 Shoqja e Norës është nga Prizreni.
2 Ajo quhet Drita.
3 Po, ato janë moshatare.
4 Po, ato janë shoqe shumë të mira.
5 Jo, Drita nuk është angleze.
6 Jo, Nora nuk është shqiptare.
7 Sot Nora shkon në Prizren.
8 Ajo shkon me autobus.
9 Jo, ata kanë shtëpi.
10 Drita ka dy vëllezër.
11 Ata quhen Ylber dhe Agim.
12 Ylberi është farmacist dhe punon në barnatore.
13 Agimi është mësues.
14 Drita ka dy motra.
15 Ato quhen Fatmire dhe Bardha.
16 Fatmirja është mjeke dhe punon në spital.
17 Bardha është nxënëse.
18 Po, Fatmirja është e martuar.
19 Burri i saj quhet Skënder.
20 Fatmirja e Skënderi kanë dy fëmijë.
21 Jo, ata kanë banesë.

22 Po, ajo është studente e letërsisë.
23 Jo, Drita nuk është studente e letërsisë.
24 Po, Nora mëson shqip.
25 Ajo kupton nga pak por nuk flet mirë shqip.
26 Kur janë në Prizren ato flasin shqip.
27 Kur janë në Angli flasin anglisht.

(2)
(a) Kjo **është** shoqja ime, Nora. Unë e Nora **jemi** shoqe shumë të mira. Ne jemi **moshatare**. Nora **kupton** shqip por nuk **flet** mirë. Unë dhe Nora çdo verë vizitojmë **njëra-tjetrën**. Kur **jemi** në Prizren **flasim** shqip. Kur jemi në Angli, flasim **anglisht**. Nora është **angleze**, kurse unë jam shqiptare. Nora është **studente** e letërsisë. Unë jam studente e **gjuhës** angleze.

(b) Drita ka dy **vëllezër** dhe dy **motra**. Vëllezërit e Dritës **quhen** Ylber dhe Agim. Njëri vëlla i Dritës është farmacist, kurse **tjetri** është mësues. **Njëra** motër e Dritës është mjeke, kurse tjetra është nxënëse.

(c) Motra e Dritës, Fatmirja, është e martuar. Burri **i saj** quhet Skënder. Ai është **piktor**. Fatmirja e Skënderi kanë dy **fëmijë**. Ata jetojnë në një **banesë**.

(d) Prindërit e Dritës **jetojnë** në Prizren. Ata kanë **shtëpi**. Ata janë shumë **mikpritës**.

(e) Ti je shoku im. Ti **quhesh** Agim. Unë **quhem** Mark. Ajo **quhet** Arta. Arta është shumë e bukur.

(3) Ti ke një motër. Kjo është motra jote.
Ai ka një fletore. Kjo është fletorja e tij.
Ajo ka një shtëpi. Kjo është shtëpia e saj.
Ti ke një shok. Ky është shoku yt.
Ajo ka një shoqe. Kjo është shoqja e saj.
Unë kam një vëlla. Ky është vëllai im.

(4) I have two friends in Prishtina. One of them is a student and is called Fatmir, whereas the other is a doctor and is called

Gazmend. Fatmir is a student of French, but he is also learning English. He is a very good student. Gazmend works in a hospital. Each summer he comes to England. He has some friends in England. Some are from London, whereas some are from Oxford.

(5) Unë jetoj në Angli. Jam anglez dhe flas anglisht. Po mësoj shqip. Nuk flas shqip mirë por kuptoj nga pak. Kam disa shokë shqiptarë. Ata jetojnë në Kosovë. Unë shkoj në Kosovë çdo verë. Kam shokë në çdo qytet në Kosovë. Disa flasin anglisht nga pak, disa nuk flasin anglisht. Kur jam në Kosovë, flas shqip.

Unit 4

(1) 1 Dhjetë.
   2 Drita shkon në stacionin e autobusëve.
   3 Sot Nora vjen në Prizren.
   4 Po, ajo është pak e lodhur.
   5 Jo, shtëpia e Dritës është shumë afër.
   6 Më këmbë.
   7 Për pesë minuta.
   8 Po, valixhja e Dritës është e rëndë.
   9 Ata kanë tri dhoma të fjetjes.
   10 Ka një shtrat, një dollap, një tryezë dhe një karrige.
   11 Në dollap ka një batanije.
   12 Dritarja shikon nga kopshti.

(2)
(a) A: Mirë se vjen, Norë.
    B: **Mirë se të gjej,** Dritë. Si **je?**
    A: Mirë, **falemnderit.** Po ti?
    B: Mirë **jam,** por **pak** e lodhur.
    A: **Tash** shkojmë në shtëpi dhe **pushojmë.**
       Shtëpia ime është **afër.** Shkojmë më **këmbë.**
       Për pesë **minuta** jemi atje.
    B: **Valixhja ime** është e rëndë.
    A: Shkojmë **ngadalë.**

(b) A: Nënë, Nora është **pak** e lodhur. Po shkojmë në **dhomën** e saj.

B: Ani, **bija** ime. Ju **pushoni**, e unë po e bëj **drekën** gati.

(c) A: Dritë, dreka **është** gati.

B: **Ani**, nënë. Tash po **vijmë** edhe ne.

(3) 1. cila; 2. si; 3. sa; 4. cili; 5. i kujt; 6. cila; 7. e kujt; 8. ku; 9. e kujt; 10. çka; 11. çka

(4) 1 Nora po shkon në shtëpi me Dritën.
2 Beti po ha drekë me Denisin.
3 Agroni po pushon në kopsht me Gencin.
4 Zana po vjen në shtëpi me Teutën.
5 Meri po mëson shqip me Markun.
6 Nora po e bën drekën gati me nënën.
7 Riçardi nuk po flet me Markun.
8 Meri po pushon me Betin e Riçardin.
9 Drita është moshatare me Norën.
10 Genci shkon në shkollë me Zanën.

(5) 1. i një shoqeje; 2. e një shoku; 3. i Markut; 4. e Zanës; 5. e mësuesit; 6. i Fatmirës; 7. i një shoku; 8. e dhomës; 9. i Fatmirit; 10. e Norës

(6) Today Nora is in Prizren. She is at the home of her friend, Dritë. In the house are only Nora, Dritë and her mother. Dritë's father is not at home. Dritë's sister is at a friend's house. Dritë's mother is in the kitchen. She is getting lunch ready. Nora is in the room with Dritë. They are resting.

(7) Tash ora është dhjetë. Në njëmbëdhjetë shkoj në Oksford me autobus. Kam disa shokë atje. Ata të gjithë janë studentë. Janë shumë mikpritës. Oksfordi është qytet i bukur dhe nuk është shumë i madh. Oksfordi nuk është larg nga Londra. Për një orë me autobus je atje. Është një teatër shumë i madh në Oksford. Shkoj atje çdo verë me Markun e Betin. Marku është student i letërsisë angleze, kurse Beti është studente e rusishtes.

Unit 5

(1) 1 Ora është tetë në mëngjes.
2 Në restorantin e hotelit.
3 Po bisedojnë.
4 Për planet e sotme.
5 Meri do të shkojë në fshat.
6 Po, Beti ka dëshirë të shkojë në fshat.
7 Po, ka.
8 Riçardi shkon me Merin e Betin.
9 Jo, do të shkojnë një ditë tjetër.
10 Marku e Petriti do të shkojnë në peshkim.
11 Edhe ata do të shkojnë në peshkim.
12 Derisa të tjerët peshkojnë, Nora do të pushojë.
13 Petriti do të vijë në orën nëntë.
14 Në nëntë e gjysmë.

(2)
(a) A: **Më falni**, a shkon ky autobus për Prizren?
B: Po.
A: **Falemnderit**.

(b) A: Çka doni **të pini?**
B: Një kafe me pak sheqer, **ju lutem.**

(c) Studentët anglezë po hanë **mëngjes** në restorant. Ata po bise-
dojnë për **planet** e sotme. Meri **do të shkojë** te një shoqe. Ajo
quhet Merita. Gjyshi dhe **gjyshja** e saj jetojnë në fshat. Edhe
Beti dëshiron **të shkojë** në fshat.

(d) Nora dëshiron **të rrijë** në hctel e **të pushojë**, por edhe ajo
shkon në peshkim me Markun e Petritin. Ajo thotë: 'Derisa
ju **peshkoni** unë **do të pushoj.**'

(3) 1 Nesër do të ha drekë në restorant.
2 Nesër do të shkojë në kinema.
3 Nesër do të shkojnë në teatër.
4 Nesër Nora e Drita do të vijnë nga Prizreni.
5 Pastaj do të flasim anglisht.

Unit 6

(1) 1 Fqinji i Petritit quhet Skënder.
2 Hobi i tij i vjetër është peshkimi.
3 Çdo të diel.
4 Zakonisht shkon vetëm.
5 Ndonjëherë e merr Petritin me vete.
6 Jo, Skënderi nuk ka fat në peshkim.
7 Po, Petriti është peshkatar i mirë.
8 Ndonjë çizme e vjetër.
9 Jo, nuk ka.
10 Shpesh i lëshon në ujë.
11 Po, e tallin.
12 Jo, ai nuk lodhet për talljet e tyre.
13 Me Petritin dhe disa nga shokët e tij anglezë.
14 Jo, nuk do të marrin.
15 Në një motel buzë liqenit.
16 Shpresojnë se do të jetë i mirë.
17 Po, Skënderi pret me padurim t'i takojë shokët e Petritit.

(2) 1. mua; 2. atë; 3. neve; juve; 4. i saj; 5. e tyre; 6. ty; atë; 7. meje; 8. teje; 9. nesh; 10. jush

(3) 1. e saj; 2. atyre; 3. jonë; 4. tanë; 5. tona; 6. ynë; 7. i saj; 8. e tij

(4) 1 Ty nuk të pëlqen peshkimi.
2 Neve na pëlqejnë filmat e vjetër.
3 Atij i pëlqen të shkojë në fshat.
4 Atyre u pëlqen të punojnë në kopsht.
5 Juve ju pëlqen të vizitoni shokët.
6 Atyre u pëlqen teatri.
7 Asaj i pëlqen të lexojë libra.
8 Mua nuk më pëlqen të shikoj televizionin.

(5) Agimi ka një motër. Motra e tij është e martuar dhe jeton në një fshat jo larg nga qyteti. Agimi shpesh e viziton motrën. Në verë shkon në fshat çdo të diel. Ai zakonisht rri atje gjithë

(tërë) ditën. Motra e tij ka tre fëmijë, dy djem dhe një vajzë.
Kur moti është i mirë Agimi dhe fëmijët shkojnë në peshkim.
Kur kanë fat e zënë një peshk.

Unit 7

(1) 1 Norës i duhet të blejë disa zarfa.
2 Do t'u shkruajë disa shokëve e shoqeve.
3 Së pari do t'u shkruajë prindërve.
4 Jo, nuk i ka shkruar askujt.
5 Sepse është përtace.
6 Jo, Merita nuk shkruan letra shpesh.
7 Po, atyre u pëlqen të marrin letra.
8 Do t'u tregojë se po kalon mirë në Kosovë.
9 Patjetër.
10 Moti ka qenë i mirë.
11 Në Spanjë.
12 Po, i ka takuar.
13 Kur ka qenë në Angli.
14 Thotë se Nora ka prindër shumë të mirë.
15 Do t'u dërgojë një kartolinë.
16 Ato do të shkojnë në bankë.
17 Nora do të këmbejë ca para.

(2) 1 do të lexosh/do të lexojë
2 do të blesh/do të blejë
3 do të hash/do të hajë
4 do t'i shkruash/do t'i shkruajë
5 do të këmbesh/do të këmbejë
6 do t'i dërgosh/do t'i dërgojë
7 do të zgjedhësh/do të zgjedhë
8 do të flasësh/do të flasë
9 do të rrish/do të rrijë

(3) 1. kam lexuar; 2. ka pëlqyer; 3. ka vizituar; 4. kam treguar;
5. kanë shkuar; 6. ka pushuar; 7. kanë dërguar; 8. kemi
marrë; 9. ke zënë; 10. kam gjetur; 11. kam takuar; 12. kanë
kuptuar; 13. ka dëshiruar; 14. keni shëtitur

(4) 1 Mos udhëto sot për Prizren. Të udhëtojmë nesër bashkë.
2 Mos shko me autobus. Të shkojmë bashkë me taksi.
3 Mos blij cigare. Të blejmë çokolatë.
4 Mos fol anglisht. Të flasim shqip.
5 Mos zër peshq sot. Të zëmë bashkë të dielën.
6 Mos i dërgo Norës një kartolinë nesër. T'i dërgojmë një bashkë sot.
7 Mos mëso frëngjisht. Të mësojmë bashkë turqisht.

(5)
(a) Moti **ka qenë** shumë i keq. Ka qenë ftohtë dhe nuk **kemi shkuar** në kinema unë e Agimi.

(b) – Je e lodhur, Norë.
– Sigurisht. **Kam punuar** në kopsht dy orë.

(c) – Je i gëzuar, Genc.
– Sigurisht. **Kam marrë** një dhuratë për ditëlindje nga një shoqe angleze.

(d) – Kur e ke **blerë** këtë veturë?
– Para tri vjetësh.
– A të ka **punuar** mirë?
– Shumë mirë.

(e) – A ke **ngrënë** drekë?
– Jo, nuk kam **ngrënë** ende.
– Pse?
– Nuk dëshiroj të ha vetëm.

Unit 8

(1) 1 Sot Zana do ta bëjë blerjen.
2 Mendon se tash është e madhe dhe di ta bëjë blerjen.
3 E lejon pa qenë e sigurt se do ta bëjë si duhet.
4 Zana e mori shportën.
5 Ajo veshi pallton.

6 Ajo mbathi këpucët.
7 Është afër shtëpisë së Zanës.
8 Po, e njeh.
9 Pemëshitësi quhet Shpend.
10 Atë blerësit e quajnë Baca Shpend.
11 Ai është njeri i mirë dhe i sjellshëm.
12 Po, e nderojnë.
13 Nga pemët shet: mollë, dardhë, rrush, limonë, qershi, portokaj, banane, fiq, kumbulla, pjeshkë e të tjera.
14 Nga perimet shet: speca, hudhra, qepë, domate, patate, tranguj, karota, groshë e të tjera.
15 Ndonjëherë shet edhe bulmete të ndryshme.

(2)
(a) Sot Zana **do ta bëjë** blerjen për **herë të parë**. Ajo **mendon** se di **ta bëjë** blerjen. Nëna e **lejoi** ta bëjë blerjen pa **qenë** e sigurt se do ta bëjë si **duhet**.

(b) Zana **mori** shportën, **veshi** palton, **mbathi** këpucët dhe **shkoi**.

(c) Dyqani **i pemëve** dhe **perimeve** nuk është larg **shtëpisë** së **Zanës**. Nëna e Zanës **e njeh** pemëshitësin. Ai **quhet** Shpend. Shpendi është **njeri** shumë i mirë dhe **i sjellshëm**. Ai **i njeh** pothuaj të gjithë **blerësit**. Ai shet **pemë** dhe perime **të freskëta**. Ndonjëherë shet edhe **bulmete** të ndryshme.

(d) Sapo hyri në dyqan, Zana i tha pemëshitësit: '**Puna mbarë, Baca Shpend**'. Pemëshitësësi i tha Zanës: '**Mbarë paç, çupa ime. Ç'dëshiron të blesh?**'

(e) Zana i **kërkoi** shitësit një **kilogram** rrush, **gjysmë** kilogrami qepë dhe dy **kilogramë** mollë.

(f) Zana **harroi** t'ia japë të hollat shitësit. Nëna e Zanës **ia jep** më vonë.

(3) 1. bleve; 2. takuam; 3. shkuan; 4. thanë; 5. erdhët; 6. folëm; 7. hynë; 8. lexoi; 9. shkroi; 10. morëm

(4)   1 Sot nuk e lexova gazetën.
  2 Këtë javë nuk i vizitova prindërit.
  3 Sot hëngra drekë në restorant.
  4 Këtë të diel nuk shkova në peshkim.
  5 Këtë të diel Petriti nuk zuri shumë peshq.
  6 Sot Zana e bëri blerjen.
  7 Dje nuk qeshë në shtëpi.
  8 Sot nuk pata shumë punë.
  9 Sot shkova në punë me autobus.
 10 Sot erdha në shkollë në orën njëmbëdhjetë.

Unit 9

(1)   1 Shkuan në piknik.
  2 Me disa shokë e shoqe nga Prishtina.
  3 Në Deçan.
  4 Deçani është pesëmbëdhjetë kilometra larg Pejës.
  5 Aty gjendet një manastir i vjetër.
  6 Hëngrën drekë në një motel.
  7 Shëtitën nëpër malin me drunj të lartë dhe buzë lumit.
  8 Po, shumica u ndien të lodhur.
  9 Veçanërisht qe e lodhur Nora.
 10 Shkuan buzë lumit dhe u ulën për të pushuar.
 11 Dëgjuan muzikë, biseduan, treguan shaka.
 12 Rreth orës pesë pasdite.
 13 Në Prishtinë arritën rreth orës shtatë.

(2)   1 I pashë ca studentë.
  2 I takova shoqet.
  3 Bleva ca libra.
  4 Mora ca letra.
  5 Hëngra ca mollë.
  6 Bleva ca gazeta.
  7 Vizitova ca fshatra.
  8 I kuptova mësimet.
  9 Bisedova me ca djem.

(3)   1 Po i flas Norës.
  2 Po të flas ty.

3 Po u flas disa shokëve.
4 Po të flas ty e Denisit.
5 Po u flas motrave.
6 Po i flas vëllait.
7 Po i flas nënës.
8 Po i flas Merit shqip.
9 Drita po i flet Norës anglisht.
10 Nora po i flet Dritës shqip.

(4) 1. Petriti; 2. Prizreni; 3. Londra; 4. i Zanës; 5. Riçardit; 6. Deçan; 7. shoku; 8. prindërve; 9. motrës; 10. studenteje

(5) 1 Ata e duan skijimin, por më shumë u pëlqen noti.
2 Unë e dua futbollin, por më shumë më pëlqen basketbolli.
3 Beti e do qytetin, por më shumë i pëlqen fshati.
4 Ai e do shiun, por më shumë i pëlqen dëbora.
5 Marku e do filmin, por më shumë i pëlqen teatri.
6 Riçardi e do punën, por më shumë i pëlqen pushimi.
7 Petriti e do televizionin, por më shumë i pëlqen radioja.
8 Meri e do Londrën, por më shumë i pëlqen Oksfordi.
9 Ti i do pemët, por më shumë të pëlqejnë perimet.
10 Ajo i do mollët, por më shumë i pëlqejnë portokajt.

Unit 10

(1) 1 Për birin e saj, Shkumbinin.
2 Jo, ai nuk del shpesh.
3 Jo, pothuaj kurrë nuk shkon në kafene me shokë.
4 Është i përpiktë.
5 U telefonoi shokëve të Shkumbinit.
6 I thanë se nuk dinin gjë për të.
7 Tha: 'Diçka nuk është në rregull'.
8 Ora ishte gati dymbëdhjetë.
9 Një ndjenjë faji.
10 Me një shoqe.

(2) 1 Shkumbini i tha Vjollcës se nuk ishte i dehur.
2 Vjollca e pyeti Shkumbinin me cilin shok ishte.

3 Vjollca i tha Shkumbinit të ulej dhe t'i tregonte ku kishte qenë.
4 Shkumbini i tha Vjollcës se në të vërtetë ishte me një shoqe.
5 Vjollca i tha Shkumbinit se ai kurrë nuk shkonte në kafene.

(3) 1 Tha se po mësonte shqip.
2 Tha se po u shkruante prindërve.
3 Tha se po punonte në kopsht.
4 Tha se qeni po luante me macen.
5 Tha se po e shikonte një film në televizion.
6 Tha se po blinte ca pemë e perime.
7 Tha se po pinte kafe me Petritin.
8 Tha se Nora e Drita po hanin drekë.
9 Tha se Riçardi e Denisi po pushonin.
10 Tha se Drita po bisedonte me turistë.

(4) 1. të blija; 2. të luanin; 3. të pushonin; 4. ta blinin; 5. të bisedonin; 6. të hanin; 7. ta analizonin; 8. ta shpëtonin; 9. të rrinin; 10. ta merrja

(5) 1 Kur cingëroi zilja, unë po vishesha.
2 Kur cingëroi telefoni, ai po rruhej.
3 Kur erdhi Drita, Nora po lahej.
4 Kur erdhi nëna, Drita po krihej.
5 Kur erdhi Meri, Beti po pushonte.
6 Kur dolëm jashtë, po binte shi.
7 Kur u kthye Liza, Nora po flinte.
8 Kur u zgjua Nora, Liza po lexonte.

(6) Marku duhej të lahej e të vishej shpejt këtë mëngjes. I duhej të shkonte në Brajton ta vizitonte një shok. Kur doli jashtë pa se po binte shi. U kthye dhe e mori ombrellën. Pastaj vrapoi që ta zinte trenin. Kur arriti treni ende po priste. Nuk pati kohë ta blinte biletën por e dinte se mund ta blinte në tren. Kur arriti në Brajton shoku po e priste në stacion. Patën shumë t'i tregonin njëri-tjetrit sepse hera e fundit që u takuan

ishte në qershorin e kaluar. Marku i tregoi shokut për vizitën në Kosovë. E kaluan gjithë ditën bashkë. Marku u kthye në shtëpi me tren. Kur arriti në shtëpi rreth orës dhjetë e gjysmë ende po binte shi.

Unit 11

(1) 1 Të rinjtë anglezë u ftuan për drekë nga disa shokë shqiptarë.
2 Në restorantin 'Rugova'.
3 Me punime të ndryshme të artizanatit.
4 Përgatiten edhe gjellë karakteristike shqiptare.
5 Dreka do të jetë në orën dy.
6 Do ta vizitojnë Shpellën e Gadimës.
7 Shpella e Gadimës u zbulua rastësisht.
8 Mendojnë se është e vetmja e këtij tipi në botë.
9 Degëzimi i stalaktiteve në kundërshtim me ligjet e fizikës.
10 Po, Petriti është i bindur se shpella do t'u duket interesante studentëve anglezë.

(2) 1. i mirë; 2. të mirë; 3. e mira; 4. të mira; 5. e mirë; 6. së mirë; 7. të mirë; 8. e mirë; 9. të mira; 10. të mirë; 11. e mirë; 12. të mirë; 13. të mira; 14. të mira

(3) 1 Bisedova me ca djem të mirë.
2 Këto janë ca pisha të larta.
3 Këto dhoma janë të vogla.
4 Lapsat e vegjël janë mbi tryezë.
5 Këto dyer janë të mëdha.
6 Këta libra janë të këqij.
7 Këta djem janë të rinj.
8 Ato vajza janë të reja.
9 Këto male janë të bukura.
10 Ata njerëz janë zemërkëqij.
11 Planet e sotme janë të mira.
12 Këta peshq janë të mëdhenj.
13 Këto qytete janë të vjetra.
14 Këto mollë janë të freskëta.

(4) 1 Këto ndërtesa janë të mëdha.
    2 Këta djem janë të vegjël.
    3 Këto vende janë të bukura.
    4 Këta lumenj janë të gjatë.
    5 Këto male janë të larta.
    6 Këto pisha janë të larta.
    7 Këto qytete janë të vjetra.
    8 Këto angleze janë të lodhura.
    9 Këta pleq janë të mençur.
  10 Këta kuaj janë të shpejtë.

(5) 1 Uji i lumit të vogël është i pastër.
    2 Lulet e kopshtit të madh janë të bukura.
    3 Dhoma e nxënëses së mirë është e vogël.
    4 Kopshti i shtëpisë së bardhë është i madh.
    5 Gjellët e restorantit të mirë nuk janë të këqia.
    6 Fjalët e njeriut të sjellshëm janë të mira.
    7 Drunjtë e rrugës kryesore janë të mëdhenj.
    8 Ditët e dimrit të gjatë janë të ftohta.
    9 Fati i vajzave të bukura është i keq.
  10 Fenomeni i shpellës interesante është i pashpjegueshëm.

(6) 1 Kam një shoqe të bukur.
    2 Kam një shok të sjellshëm dhe të mirë.
    3 Deçani ka pisha të bukura dhe të larta.
    4 Marku ka një qen të madh dhe të mençur.
    5 Lumenjtë kanë ujë të ftohtë.
    6 Dhoma ime ka dritare të madhe.
    7 Bjeshka ka ajër të pastër.
    8 Nora ka një valixhe bukur të rëndë.
    9 Denisi ka një shok të përpiktë.
  10 Ata kanë shtëpi të madhe.
  11 Ky restorant ka birrë të ftohtë.
  12 Kopshti i Betit ka lule të kuqe.

Unit 12

(1) 1 Para disa ditësh ata shkuan në fshat.
    2 Me Meritën.

3 Jeta në fshat është e qetë dhe pa zhurmë.

4 Gjyshi dhe gjyshja e Meritës u lanë mbresë mysafirëve anglezë.

5 U thoshte, 'U rritsh, bija ime' ose 'U gëzofsh, djali im'.

6 U thoshte, 'E marrsh një nuse të mirë' ose 'E gjetsh një djalë të mirë'.

7 'Të ngrëntë qeni' ose 'Mos të çeltë drita'.

8 Gjyshi shpesh u tregonte përralla.

9 I fillonte me 'Paskan qenë . . .'

10 Po.

11 I pyeste krysisht për pleqtë në Angli.

12 I detyroi t'i premtonin se do ta vizitonin përsëri.

13 U tha, 'Ju qoftë rruga e mbarë' dhe 'Ejani përsëri'.

14 U përgjigjën, 'Mbarë paç dhe ju ardhshim për të mirë'.

(2)

(a) 1. paskam; 2. qenka; 3. paska; 4. qenka; 5. punuakan; 6. pastruakan; 7. kënduaka; 8. luaka; 9. bëka; 10. shkruaka; 11. flitka; 12. shkuaka; 13. qenka; 14. qenka; luaka

(b) 1. u laka; 2. u paka; 3. u rruaka; 4. u takuaka; 5. u veshka

(c) 1. paskan ardhur; 2. paska humbur; 3. qenka lënduar; 4. paska pasur; 5. qenka kthyer; 6. qenka gëzuar

(d) 1. po lakësh; 2. po punuakësh; 3. po shitkëshin; 4. po mësuekësh; 5. po luakësh

(3) 1 U pafshim për të mirë.

2 Të bëftë mirë.

3 E marrtë djalli.

4 E thefsh qafën.

5 Qofsh i gëzuar.

6 U gëzofsh.

7 Rrofsh sa malet.

8 Kalofshin mirë.

9 Udhëtofshi mirë.

10 Paç fat.

11 Jetofsh njëqind vjet.

(4) 1 Mos u rritsh kurrë.
     2 Mos u plaksh kurrë.
     3 Kurrë mos u gëzofshi.
     4 Kurrë mos u kthefshi.
     5 Kurrë mos pafshin ditë të mirë.

Unit 13

(1) 1 Në një kafene.
     2 Po e pret Shpendin.
     3 Sapo Fatmiri e porositi një kafe.
     4 Shpendi pati një ditë të prapë.
     5 Sepse i ishte ndalur ora.
     6 Fqinji që banon nën të.
     7 Shpendi kishte harruar ta ndalte ujin në banesë.
     8 Jo, nuk hyri.
     9 Sepse e kishte humbur çelësin.
    10 U desh ta thërriste vëllanë në punë.
    11 U rrëzua në baltë.
    12 Shefi i tij.
    13 I tha të shkonte në shtëpi.
    14 Sepse i kishte premtuar motrës ta priste në stacion.

(2) 1. ishte nisur; 2. kishte larë; 3. kishte pastruar; 4. kishte ngrënë; 5. kishte zënë; 6. kisha premtuar; 7. kishte zënë; 8. kishte punuar; 9. kishte veshur; 10. kishte lexuar; 11. kishte sjellë; 12. kishte harruar; 13. kishte zbritur – ishte rrëzuar; 14. kishte thënë; 15. kishte blerë

(3) Nora tha se një ditë para se të vinte këtu, ishte çuar shumë herë. Kishte ngrënë mëngjes dhe e kishte bërë valixhen gati. Pastaj kishte shkuar në bankë dhe kishte nxjerrë pak të holla. Për drekë kishte shkuar te shoqja e saj, Liza. Kishin ngrënë drekë bashkë dhe kishin biseduar për pushimet. Ia kishte dhënë Lizës një çelës të banesës që të kujdesej për macen dhe për lulet. Më vonë kishte shkuar dhe i kishte vizituar prindërit. Te prindërit kishte ndenjur rreth dy orë. Në mbrëmje kishte shkuar në shtrat më herët se zakonisht. E kishte zënë gjumi menjëherë. Kishte fjetur rreth dhjetë orë atë natë.

(4) 1 S'i kishte parë prindërit një kohë të gjatë.
    2 E kishte pasur atë qen pesëmbëdhjetë vjet.
    3 Ajo kishte jetuar në atë banesë njëzet vjet.
    4 Kisha qenë në pushim dy javë.
    5 Kishin mësuar shqip dy vjet.
    6 S'e kisha lexuar atë libër, por e dija se ishte i mirë.
    7 Kurrë s'kishin kaluar më mirë.
    8 E kishte larë veturën para se të fillonte të binte shi.
    9 E kishte porositur një kafe dhe po e priste shokun.
    10 Ata sapo kishin arritur kur filloi ndeshja.

Unit 14

(1) 1 Riçardi, Beti, Meri dhe Agroni ishin në kinema.
    2 Shikuan filmin 'Uka i Bjeshkëve të Nemuna'.
    3 U pëlqeu shumë.
    4 Veçanërisht u pëlqeu pamja madhështore e bjeshkëve.
    5 Ajo tha se do të kishte jetuar gjithnjë në bjeshkë.
    6 Gjatë dimrit nuk do të jetonte në bjeshkë.
    7 Sepse ka shumë borë dhe bën ftohtë.
    8 U takuan me Markun e Petritin.
    9 Ata po bisedonin për Brezovicën.
    10 Tha se do të ishte mirë të shkonin në Brezovicë të shtunën.

(2) 1. do të të ftoja; 2. do të filloja; 3. do të shkoja; 4. do të shkonte; 5. do të bëja; 6. do ta pinim; 7. do të rrija; 8. do të punoja; 9. do të të donte; 10. do të luanim

(3) 1: c; 2: g; 3: d; 4: l; 5: a; 6: h; 7: i; 8: b; 9: j; 10: e; 11: k; 12: f

(5) Marku e Petriti blenë disa bileta të lotos. Tash po bisedojnë se çka do të blinin po të fitonin shpërblimin e parë, që është shumë i madh. Marku thotë se duhet ta shpenzojnë duke udhëtuar nëpër botë, dhe t'i vizitojnë të gjitha vendet që gjithmonë kanë dëshiruar t'i shohin. Petriti thotë se nuk duhet t'i harrojnë as shokët e tyre. Ai shton se ndoshta do të duhej të vizitonin më pak vende, por të shkonin me shokët e tyre. Në fund Marku thotë se ndoshta do të duhej të prisnin e të

shihnin nëse do të fitonin para se t'i shpenzonin të gjitha të hollat.

Unit 15

(1) 1 Meri ka shpirt romantik.
   2 Po, ajo është adhuruese e madhe e natyrës.
   3 Me bukuritë që ofrojnë Bjeshkët e Sharit.
   4 Ra herët në gjumë.
   5 Që të ngrihej herët të nesërmën.
   6 U ngrit kur kishte zënë të zbardhte agimi.
   7 Mizëria e yjeve kishte zënë të venitej.
   8 Vetëm ylli i mëngjesit shndriste ende.
   9 Nga lindja zunë të shiheshin rrezet e para të diellit.
  10 Thyhen në kreshtat e thepisura të bjeshkëve.
  11 Ato bien në majën e lartë në anën tjetër.
  12 Pret të derdhen mbi të rrezet e diellit.
  13 Dëgjohet ndonjë e lehur e rrallë qensh.
  14 U bashkohet kënga e zogjve.
  15 Dielli nxjerr një sy ku priten dy faqe mali dhe e tregon fuqinë e vet mbi errësirën.
  16 Merin e gjeti ulur mbi një shkëmb.
  17 Po e vështronte bukurinë që magjeps.

(2) 1 Nora është sa e lumtur aq edhe e lodhur.
   2 Petriti është djalë sa i mirë aq edhe i sjellshëm.
   3 Skijimi është sport sa i mirë aq edhe i rrezikshëm.
   4 Drita është sa punëtore aq edhe e zgjuar.
   5 Jeta është sa e ëmbël aq edhe e vështirë.

(3) 1 Ajo është më e mira vajzë.
   2 E pashë më të mirën vajzë.
   3 Kjo është shtëpia e më të mirës vajzë.
   4 Ia dhashë librin më të mirës vajzë.
   5 E mora një letër prej më të mirës vajzë.
   6 Ato janë më të mirat vajza.
   7 I pashë më të mirat vajza.
   8 Kjo është shtëpia e më të mirave vajza.
   9 Ua dhashë librin më të mirave vajza.
  10 E mora një letër prej më të mirave vajza.

Unit 16

(1) 1 Sot kthehen studentët angleze në Angli.
2 Me aeroplan.
3 Në Beograd.
4 Shumë shokë të tyre shqiptarë.
5 Ata janë të pikëlluar.
6 Sepse po kthehet në Angli së bashku me Dritën.
7 Po, Drita ka qenë Angli më parë.
8 Jo, ajo asnjëherë nuk ka kaluar shumë kohë në Londër.
9 Më parë Nora ka jetuar në Jork.
10 Sepse ajo tash studion në Londër.
11 Dy javë.
12 Shpreson të vizitojë pjesët më interesante të Londrës.
13 Marku do të kthehet përsëri në Prishtinë pas disa javësh.
14 Sepse ai do ta studiojë gjuhën shqipe në Prishtinë.
15 Moti është i mirë.

(2) 1 Marku vrapon shpejt.
2 Beti këndon bukur.
3 Ai flet hapur.
4 Ajo fliste lirisht.
5 U takuam rastësisht.
6 Ai zakonisht vonohet.
7 Ky libër kushton shtrenjtë.

(3) 1. pardje; 2. mbrëmë; 3. pasnesër; 4. vjet; 5. kaherë; 6. nesër mbrëma; 7. ditën; 8. natën; 9. verës; 10. dimrit.

(4) 1. keq; 2. këtu; 3. ashtu; 4. ngadalë; 5. larg; 6. pak; 7. vonë; 8. vetëm, 9. andej; 10. gjerësisht; 11. rastësisht

(5) Samiu është nëpunës në një zyrë. Ai shkon në punë çdo ditë por nuk i pëlqen puna shumë. Ai gjithnjë e lexon gazetën në punë. Kur shkon në zyrë ai së pari e plotëson fjalëkryqin në gazetë. Çdo ditë kthehet në shtëpi në orën 3:30. Ai kurrë nuk i ndihmon gruas në kuzhinë. Në mbrëmje zakonisht shikon televizionin. Kur është vikend ai gjithnjë është i lumtur. Çdo të diel shkon në peshkim, por kurrë nuk sjell gjë në shtëpi.

Unit 17

(1) 1 Drita i shkruan Blertës.
2 I tregon se udhëtuan mirë.
3 Jo, këtë herë Drita nuk ka pasur frikë në aeroplan.
4 Rreth orës tre pasdite.
5 Në banesën e Norës kanë shkuar me metro.
6 Kanë vendosur mos të dalin sot.
7 Disa shokë e shoqe të Norës.
8 Ka një lajm shumë të mirë.
9 Asaj i intereson folklori shqiptar.
10 Pas një jave.

(2) 1 Kjo shtëpi është imja.
2 Këta libra janë të mitë.
3 Ato shoqe janë të miat.
4 Këta nxënës janë të mitë.
5 Ky mësues është imi.
6 Kjo mësuese është jona.
7 Këta shokë janë tanët.
8 Ato shoqe janë tonat.

(3) 1 Ky laps është yti.
2 Kjo fletore është jotja.
3 Këta lapsa janë të tutë.
4 Këto fletore janë të tuat.
5 Kjo dhomë është juaja.
6 Ky hotel është juaji.
7 Ato fotografi janë tuajat.
8 Këta shtretër janë tuajt.

(4) 1 Ky laps është i saji.
2 Kjo letër është e tija.
3 Ky kopsht është i tyri.
4 Këto plane janë të tijat.
5 Ato shaka janë të sajat.
6 Ato lule janë të sajat.
7 Ky dyqan është i tiji.
8 Këto fjalë janë të sajat.

(5) 1. tëndit; 2. tëndes; 3. të sajve; 4. të sates; 5. të tijën; 6. tuajin; 7. i tyri; 8. i saji; 9. i suajes; 10. tanët; 11. e tyrja; 12. imja

(6) 1. e saj; 2. e tyre; 3. të tyre; 4. e saj; 5. e tij; 6. e tij; 7. e saj; 8. e tyre; 9. e tyre; 10. e saj

(7) 1 Vetë zogu në të vërtetë nuk fliste pesë gjuhë.
 2 Riçardi i hëngri vetë pesë trofta.
 3 Unë për vete kurrë s'luaj bixhoz.
 4 Ne vetë e ndërtuam shtëpinë.
 5 Në vetë bjeshkët ka shumë bukuri.
 6 Ai kishte harruar se edhe vetë ishte fëmijë dikur.
 7 Ajo e donte vetë atë, jo të hollat e tij.
 8 Vetë e vërteta është shumë e fuqishme.
 9 Pse nuk e bën vetë.
 10 Ata e blenë veturën për vete.
 11 Ai e do veten, por jo të tjerët.
 12 Ai fluturon me ski si vetë zogu.

Unit 18

(1) 1 Sot Drita bëri një shëtitje nëpër Londër.
 2 Liza ishte e lirë.
 3 Kishte vendosur ta shoqëronte Dritën.
 4 Te shkolla e Norës.
 5 Së pari pinë nga një kafe.
 6 Pastaj shkuan në Trafalgar Skuer.
 7 Më këmbë.
 8 Shëtitën nëpër shesh.
 9 Derisa e fotografonte Liza, Drita i ushqente pëllumbat.
 10 Me autobus.
 11 Autobusi ishte dy-katesh.
 12 Shtëpitë e Parlamentit, Big Benin, Uestminster Ebin, etj.
 13 Sepse kishin planifikuar ta vizitonin një ditë tjetër.
 14 Kudo që shkuan Drita bëri shumë fotografi.
 15 Bleu ndonjë kartolinë dhe ndonjë suvenir.

(2) 1. këtë/atë; 2. kësaj/asaj; 3. me këtë/me atë; 4. i këtij/i atij;

5. i kësaj/i asaj; 6. këto/ato; 7. këta/ata; 8. prej kësaj/prej asaj;
9. këtyre/atyre; 10 këtyre/atyre

(3)   1 Ai bleu ca këso mollësh.
   2 Do ta blija një kësi fotoaparati.
   3 Do të dëshiroja të kem një asi shoku.
   4 Ai gjithnjë është marrë me këso punësh.
   5 Kurrë s'kisha parë një aso shpelle.
   6 Nuk kemi shumë këso ditësh të bukura në Angli.
   7 Edhe ai ka pasur aso momentesh të vështira.
   8 Kurrë më parë s'kam qenë në një kësi qyteti kaq të madh.
   9 Nuk dëshiroj të dëgjoj aso këngësh.

(4)   1 E lexova librin të cilin ma dhe javën e kaluar.
   2 Filmi për të cilin më tregove ishte shumë i mirë.
   3 Mësuesi im i vjetër, prej të cilit mësova aq shumë, vdiq
     javën e kaluar.
   4 Thonë se mësuest të cilët janë të mirë plaken por s'vdesin
     kurrë.
   5 Shkrimtarja librin e së cilës e lexova është shumë e mirë.
   6 Përralla të cilën na e tregoi gjyshi i Meritës qe shumë e
     mirë.
   7 Shoqet të cilave u thashë të vinin, s'janë aty.
   8 Vajza nëna e së cilës shkoi në Spanjë, s'pati kohë të vinte.
   9 Fotografitë të cilat i bëmë në Deçan ishin shumë të mira.
   10 Ato të cilave po ua shkruaj këtë letër janë në Angli.

Unit 19

(1)   1 Ngado që shkon Drita e merr me vete fotoaparatin.
   2 Ajo i bën fotografitë te daja i vet.
   3 Ndonjëherë u bën fotografi edhe shokëve e shoqeve të saj.
   4 Ajo i do shtazët.
   5 Sepse do ta vizitojë kopshtin zoologjik.
   6 Sepse i kishin thënë se moti në Angli asnjëherë nuk është
     i mirë.
   7 Ajo fotografoi shumë shtazë.
   8 Në teatrin e hapur.

9 Dramën 'Mbreti Lir'.

10 Dolën në park dhe i hëngrën senduiçat që i kishin marrë me vete.

11 Rreth orës katër pasdite.

12 Sepse Nora dëshironte të pushonte.

13 Ishin marrë vesh të takoheshin me Markun.

14 Sepse iu desh të siguronte biletë aeroplani për Prishtinë.

(2) 1. muze; 2. Muzeun Britanik; 3. banesës së Norës; 4. lumit; 5. gëzimi; 6. bjeshkëve; 7. Partizanit; 8. nesh; 9. meje; 10. Markun; 11. rrugës; 12. studimeve; në një bibliothekë; 13. ndërtesës; 14. jush; 15. shtëpisë sime/shkollë/autobus

(3) 1. vitin e kaluar; 2. tollovisë së madhe; 3. të kësaj; 4. të Prishtinës; 5. të shoqes.

(5) Sporti gjithmonë ka qenë gjë e mirë për njerëzit, veçanërisht tash kur shumë njerëz punojnë brenda në zyra. Fatkeqësisht secili nuk mund të notojë në det apo të ecën në bjeshkë, por ka ndonjë qendër sporti afër shtëpisë së secilit, apo ndonjë park ku mund të vrapojë secili. Për fat të keq sporti tash është lidhur me të holla të mëdha, dhe problemet gjithnjë vijnë bashkë me të hollat. Sporti duhet të sjellë shëndet e miqësi, e jo përleshje e dëm për shoqërinë. Është koha që vlerat e sportit përsëri të jenë karakteristikë kryesore e lojërave të ndryshme. Njerëzit duhet të shkojnë në ndeshje për t'u kënaqur duke shikuar lojëra të mira, dhe njerëzit duhet të merren me sport për hir të vetë sportit, jo vetëm për fitore e për të holla.

Unit 20

(1) 1 Nora u shtri të pushonte pak.

2 Drita filloi të shkruante ca kartolina.

3 Drita e zgjoi Norën në orën pesë e gjysmë.

4 Sepse duhej të bëheshin gati të dilnin.

5 Markun e gjetën me dy shokë.

6 Për datën dhjetë.

7 Te H. Gashi.

8 E kishte gjetur rastësisht.

9 Kafe turke dhe alkohol nga Kosova.

10 Marku e kishte takuar Adilin në zyrën e tij.

(2) 1. F; 2. F; 3. F; 4. F; 5. T; 6. F; 7. F

(3) 1. as/as; 2. sa/aq; 3. nëse; 4. meqë; 5. pasi; 6. derisa; 7. ndërsa; 8. nëse; 9. në; 10. edhe pse; 11. kur; 12. kurdoherë që

Unit 21

(1) 1 I vranët e me riga shiu të kohëpaskohshme.

2 Për çudi, sot Nora u çua e para.

3 Ato dolën nga banesa në orën nëntë.

4 Ciceronët u jepnin shpjegime njerëzve që vinin në grupe.

5 Së pari ato shikuan objekte të qytetërimeve të vjetra.

6 Shikuan ekspozitën me krijime prej qelqi të periudhës romake.

7 Në fund vizituan seksionin e orëve.

8 Bleu disa suvenire e kartolina.

9 Jo, nuk shkuan.

10 I blenë Betit nga një dhuratë.

11 Ishin ftuar në festimin e ditëlindjes së Betit.

(2) 1. thuaju; 2. blima; 3. matmini; 4. dërgoja; 5. sillnani; 6. merrmëni; 7. tregoja; 8. përshëndetmi; 9. zërma; 10. bëju; 11. lexojua; 12. folju; 13. uroja; 14. shpjegona; 15. vizitomi

(3) 1. mos e merr; 2. mos e blij; 3. mos u fol; 4. mos ia mbyll; 5. mos na pritni; 6. mos i ftoni; 7. mos puno; 8. mos ia merr; 9. mos mbill; 10. mos i ujit; 11. mos m'u përgjigj; 12. mos e fotografo

(4) 1. mbahu; 2. mos u brengos; 3. mos u trego; 4. largohu; 5. mos u mashtro; 6. mbulohu; 7. mos u shoqëro; 8. mos u krahasoni; 9. mos u lodhni; 10. mos u përlyeni

Unit 22

(1) 1 Sot është ditëlindja e Betit.
2 Të ftuarit vinin palë-palë.
3 I kishin blerë dhurata.
4 Po, ata ia dinin shijen Betit.
5 Sepse ende po bëhej gati.
6 Ishte bërë të mos e njohësh.
7 Drita e Adili ia uruan ditëlindjen në shqip.
8 Biseduan, treguan shaka, dëgjuan muzikë dhe vallëzuan.
9 Po, ajo ishte shumë e gëzuar.
10 Veçanërisht u kujdes që Drita e Adili të ndiheshin mirë.

(2) 1. çradhit; 2. çrregullojnë; 3. çorganizojnë; 4. zbathet; 5. zhvishet; 6. shpaloj; 7. shkyç; 8. shfajëson; 9. shthur; 10. zbulon

(3) 1 Ai është zverdhur.
2 Ai e ka zvogëluar problemin.
3 Ai e ka zbukuruar dhomën.
4 Ai u skuq në fytyrë.
5 Ai e zgjati mbledhjen.
6 Ai e zgjeroj rrugën.

(4) 1 Më lexohet, por s'kam kohë.
2 Më pihet një gotë lëng.
3 I shkohet në kinema, por s'ka kohë.
4 Na punohet, por jemi përtacë.
5 Më flihet, por duhet t'i shkruaj detyrat.
6 Atyre u vihet, por janë të zënë.
7 Ty të hahet darkë, por mua më duket herët.
8 Ty të rrihet, por mua më punohet.
9 Dritës i pihet një kafe, Norës i hahet një mollë.
10 Nuk na rrihet këtu, por s'kemi ku të shkojmë.
11 Nuk më luhet futboll, por do të vij t'ju shikoj.
12 Sot nuk na notohet sepse jemi të lodhur.

Unit 23

(1) 1 Nënë Tereza qyhej Gonxhe Bojaxhiu.
2 Nga një familje shqiptare.

3 Familja e saj merrej me tregti.

4 Vetëm katër vitet e para të shkollës fillore.

5 Ëndërronte të bëhej mësuese, të shkruante vjersha, të kompononte muzikë.

6 Më vonë ajo zgjodhi rrugën e humanizmit.

7 Ishte tetëmbëdhjetë vjeçare.

8 E përshkruan qytetin Kalkuta.

9 Pa kudo mjerim.

10 I binte në sy se të pasurit ishin evropianë.

11 Për njerëzit që tërhiqnin qerre si të ishin kuaj.

12 Jo, nuk pati dëshirë të vozitej me karrocë.

13 Shumë e lumtur.

14 Nënë e varfanjakëve, e të lënve pas dore, e të sëmurëve, e pleqve të braktisur, e fëmijëve ilegjitimë, e të vetmuarve dhe fatkëqijve.

15 Të tillë mblodhi me mijëra në shumë vende të rruzullit tokësor.

16 Për punën e saj humanitare u nderua me çmimin Nobel.

17 Këtë çmim e mori më 1979.

18 Jo, nuk është vetëm, ajo ka përkrahje të gjerë.

(2) 1. Për të punuar . . . 2. Për të qenë . . . 3. Për të mos u vonuar . . . 4. Për të mos na djegur . . . 5 . . . për të mos u kthyer më kurrë. 6. Për të të mos thënë . . . 7. Për t'u kthyer . . . 8. . . . për t'u takuar . . . 9. . . . për t'i blerë . . . 10. . . . për t'u edukuar.

(3) 1. Me t'u kthyer . . . 2. Me të dalë . . . 3. Me te hyrë . . . 4. Me të marrë . . . 5. Me të përfunduar . . . 6. Me të ngrënë . . . 7. Me t'i hapur . . . 8. Me të kryer . . . 9. Me të rënë . . .

(4) 1 Pa shikuar me kujdes në të dy anët, ai e kaloi rrugën.

2 Pa e kryer një punë, Nora e fillon tjetrën.

3 Pa i pritur shokët, Riçardi filloi të hante.

4 Pa menduar për pasojat, njeriu po e shkatërron natyrën për të holla.

5 Pa qenë i pasur, njeriu s'ka nevojë të brengoset për të holla.

6 Pa e vizituar galerinë, Nora e Drita u kthyen në shtëpi.

7 Pa kërcyer në ujë, njeriu nuk mësohet të notojë.

Unit 24

(1) 1 Sepse ai do të studiojë atje.
2 Sepse Liza nuk e kishte marrë biletën me kohë.
3 Atje arritën vetëm dhjetë minuta para se të fluturonte aeroplani.
4 Pas gjashtë orësh.
5 Petriti e Blerta kishin dalë t'i takonin në aeroport.
6 U ndien sikur të kishin qenë shoqe me vite.
7 Marku e Petriti shkuan në shtëpinë e studentëve.
8 U morën vesh të takoheshin para Fakultetit Filozofik.
9 Ai është i vetëdishëm se do të ketë veshtirësi me gjuhën në fillim.
10 Ai është i sigurt se kjo fazë do të kalojë shpejt.

(2) 1. do të ketë përfunduar; 2. do ta ketë mësuar; 3. do të kenë ndodhur; 4. do të ketë lexuar; 5. do ta ketë dëshpëruar; 6. do të ketë qenë; 7. do të ketë harruar; 8. do t'ia ketë dhënë; 9. do të ketë ardhur . . . do të jetë kthyer; 10. do t'i ketë treguar; 11. do të jetë ftohur; 12. do ta ketë lënë; 13. do ta ketë marrë; 14. do të jenë çlodhur; 15. do të ketë kaluar.

(3) 1 Tha se do të blinte një veturë të re.
2 Tha se do të flinte nja dy orë pasdreke.
3 Tha se nesër do ta vizitonin Shpellën e Gadimës.
4 Tha se do të më shkruante gjithsesi, por jo për motin.
5 Tha se do të më linte një porosi në hotel.
6 Tha se pas dy javësh do të shkonte në pushim në bregdet.
7 Tha se do ta pastronte kuzhinën para se të kthehesha unë.
8 Tha se të nesërmën do të peshkonin, kurse të pasnesërmen do të shkonin në Deçan.
9 Shpresonte se do ta zinin aeroplanin.
10 Tha se do të laheshin në lumë.
11 Tha se ishte e bindur se do të kënaqesha në Angli.
12 Tha se Petriti do të gëzohej kur të na shihte.
13 Tha se kishte vendosur të merrej me sport.
14 Tha se do të ma sillte librin javën tjetër.
15 Tha se pas disa ditësh do ta festonte ditëlindjen.

Albanian – English Vocabulary

In the following vocabulary nouns are followed by a comma and the definite article, and then by another comma and the plural ending (if there is one) or a dash if the noun has the same form in the plural as in the singular. Verbs are given in the first person singular of the Present Indicative which in Albanian is the citation form. Adjectives, when they differ for gender, are followed by the feminine ending. Adjectives ending in **-shëm** for masculine and **-shme** for feminine are usually given separately. The number in brackets (or the letter **s** for supplementary reading) refers to the unit in which the word first occurs.

A

a (1) *question marker*; or
absolút-e (15) absolute
abstrákt-e (11) abstract
absúrd-e (11) absurd
adaptúar (20) adapted
admirím, -i, -e (12) admiration
adrésë, -a, -a (14) address
adhurúes, -i, - (15) admirer (*masc.*)
adhurúese, -i, - (15) admirer (*fem.*)
aeroplán, -i, -ë (16) aeroplane
aeropórt, -i, -e (16) airport (*fem. in pl.*)
áfër (2) near
áfërt (i/e) (11) close
afróhem (s) approach
afsh, -i, -e (24) passion (*fem. in pl.*)
agím, -i, -e (14) dawn (*fem. in pl.*)
agjencí, -a, - (20) agency

aí (1) he; it; that (*masc.*)
ajó (1) she; it; that (*fem.*)
ajrór, -e (20) airline
aksidént, -i, -e (12) accident (*fem in pl.*)
aksión, -i, -e (15) action (*fem. in pl.*)
aktivitét, -i, -e (19) activity (*fem. in pl.*)
aktivizóhem (s) activate (*non-act.*)
aktór, -i, -ë (14) actor
ákull, -i, akuj (s) ice
alkohól, -i (10) alcohol
amerikán-e (3) American
amnezí, -a (15) amnesia
amtár-e (23) motherly
  gjuhë amtáre (23) mother tongue
amvísë, -ja, - (2) housewife
analizój (10) analyze
ánash (16) aside

andáj (20) therefore
andéj (16) that way (*direction*)
anekënd (16) everywhere
anembánë (19) everywhere
ánë, -a, - (15) side
    me anë të (17) by means of
ánës (19) along
anëtár, -i, -ë (2) member (*masc.*)
anëtáre, -ja, - (2) member (*fem.*)
angléz, -i, -ë (3) English;
    Englishman
angléze, -ja, - (3) English;
    Englishwoman
Anglí, -a (2) England
anglísht (3) English (*language*)
áni (4) all right
ankóhem (20) complain (*non-act.*)
ankth, -i, -e (s) anxiety
apó (6) or
aq (15) that much
aq . . . sa (8) as . . . as; so . . .
    that
ar, -i (15) gold
árdhshëm (i) (6) next, coming
    (*masc.*)
árdhshme (e) (6) next, coming
    (*fem.*)
árdhur (7/s) *Participle of* vij
árë, -a, -a (s) cornfield
argjénd, -i (15) silver
arí, -u, -nj (19) bear
aríthi (16) upright
armík, -u, armiq (9) enemy
arómë, -a, -a (s) aroma
arsím, -i education
arsýe, -ja, - (10) reason
art, -i, -e (16) art (*fem. in pl.*)
ártë (i/e) (s) golden
artificiál-e (20) artificial
artíkull, -i, artikuj (18) article
artizanátë, -i, -e (11)
    craftsmanship (*fem. in pl.*)
arríj (8) arrive
arrítur (e) (15) achievement
as . . . as (8/15) neither . . . nor
asáj (6) *Dat. of* ajo

ásgjë (5) nothing
asgjëkáfshë (18) nothing
asgjëkúndi (16) nowhere
asgjësénd (18) nothing
así (18) like that (*masc.*)
asisój, asillój (18) such, of that
    kind
askújt (7) *Dat. of* askush
askúnd (16) nowhere
askurrgjë (18) nothing
askurrkúnd (16) nowhere
askurrkúsh (18) nobody
askúsh (18) nobody
asndonjë (18) none
asnjerí (18) nobody (*lit.* no man)
asnjë (5) none; no . . .
asnjëfárë (18) no . . .; nothing (of
    any kind)
asnjëhérë (16) never
asnjëra (18) nobody (*fem.*)
asnjëri (18) nobody (*masc.*)
asó (18) like that (*fem.*)
aspák (14) at all
aspirín, -i, -a (13) aspirin
asht, -i, éshtra (s) bone
ashtú (7/12) so, like that
    ashtu është (20) that's right
atá (1) they; those (*masc.*)
atë́ (6) *Acc. of* ai/ajo
átë, -i, étër (i) (17) father
atëhérë (5) then
atíj (6) *Dat. of* ai
atíllë (i/e) (18) such, like that
atjé (1) there
atmosférë, -a, -a (22) atmosphere
ató (1) they (*fem.*); those (*fem.*)
atý (9) there
    atý-këtú (15) here and there
atýre (6) *Dat. of* ata/ato
autobús, -i, -ë (3) bus
ávull, -i, avuj (s) steam
avullój (s) evaporate

B

babá, -i, baballárë (2) father
bácë, -a, -a (8) older brother;
  'uncle'
bagëtí, -a (13) livestock
baláncë, -a (19) balance
báltë, -a (13) mud
baltósur (i/e) (13) muddy
bállë, -i, - (19) forehead
bállë (19) opposite
banáne, -ja, - (8) banana
banése, -a, -ë (3) flat
bánkë, -a, -a (1) bank; desk
bankiér, -i, -a (2) banker (masc.)
banój (13) live
banór, -i, -ë (s) resident,
  inhabitant (masc.)
banóre, -ja, - (s) resident,
  inhabitant (fem.)
bánjë, -a, -a (4) bathroom
bar, -i (15) grass
barabártë (i/e) (18) equal
baraspeshím, -i, -e (15) balance
barazím, -i, -e (19) equalization
bardh (11) white (adv.)
bárdhë (i/e) (11) white (adj.)
  i bardhi (4) the white one
    (masc.)
  e bardha (4) the white one
    (fem.)
barí, -u, -nj (9/s) shepherd
bárkas, bárkazi (16) on all fours
barnatóre, -ja, - (3) chemist's shop
bart (s) carry
bárrë, -a, - (s) burden, load
basketbóll, -i (9) basketball
báshkë (5) together
bashkëjetój (22) coexist
bashkëpuním, -i (19) cooperation
Bashkími Sovjetík (3) Soviet
  Union
bashkóhem (15) join (non-act.)
bashkój (15) join
bataníje, -a, - (4) blanket
bébëz, -a, -a (s) pupil (of the eye)
befasí, -a, - (14) surprised

bel, -i, -e (s) waist (fem. in pl.)
besój (8) believe, trust
bëh (ia) (13) here/there I come
bëhem (7) become
bëj (3) do; make
  ia bëj + Dat. (16) do
    (something) about it
  aq më bën I don't care for
  si ia bëre (13) what did you do
    about it
bëlbëzój (s) mutter
bërë Participle of bëj
bërtás (17) shout; cry
bërrýl, -i, -a (s) elbow
bërrylák, -u, -ë (s) bend, angle
bibliotékë, -a, -a (19) library
biçiklétë, -a, -a (20) bicycle
bie¹ (6) fall; hit
  bie në dashuri (16) fall in love
  i bie (14) hit it/him/her
bie² (14) bring
bij (9) pl. of bir
bíjë, -a, -a (4) daughter
bilétë, -a, -a (6) ticket
bind (16) convince
bíndur (i/e) (11) convinced
bir, -i, bij (9) son
bírrë, -a, -a (11) beer
bisédë, -a, -a (16) conversation
bisedój (5) talk
bisht, -i, -a (20) tail
bixhóz, -i (17) gambling
biznesmén, -i, -ë (2) businessman
bjéshkë, -a, - (5) mountain
blegërímë, -a, -a (s) bleating
blej (6) buy
blérës, -e (8) buyer
blerím, -i (s) greenery
blérje, -a (8) shopping; buying
blétë, -a, - (14) bee
bllok, -u, bllóqe block
bodrúm, -i, -e (14) cellar (fem. in
  pl.)
boks, -i (15) boxing
bórë, -a (13) snow
borxh, -i, -e (12) debt

Bósna e Hercegovína (3) Bosnia and Hercegovina
boshnják-e (3) Bosnian
bosht, -i, -e (20) axis
bótë, -a (11) world
botërór-e (18) world (*adj.*)
braktísur (i/e) (23) abandoned
bredh (s) wander
brédhje, -a, - (20) wandering
breg, -u, brígje (9) hill (*fem. in pl.*)
bregdét, -i (24) seaside, seashore
brej (21) gnaw
brénda (2) inside
  brenda për brenda (16) from within
brengós (22) worry (*v.*)
brengósem (10) (get) worried
brengósur (i/e) (10) worried
bri, -ri, -rë (9) horn; rib
bri (12) by (*prep.*)
brígje (9) *pl. of* **breg**
bríta (s) *S. Past of* **bërtas**
Británía e Mádhe (1) Great Britain
britaník-e (18) British
brúshë, -a, -a (s) brush
búall, -i, buaj (9) waterbuffalo bull
buçás (s) pound, beat (*heart*)
budallá, -i, budallénj (15) fool
bújshëm (i) (15) rapid
búkë, -a (18) bread
bukëpjékës, -i, - (2) baker
búkëz, -a, -a small loaf
búkur (i/e) (3) beautiful, pretty
bukurí, -a (15) beauty
bukurósh-e (10) pretty, handsome
bulmét, -i, -e (8) dairy product
bullgár, -i, -ë (3) Bulgarian (*masc.*)
bullgáre, -ja, - (3) Bulgarian (*fem.*)
Bullgarí, -a (3) Bulgaria
bullgarísht (3) Bulgarian (*language*)
burím, -i, -e (20) spring
búrrë, -i, -a (3) man; husband
burrërór manly
bútë (i/e) (18) tame; mild; soft

buzagáz (16) smilingly
búzë, -a, - (16) lip
  vë buzën në gaz (s) smile
búzë (*prep.*) (6/9) by, close to
buzëqéshur (i/e) (22) smiling

C

ca (6) some
cak, -u, caqe (s) point (*fixed*)
caktúar (i/e) (15) particular; determined
ceremoniál, -i, -e (18) ceremony (*fem. in pl.*)
cicerón, -i, -ë (21) guide
cigáre, -ja, - (8) cigarette
  pi cigare (10) smoke (*v.*)
cik (s) touch
cíla (4) which; who (*fem.*)
ciladó (18) who/whichever (*fem.*)
cíli (4) which; who (*masc.*)
cilidó (11) who/whichever (*masc.*)
cingërój (10) ring
cópa-cópa (16) to pieces
cópë, -a, -a (16) piece
  një copë herë (s) a little while
cópë-cópë (16) to pieces

Ç

ç' (2) what
çaj, -i, -a (9) tea
çaj (s) chop; split, break through
  çaj kókën (s) rack one's brain
çántë, -a, -a (2) bag
çast, -i, -e (16) moment (*fem. in pl.*)
çdo (3) each; every
çdollój (18) of all kinds
çdonjerí (18) everyone
çdonjëri (18) everyone, everybody
çekán, -i, -ë (14) hammer
çekísht (3) Czech (*language*)
çekosllovák, -u, -ë (3) Czechoslovakian
Çekosllovakí, -a (3) Czechoslovakia
çel (12) open

çel e mbyll sytë in a flash
çélës, -i, -a (13) key
çélët (i/e) (20) open
çend (22) unpick
çerék, -u, -ë (5) quarter (of an hour)
çënjt (22) subside
çfárë (8/11) what; what kind/like
çfarëdó (18) of whatever kind
çíkëz (një) (s) a little
çízme, çizmja, - (6) boot
çka (3) what
çlirój (22) free, liberate
çlodh (22) rest
çlódhem (10) rest (non-act.)
çmállem (22) relieve nostalgia
çmbështjéll (22) unwrap
çmbledh (22) disperse
çmbush (22) empty (v.)
çmërzís, çmërzít (22) relieve boredom; cheer up
çmim, -i, -e (14) prize; price (fem. in pl.)
çmúeshëm (i) (s) valuable (masc.)
çmúeshme (e) (s) valuable (fem.)
çnderój (22) dishonour, disgrace
çngatërrój (22) disentangle
çngjyrós remove paint
çóhem (16) get up
çoj (5) take to; lift
çokoláte, -a, -a (7) chocolate
çorganizój (22) disorganize
çpunësój (22) dismiss, put out of work
çregjistrój (22) cross out
çrregullím, -i, -e (15) disorder (fem. in pl.)
çrregullój (22) disarrange, throw into disorder
çuar Participle of çoj
çudí, -a, -ra (19) astonishment, wonder
për çudi (19) strangely
çuditem (19) be astonished
çúpë, -a, -a (8) little girl

D

daç . . . daç (20) either . . . or
dájë, -a, - (19) uncle (on mother's side)
dal (10) go out
dalngadálë (s) slowly
danéz, -i, -ë (3) Dane
Danimárkë, -a (3) Denmark
danísht (3) Danish (language)
dárdhë, -a, - (8) pear
dárë (s) pliers
dárkë (5) supper
dásmë, -a, -a (23) wedding
dash, -i, desh (9) ram
dáshur Participle of dua
dáshur (i/e) (10) darling; dear
është dashur . . . (10) it is necessary . . .
dashurí, -a, - (12) love
bie në dashuri (16) fall in love
dashuróhem (16) fall in love, be in love
dátë, -a, -a (20) date
dégë, -a, - (15) branch; department
degëzím, -i, -e (11) branching (fem. in pl.)
deh (24) make drunk, intoxicate
déhem (24) get drunk
déhur (i/e) (5) drunk
dekór, -i, -e (11) decor (fem. in pl.)
déle, -ja, - (13) sheep
depërtój (s) penetrate
derdh (15) pour, spill
dérë, -a, dyer (9) door
déri (6) till, until
derisá (5) while
desh (9) pl. of dash
désha (10) Imperf. of dua
det, -i, -e (15) sea (fem. in pl.)
detýrë, -a, -a (14) duty
detýrë shtëpíe (14) homework
detyrój (12) force, oblige
dëbórë, -a (9) snow
dëfréj amuse
dëftésë, -a, -a (12) receipt

dëgjój (8) hear, listen
dëlírë (i/e) (24) clean
dëm, -i, -e (19) damage (fem. in
  pl.)
dëmshëm (i) (15) damaging (masc.)
dëmshme (e) (15) damaging (fem.)
dëmtoj (12) damage (v.)
dënój (14) punish
dërgój (7) send
dëshírë, -a, -a (5) desire, wish
dëshirój (5) wish, desire (v.)
dëshpërój (24) upset
dëshprím, -i, -e (17) despair (fem.
  in pl.)
di (5) know
dialékt, -i, -e (24) dialect (fem. in
  pl.)
diamánt, -i, -e (17) diamond (fem.
  in pl.)
diçká (8) something
díel (e) (6) Sunday
díell, -i, diej (7) sun
dijetár, -i, -ë (13) learned man
dikë (14) Acc. of dikush
dikú, dikúnd (16) somewhere
dikúr (16) once; at some time
dikúsh (14) somebody
dímër, -i, -a (6) winter
dinák-e (11) cunning
dinár, -i, -ë (6) dinar
disá (1) some, a few
disí (16) somehow
disk, -u, dísqe (22) record (fem. in
  pl.)
diskutím, -i, -e discussion
ditár, -i, -ë (20) diary
dítë, -a, - (5) day
  dita-dítës (16) day by day
  dítë për dítë (16) every day
  ditën e mirë (6) good day (on
    leaving)
dítë-dítë (16) there are days; some
  days
ditëlíndje, -a, - (6) birthday
djálë, -i, djem (2/9) boy
djállë, -i, djaj (12) devil

djáthë, -i, -ra (8) cheese
djáthtas, djáthtazi (16) (on the)
  right
djáthtë (i/e) (11) right (adj.)
dje (8) yesterday
djeg (10) burn
djem (2) pl. of djalë
djérsë, -a, - (s) sweat
djersítur (i/e) (24) sweaty
do (5) future particle
dolláp, -i, -ë (4) wardrobe
dollár, -i, -ë (17) dollar
dollí, -a, - (22) toast
domáte, -ja, - (8) tomato
dórë, -a, dúar (9) hand
  pas dore (23) neglected
dorëzój (22) hand in
dosidó (16) no matter how
dot (12) negation emphasizer
drámë, -a, -a (11) drama
dre, -ri, -rë (19) stag
dredh (22) twist
drédha-drédha (16) tortuously
dredharák-e (s) twisting
drejt (11) towards; straight
  drejt për drejt (16) directly
dréjtë (i/e) (s) straight; just; right
  kam të drejtë (s) I am right
drejtóhem (s) straighten up
drékë, -a, -a (4) lunch
dritáre, -ja, - (4) window
drítë, -a, -a (8) light
dru, -ri, -nj (9) tree; wood
drúajtur (i/e) (s) hesitant, fearful
dúa (5) want; like; love
dúar (9) pl of dorë
duartrokás (22) clap
dúhet (4) should
dúhur (i/e) (16) necessary
dúke (8) while
dúkem (11) seem
dúkje, -a, - (s) appearance, look
duq, -i, -a (cigareje) (s) cigarette
  end
durím, -i (22) patience
durój (17) stand, bear, endure

dy (2) two
dýer (9) *pl. of* derë
dyfish (16) double
dyfishtë (i/e) (14) double
dy-kátesh (18) double-storeyed;
double decker
dyll, -i (21) wax
dymbëdhjétë (2) twelve
dyqán, -i, -e (8) shop (*fem. in pl.*)
dyshemé, -ja, - (13) floor
dýta (e) (8) the second (*fem.*)
dýti (i) (8) the second (*masc.*)
dyzét (2) forty

DH

dháshë (8) *S. Past of* jap
dhe (1) and
dhélpër, -a, -a (19) fox
dhemb (më) hurts
dhémbje, -a, - (20) pain, sorrow
dhëmb, -i, -ë (20) tooth
dhéndër, -i, dhëndurë (23)
bridegroom
dhënë (7) *Participle of* jap
dhënë (e) (24) data
dhjétë (2) ten
dhjetór, -i (6) December
dhómë, -a, -a (4) room
dhurátë, -a, -a (6) present
dhurúar (i/e) (24) awarded

E

e (1) and
éci (5) walk
edukóhem (23) be brought
up/educated
edhé (1) and; also, too
edhe më (13) more, still more
edhe në (20) even if
edhe pse (20) although
edhé . . . edhé (20) both . . . and
egjiptián-e (21) Egyptian
éja! (4) come!
ekíp, -i, -e (13) team (*fem. in pl.*)
ekonomík-e (18) economic
ekspozítë, -a, -a (21) exhibition

ekspozúar (i/e) (21) exhibited
ekzisténcë (19) existence
elefánt, -i, -ë (19) elephant
émër, -i, -a (20) name
end (22) weave
énde (7) still, yet
energjí, -a (18) energy
énë, -a, - (12) dish, cooking pot
énjte (e) (6) Thursday
épërm (i) (18) upper (*masc.*)
épërme (e) (18) upper (*fem.*)
érdha (8) *S. Past of* vij
érë, -a, -ra (18/10) wind; smell;
scent
marr erë (8) sniff
i vjen era (23) it stinks/smells
errësírë, -a (10) darkness
éshtra (s) *pl. of* asht
étër (17) *pl. of* atë
etj. (e të tjérë/a) (12) etc.
Evrópë, -a (7) Europe
evropián-e (23) European

Ë

émbël (i/e) (15) sweet
ëmë, -a, -a (10) mother
e ëma (10) his/her mother
éndërr, -a, -a (24) dream
ëndërrój (23) dream (*v.*)
ënjt (22) swell (*v.*)
éshtë (1) is

F

faj, -i, -e (10) guilt (*fem. in pl.*)
fajësój (9) blame
fakultét, -i, -e (1) faculty (*fem. in
pl.*)
fal (5) give away; excuse
më fal (5) excuse me
fála (të) (17) regards
falemndérit (1) thanks
falenderój (s) thank
fámë, -a (18) fame
famílje, -a, - (2) family
fáqe, -ja, - (15) face; cheek
fáre (10) at all

fárë, -a, -a (s) seed
farmacíst, -i, -ë (2) pharmacist,
chemist (masc.)
fat, -i (6) luck
fatkéq-e (11) unfortunate, hapless
fatkeqësí, -a, - (17) accident
fatkeqësísht (16) unfortunately
fatkëqíj-a (11) unfortunate (pl.)
fatmirësísht (16) luckily
fázë, -a, -a (24) period, phase
fenomén, -i, -e (11) phenomenon
(fem. in pl.)
festím, -i, -e (21) celebration (fem.
in pl.)
festój (24) celebrate
fëmíjë, -a, - (3) child
fërgúar (i/e) (11) fried
fërshëlléj (s) whistle
fíje (16) thread
fik (10) put out
fik, -u, fiq (8) fig
film, -i, -a (19) film
filozofík-e (1) philosophic; of
philosophy
filxhán, -i, -a (s) coffee pot
fill (s) immediately
fillój (10) begin
fillór-e (1) elementary, primary
finlandéz, -i, -ë (3) Finn
Finlándë, -a (3) Finland
finlandísht (3) Finnish (language)
fish (16) -fold
fitój (14) win; earn
fitóre, -ja, - (19) winning, victory
fizíkë, -a (11) physics
fjalamán, -i, -ë (18) chatterbox
(masc.)
fjalamáne, -ja, - (18) chatterbox
(fem.)
fjálë, -a, - (10) word
fjalëkrýq, -i, -e (16) crossword
(fem. in pl.)
fjalí, -a, - (20) sentence
fjeta Imperf. of fle
fjétje, -a (4) sleeping
flákë, -a flame

flákur (i/e) (23) thrown out
flas (3) speak
fle (10) sleep
flétë, -a, - (s) leaf
fletóre, -ja, - (2) notebook
flija Imperf. of fle
flísja (16) Imperf. of flas
flok, -u, -ë (13) hair (fem. in pl.)
flókë-flókë (16) in flakes
florí, -ri (s) gold
flútur, -a, -a (14) butterfly
fluturím, -i, -e (20) flying
fluturímthi (16) quickly, flying
fluturój (16) fly (v.)
fókë, -a, -a (19) seal
folklór, -i (17) folklore
folkloрík-e (11) folk
folur Participle of flas
fólur (të) (22) speaking
fond, -i, -e (19) fund (fem. in pl.)
fórcë, -a, -a (23) force
formalitét, -i, -e (24) formality
(fem. in pl.)
formój form (v.)
fort . . . (i mirë) (16) very . . .
(good)
fórtë (i/e) (11) strong
fotoaparát, -i, -e (14) camera (fem.
in pl.)
fotográf, -i, -ë (19) photographer
fotografí, -a, - (10) photo
fotografím, -i, -e (19) taking
photos (fem. in pl.)
fqínjë, -a, -a (6) neighbour (fem.)
fqínjë, -i, - (6) neighbour (masc.)
Fráncë, -a (3) France
fréna (14) brakes
frenój (22) brake (v.)
fréskët (i/e) (8) fresh
freskóhem (10) refresh
frëng, -u, frëngj (3) French;
Frenchman
frëngjísht (3) French (language)
fríkë, -a (17) fear
kam frikë (17) I am afraid
fryj (8) blow

frýmë, -a (s) breath; wind
   marr frymë (s) breathe
fryt, -i, -e (s) product (fem. in pl.)
fsháçe (16) as in a village
fshat, -i, -ra (5) village
fshatár, -i, -ë (9) villager (masc.)
fshatárçe (16) as in a village
fsheh (20) hide
fshéhtas, fshéhtazi (16) secretly
fshéhur (16) hidden
fshij (21) wipe
ftésë, -a, -a (21) invitation
ftóhem (13) get cold, catch a cold
ftóhtë (adv.) (4) cold
ftóhtë (i/e) (7) cold
ftóhtët (të) (14) the cold
ftoj (11) invite
ftúar (i/e) (21) invited
fund, -i, -e (12) end, bottom (fem. in pl.)
   fund e krýe (16) tip to toe, top to bottom
fúndit (i/e) (10) last
funksionój (17) function
fuqí, -a, - (15) strength, force
fuqíshëm (i) (17) powerful, strong (masc.)
fuqíshme (e) (17) powerful, strong (fem.)
fúrrë, -a, -a (17) oven
fustán, -i, -a (13) dress
fúshë, -a, -a (14) field
futbóll, -i (9) football
futbollíst, -i, -ë (19) footballer
fútem (20) get inside
fyt, -i, -a (s) throat
fýtas, fýtazi (16) at each other's throats
fytýrë, -a, -a (10) face

G

gabím, -i, -e (8) mistake (fem. in pl.)
gabój (8) make a mistake
galerí, -a, - (16) gallery

garázh, -i, -e (14) garage (fem. in pl.)
gargará (bëj) (s) gargle
gáti (4/7) ready; almost
gatúaj (18) make bread/a pie; cook
gaz, -i, -e (s) joy
gazetár, -i, -ë (2) journalist (masc.)
gazétë, -a, -a (5) newspaper
gdhend (21) carve
gdhírë (të) (19) dawn
gëlqerós (14) paint (with lime)
gëllënkë, -a, -a (s) sip
gënjeshtár, -i, -ë (17) liar (masc.)
gënjeshtáre, -ja, - (17) liar (fem.)
gërrýer (i/e) (s) scraped, eroded
gëzím, -i, -e (19) joy, happiness
gëzóhem (7) be/get pleased, glad
gisht, -i, -a/ërinj (14) finger; toe
godítje, -a, - (s) strike, knock
gójë, -a, - (16) mouth
gojëmádhe (11) big-mouthed (fem.)
gojëmjáltë (11) honey-mouthed
gol, -i, -a (13) goal (sport)
gómë, -a, -a (12) tyre; rubber
gostí, -i, - (20) party, feast
gótë, -a, -a (10) glass
gra (9) pl. of grua
gramafón, -i, -a (22) record player
grek, -u, -ë (3) Greek (people)
grep, -i, -a (6) hook
Greqí, -a (3) Greece
greqísht (3) Greek (language)
grísje, -a, - (s) tear
gróshë, - (8) bean
grúa, -ja, gra (9) woman; wife
grup, -i, -e (16) group (fem. in pl.)
grúpe-grúpe (16) in groups
grýkë, -a, -a (9) gorge
gur, -i, -ë (s) stone
gúshë, -a, -a (s) throat; chin
gusht, -i (6) August

GJ

gjak -u (s) blood
gjálpë, -a (8) butter

gjallésë, -a, -a (15) being
gjállë (i/e) (20) alive, living; lively
gjallërí (s) liveliness
gjárpër, -i, -inj (14) snake
gjarpërój (9) snake (*v.*)
gjarpërúshe, -ja, - (s) female snake
gjáshtë (2) six
gjashtëdhjétë (2) sixty
gjashtëmbëdhjétë (2) sixteen
gjátë (7) during
gjátë (i/e) (9) long; tall
gjej (4) find
gjélbër (11) green (*adv.*)
gjélbër (i/e) (11) green (*adj.*)
gjelbërím, -i (23) greenery
gjéllë, -a, - (11) dish
  lista e gjellëve (11) the menu
gjéndem (9) be situated
gjéndje, -a, - (24) state, situation
gjérë (i/e) (15) wide
gjerësísht (16) widely, lengthily
gjermán, -i, -ë (3) German
Gjermaní, -a (3) Germany
gjermanísht (3) German
  (*language*)
gjersá (20) until; while
gjetíu (20) elsewhere
gjë, -ja, -ra (8) thing
gjëkáfshë (18) something
gjëkúndi (16) somewhere, some
  place
gjësénd (18) something
gji, -ri, -nj (23) bosom, breast
gjips, -i (9) gypsum; cast, plaster
gjiráfë, -a, -a (19) giraffe
gjithashtú (12) also
gjithçká (10) everything
gjíthë (të) (1) all
gjithfárë (18) of all kinds
gjithhérë (16) always
gjithkúsh (13) everybody
gjithmónë (16) always
gjithnjë (7) always
gjithsahérë (20) whenever
gjithsesí (7) by all means
gjója (20) as if

gju, -ri, -nj (16) knee
gjuetár, -i, -ë (19) hunter
gjúhë, -a, - (3) language; tongue
  gjuhë amtáre (23) mother
    tongue
  gjuhë letráre (24) standard
    language
gjúmë, -i (11) sleep
  më zë gjumi (13) I fall asleep
gjúnjas, gjúnjazi (16) on one's
  knees
gjýsmë, -a, -a (5) half
gjysh, -i, -ër (5) grandfather
gjýshe, -ja, - (5) grandmother

H

ha (4) eat
habí, -a, - (12) surprise
habítem (13) be surprised
hall, -i, -e (13) problem (*fem. in
  pl.*)
hap (10) open (*v.*)
hap, -i, -a (s) step
hápur (16) openly
haréshëm (i) (16) cheerful (*masc.*)
haréshme (e) (16) cheerful (*fem.*)
hartím, -i, -e (15) composition
  (*fem. in pl.*)
harrój (7) forget
hedh (20) throw (*v.*)
hédhje, -a, - (s) throw (*n.*)
helm, -i, -e (14) poison (*fem. in
  pl.*)
helmatísur (i/e) (s) poisoned
helmúes-e (20) poisonous
hem . . . hem (20) both . . . and
heq (8) remove; take off
hercegovás, -i, - (3) Hercegovinian
hérë, -a, - (7) time(s)
  një/dy/tri herë
    once/twice/three times
  sa herë (që) (9) whenever, how
    many times
  herë pas herë (s) from time to
    time

hérë-hérë (15) at times, now and again
hérët (5) early
hesht (18) be silent
hënë, -a (15) moon
hënë (e) (6) Monday
hëngra (8) *S. Past of* **ha**
hiçasgjë (18) nothing
hiçgjëfáre (18) nothing at all
híje, -a, - (10) shade, shadow
hip (13) get on, mount
híqem (24) remove oneself
hir, -i (19) sake
për hir të . . . (19) for the sake of
hóbi, -, - (6) hobby
holandéz, -i, -ë (3) Dutch
Holándë, -a (3) Holland
holandísht (3) Dutch (*language*)
hólla (të) (8) money
hóllë (i/e) (s) thin
hollësísht (16) in detail
hop (s) jump, leap
hotél, -i, -e (1) hotel (*fem. in pl.*)
hov, -i, -e (16) leap; pounding, thudding run-up, stride (*fem. in pl.*)
húaj (i/e) (17) foreign, strange
húdhër, -a, -a (8) garlic
humanitár-e (23) humanitarian
humanízëm, -i (23) humanity; humanism
humb, humbás (8) lose
húmbje, -a, - (19) defeat
húmbur (i/e) (16) lost
húndë, -a, - (s) nose
hundë e buzë (16) flat on one's face (*adv.*)
hundëshkábë (11) hook-nosed
hungaréz, -i, -ë (3) Hungarian
Hungarí, -a (3) Hungary
hungarísht (3) Hungarian (*language*)
húrpë, -a, -a (s) sip
hutúar (i/e) (20) confused
hyj (8) enter

hýrje, -a, - (s) entrance

I

idé, -ja, - (5) idea
íki (17) run away
ilegjitím-e (23) illegitimate
im (2) my (*with masc. sing. nouns*)
imagjinátë, -a (21) imagination
íme (2) my (*with fem. sing. nouns*)
ímët (i/e) (s) tiny
imponój (s) impose
inát, -i (s) spite, malice
për inat (s) out of spite
indián-e (19) Indian
indiferént-e (s) indifferent
infermiér, -i, -ë (2) male nurse
infermiére, -ja, - (2) nurse (*fem.*)
intelektuál, -i, -ë (19) intellectual (*masc.*)
interés, -i, -a (15) interest
interesánte (13) interesting
interesóhem (17) be (become) interested
interesúar (i/e) (17) interested
inxhiniér, -i, -ë (2) engineer (*masc.*)
inxhiniére, -ja, - (2) engineer (*fem.*)
isha *Imperf. of* **jam**
Italí, -a (3) Italy
italián -i, -ë (3) Italian
italísht (3) Italian (*language*)
izolúar (i/e) (14) isolated

J

ja (1) here it is (*a modal particle*)
jákë, -a, -a (s) collar
jam (1) be; I am
jánë (1) (they) are
janár, -i (6) January
jap (6) give
japonéz, -i, -ë (3) Japanese
Japoní, -a Japan
japonísht (3) Japanese (*language*)
jáshtë (9) outside
jávë, -a, - (6) week

javën e ardhshme (12) next week
je (1) you (*sing.*) are
jehónë, -a, -a (s) echo
jémi (1) we are
jéni (1) you (*pl.*) are
jépem be addicted, *lit.* be given
jetésë, -a (19) living
jetë, -a (12) life
jetëshkrím, -i, -e (23) biography
(*fem. in pl.*)
jetój (3) live
jo (1) no
   jo që . . . por (20) not that . . .
   but
   jo vétëm që (12) not only
jónë (6) our (*with fem. sing.
   nouns*)
jóte (2) your (*with fem. sing.
   nouns*)
ju (1) you (*pl.*)
júaj (6) your (*with sing. nouns*)
jug, -u (24) south
jugór-e (19) southern
jugosllláv, -i, -ë (3) Yugoslav
Jugosllávi, -a (3) Yugoslavia
jush (6) *Abl. of* **ju**
júve (6) *Dat. of* **ju**

K

ka (6) there is/are
ka, -u, qe (9) ox
kabínë, -a, -a (20) cabin
kafé, -ja, - (káfja) (5) coffee
kafé turke (20) Turkish coffee
kafené, -ja, - (5) cafe
káfshë, -a, - (s) animal
kafshój (s) bite
kalb (s) rot
kálë, -i, kuaj (9) horse
kalímthi (16) in passing
kalój (6) pass, spend (*time*)
   qóftë e kalúar (12) may it belong
   to the past
káltër (11) blue (*adv.*)
káltër (i/e) (11) blue (*adj.*)
kalúar (16) riding (*a horse*)

kalúar (i/e) (10) last (*time*)
kalúara (e) (21) the past
kam (3) (I) have
kamariér, -i, -ë (2/11) waiter
kamariére, -ja, - (2/11) waitress
kampionát, -i, -e (19)
   championship (*fem. in pl.*)
kamxhík, -u, -ë (s) whip
kanál, -i, -e (9) channel; canal
kap (17) catch, grab
kápem (17) (get) caught
kaq (15) this much
karakteristík-e (11) characteristic
   (*adj.*)
karakteristíkë, -a, -a (19)
   characteristic (*n.*)
karótë, -a, -a (8) carrot
kartolínë, -a, -a (6) postcard
karríge, karrigia, - (4) chair
karrócë, -a, -a (23) carriage, cart
kat, -i, -e (5) floor, storey (*fem. in
   pl.*)
   autobús dy-kátesh (18)
   double-decker bus
katalóg, -u, -ë (21) catalogue
katedrálë, -a, -a (18) cathedral
kátër (2) four
katërmbëdhjétë (2) fourteen
ke (3) you (*sing.*) have
keq (5) badly
   më vjen keq (5) I am sorry
keq (i/e) (7) bad
keqpërdór (22) misuse
kë (4) *Acc. of* **kush**
këmbë, -a, - (4) foot; leg
   më këmbë (4) on foot
këmbéj (7) exchange
këmbím, -i, -e (18) shift, exchange
   (*fem. in pl.*)
kënáqem (9) enjoy, please (oneself)
këndéj (16) this way
këndój (5) sing
këndshëm (i) (12) nice, sweet
   (*masc.*)
këndshme (e) (12) nice, sweet
   (*fem.*)

këngë, -a, - (5) song
këngëtár (19) singer
këpúcë, -a, - (8) shoe
kërcéj (19) jump
kërkésë, -a, -a (24) application, requirement
kërkój (8) ask for, look for, request
kësáj (6) *Dat. of* kjo
kësí (18) like this (*masc.*)
kësillój (18) of this kind
kësisój (16) like this
kësó (18) like this (*fem.*)
Kësulkúqe, -ja (14) Red Riding-hood
kështú (14) like this
kështu që (18/20) so, so that
këtá (1) these (*masc.*)
këtë (3) *Acc. of* ky
këtíj (6) *Dat. of* ky
këtíllë (i/e) (18) such; like this
këtó (1) these (*fem.*)
këtú (1) here
këtýre (6) *Gen./Dat. of* këta/këto
kilográm, -i, -ë (8) kilogram
kilométër, -i, -a (9) kilometer
kimík-e (11) chemical
kind, -i, -a (s) hem
kinemá, -ja, - (5) cinema
kinéz, -i, -ë (3) Chinese (*people*)
kinezísht (3) Chinese (*language*)
Kínë, -a (3) China
kisha *Imperf. of* kam
kjo (1) this (*fem.*)
klásë, -a, -a (2) class
klasík-e (6) classical
klímë, -a (s) climate
kódër, -a, -a (s) hill
kóhë, -a, -ra (5) time
   kohë pas kohe (12) from time to time
   me kohë (16) with/in time
   nuk më del kohë I have no time
kohëpaskóhshëm (i) (21) from time to time (*adj. masc.*)

kohëpaskóhshme (e) (21) from time to time (*adj. fem.*)
kókë, -a, -a (13) head
   kokë për kokë (16) head to head
kokëçárje, -a, - (12) problem
kokëkúngull, -i, kokëkunguj (11) squash-headed
kokëmísh (11) blockhead, stupid
kolégj, -i, -e (6) college
kollítur (e) (s) cough (*n.*)
kolltúk, -u, kolltuqe (s) armchair
komandój (17) command, give orders
kombëtár-e (7) national
kompaní, -a, - (20) company
   kompani ajróre (20) airline company
kompjutér, -i, -ë (9) computer
komponój (23) compose
koncért, -i, -e (12) concert (*fem. in pl.*)
konkrét concrete
konstruktój (9) construct, make
kontinentál-e (19) continental
kontrollím, -i, -e (20) controlling (*fem. in pl.*)
kontrollój (12) control
konják, -u, konjéq (s) cognac
koprrác, -i, -ë (10) miser (*masc.*)
koprráce, -ja, - (10) miser (*fem.*)
kopsht, -i, -e (3) garden (*fem. in pl.*)
   kopsht zoologjik (19) zoo
korrékt-e (13) correct
korridór, -i, -e (21) corridor (*fem. in pl.*)
korrík, -u (6) July
kos, -i (8) sour milk
kosovár, -i, -ë (3) Kosovar
Kosóvë, -a (3) Kosovo
kot (16) in vain
kótem (17) doze (*non-act.*)
krah, -u, -ë (s) shoulder; arm
kraharór, -i, -ë (s) chest, breast
kráhas (19) alongside with

krahasím, -i, -e (19) comparison (*fem. in pl.*)
krahasój (21) compare
krejt (8) entirely; everything
krenarí, -a, - (17) pride
  me krenari (17) proudly
kréshtë, -a, -a (15) crest
kríhem (10) comb (*v.*)
krijím, -i, -e (21) creation (*fem. in pl.*)
krijój (15) create
krijúes-e (11) creative
krijúes, -i, - (11) creator (*masc.*)
krijúese, -ja, - (11) creator (*fem.*)
Kroací, -a (3) Croatia
kroát, -i, -ë (3) Croat
krúa, krói, króje (s) spring; tap (*fem. in pl.*)
krúaj (12/15) scratch
krushk, -u, krushq (23) wedding guest (*masc.*)
krúshkë, -a, -a (23) wedding guest (*fem.*)
krye (22) top
krýej (19) finish
kryesísht (12) mainly
kryesór-e (1) main
kryevépër, -a, -a masterpiece
krýhem (17) (am) finished
kryq, -i, -e (s) cross (*fem. in pl.*)
kthéhem (6) return (*non-act.*)
kthej (8) turn; pour
  kthej shpínën (23) turn the back
kthjéllët (i/e) (15) clear, cloudless
ku (1/20) where
kuáj (9) *pl. of* kalë
kudó (12) wherever
kufí, -ri, -j (s) border
kujdés, -i (12) care, attention
kujdésem (13) take care (*non-act.*)
kujt (i/e) (4) *Gen. of* kush
kujtím, -i, -e (9) keepsake, souvenir (*fem. in pl.*)
kujtóhem (12) think (*non-act.*)
  më kujtohet (12) I remember

kujtój (14) remember
kulár, -i, -ë (s) bow
kultúrë, -a, -a culture
kúllë, -a, -a (18) tower
kullóhem (20) become clean, be filtered
kumbój (s) echo (*v.*)
kúmbull, -a, -a (8) plum
kund (s) anywhere
  pa kund njerí (s) without a man anywhere
kúndër (19) against
kundërmój (10) smell
kundërshtím, -i, -e (11) opposition, contrariness (*fem. in pl.*)
kundërshtój (23) refuse, contradict, oppose
kúndërt (i/e) (s) opposite
kúpë, -a, -a (19) cup (*sport*)
kuptój (3) understand
kuq (11) red (*adv.*)
kuq (i) (11) red (*adj. masc.*)
kuqe (e) (11) red (*adj. fem.*)
kur (3) when
kurdís (22) set (*clock*)
kúrdo (16) whenever
kurdohérë (16) whenever, anytime
kurórë, -a, -a (15) crown
kurorëzój crown; wed (*v.*)
kurs, -i, -e (19) course (*fem. in pl.*)
kursé (2) whereas
kúrrë (9) never
  kúrrën e kúrrës (16) never ever
kurrfárë (18) no, no kind of, nothing at all
kurrgjë (18) nothing
kurrkúnd (16) nowhere
kurrkúsh (18) nobody
kush (4) who
kushdó (17) whoever
kushedí (20) who knows
kushërí, -ri, -nj (17) cousin (*masc.*)
kushërírë, -a, -a (17) cousin (*fem.*)
kusht, -i, -e (20) condition (*fem. in pl.*)

me kusht që (20) with the condition that
kushtój (8/24) cost; devote
  kushtoj kujdés (24) pay attention
kutí, -a, -a (8) box
kuzhínë, -a, -a (4) kitchen
ky (1) this (*masc.*)
kyç (22) switch on

L

lag (14) soak, wet
lágem (14) (get) soaked, wet
láhem (9) get washed
lahúr, -i (20) fine cloth
laj (9) wash
lajm, -i, -e (17) news (*fem. in pl.*)
lajmërój (10) inform
lakuriqësí, -a (24) nakedness
lamtumírë (23) goodbye, farewell
laps, -i, -a (2) pencil
lárë (12) *Participle of* **laj**
larg (2) far
largësí, -a, - (15) distance
lárgët (i/e) (23) remote
largóhem (16) go away, move away (*non-act.*)
largój (23) move (something) away
largpámës-e (15) far-sighted
lart (9) high; up (*adv.*)
lártë (i/e) (9) high, tall
lashë (8) *S. Past of* **lë**
le që . . . por (20) not only . . . but also
leh bark
léhtas (16) easily
léhtë (9) easily
léhtë (i/e) (23) easy; light (*in weight*)
lehtësí (19) ease
  me lehtësí (19) easily
lehtësóhem be released
léhur (e) (15) barking
lejój (8) permit, let, allow
lépur, -i, lepuj (9) hare; rabbit
léshra (s) hair

létër, -a, -a (7) letter; paper
  marr letër (7) receive a letter
letërsí, -a, - (3) literature
letráre (24) literary
lexój (7) read
lë (8) leave
lëkúrë, -a, -a (24) skin
lëndím, -i, -e (s) injury (*fem. in pl.*)
lëndój (12) injure, hurt
lénë (i/e) (23) left (*adj.*)
lëng, -u, lëngje (9) juice
  lëng pemësh (9) fruit juice
lëshóhem (s) go down (*non-act.*)
lëshój (6) drop; let go
lëviz (s) move
líbër, -i, -a (6) book
lídhje, -a, - (19) connection
lídhur me (21) in connection with
lig (i), **të ligj** (11) weak, bad (*masc.*)
lígë (e), **të liga** (s) weak, bad (*fem.*)
ligj, -i, -e (11) law
ligjërátë, -a, -a (18) lecture
likér, -i, -e (10) liqueur (*fem. in pl.*)
limón, -i, -ë (8) lemon
línd(em) (18) (be) born
líndje, -a (15) east; sunrise; birth
liqén, -i, -e (6) lake
lírë (i/e) (6) free; cheap
lirísht (16) freely
lirój (22) free
lis, -i, -a (13) oak tree; big tree
lístë, -a, -a (11) list
livádh, -i, -e (s) meadow (*fem. in pl.*)
lódër, -a, -a (20) toy
lodrój (20) run around
lodh (7) tire
  nuk lodhet (6) doesn't care
lódhem (6) get tired
lódhje, -a (23) tiredness
lódhur (i/e) (1) tired
lójë, -a, -ra (13) game
lópë, -a, - (18) cow

mish lope (18) beef
lot, -i, - (lotët) (9) tear (n.)
lóto, -ja, - (14) lottery
loz (24) play (n.)
lúaj (7) play (v.)
luán, -i, -ë (14) lion
luftój (16) fight
lúgë, -a, - (21) spoon
lugínë, -a, -a (s) valley
lúle, -ja, - (6) flower
lulëzój (s) blossom
lulkúq, -i, -ë (s) poppy, corn poppy
lúmë, -i, -enj (luménj) (9) river
lúmtur (i/e) (15/22) happy
lut (s) plead, pray
    të/ju lutem (2) please
lýej (21) paint (with colour etc.)
lym, -i (s) silt

LL

lloj, -i, -ra (18) kind, sort
lloj-lloj (18) of different kinds

M

máce, -ja, - (4) cat
madjé (18) even
madh (i), (të mëdhenj) (1) big
    (masc.)
mádhe (e), (të mëdha) (1) big
    (fem.)
madhësí, -a, - (19) size
madhështór-e (14) magnificent
magnetofón, -i, -a (22) tape
    recorder
magjéps (15) enchant
mahnís, mahnít (21) amaze
mahnítshme (e) (20) astonishing
maj, -i (6) May
májë, -a, - (15) peak
majmún, -i, -ë (19) monkey
májtas, májtazi (16) on the left
májtë (i/e) (11) left
    në të majtë (11) on the left
mal, -i, -e (9) mountain; forest
    (fem. in pl.)
malazías, -i, - (3) Montenegrin

Máli i Zi (3) Montenegro
malór-e (s) mountain (adj.)
mall, -i, -ra (6) goods
    shtëpia e mallrave (6) the
        department store
mallóhem (22) long for
manastír, -i, -e (5) monastery
    (fem. in pl.)
maqedón, -i, -ë (3) Macedonian
Maqedoní, -a (3) Macedonia
maqedonísht (3) Macedonian
    (language)
mars, -i (6) march
mártë (e) (6) Tuesday
martóhem (23) get married
martúar (i/e) (3) married
marr (6) take
márrë (i/e) (s) stupid
marrósje, -a (s) stupidity
máshkull, -i, méshkuj (19) male
mashtrój (18) cheat
matánë (19) across, on the other
    side
mbaj (8) hold, keep
    mbaje veten (21) hold yourself
        together
mbárë (8) well; the whole
mbarój (10) finish
mbas (19) after, behind
mbasí (që) (20) since
mbath (8) put on (shoes, socks)
mbáthem (22) put on (shoes,
    socks)
mbétem (11) remain (non-act.)
mbërthéj (s) clasp
mbështétem (s) lean (non-act.)
mbështjéll (22) wrap
mbi (11) on, over
    mbi se (18) on what
mbiémër, -i, -a (20) surname
mbij (s) sprout (v.)
mbishkrím, -i, -e (18) inscription
    (fem. in pl.)
mbjell (12) plant (v.)
mbledh (13) gather, collect
mblédhje, -a, - (22) meeting

mbrapsht (9) upside-down; inside-out
mbrésë, -a, -a (12) impression
mbret, -i, -ër (13) king
mbretëréshë, -a, -a (18) queen
mbrémë (12) last night
mbrémje, -a, - (6) evening
mbrójtje, -a, - (19) defence
mbulój (11) cover
mbulúar (i/e) (11) covered
mbush (22) fill; complete
   mbúshem frýmë (s) get out of breath
mbyll (13) close
mbys, mbyt (s) kill; flood
me (1) with
   me të bútë (16) softly
   me të égër (16) wildly
   me të keq (16) badly
   me të mírë (16) nicely
   me nátë (16) before dawn
   me ngut (16) hastily
   me pahír (16) unintentionally
   me qëllim (20) on purpose
   me qëllim që (20) in order to
   me vrap (16) quickly
megjíthatë (12) nevertheless
megjíthëqë (20) although
megjíthëse (20) although
méje (6) *Abl. of* **unë**
mekaník, -u, -ë (2) mechanic
meméc-e (24) mute
ménçur (i/e) (8) clever
mendím, -i, -e (13) opinion, thought *(fem. in pl.)*
méndje, -a, - (mend) (10) mind
   ma merr mendja (10) I think
mendój (8) think
mengadálë (s) slowly
menjánë (19) aside
menjanój (s) put aside
menjëhérë (12) immediately, at once
meqénëqë (20) since
meqénëse (20) since
méqë (8) since

meritój (15) deserve
mermértë (i/e) (11) marble *(adj.)*
mérrem (me) (15) take up with
   mérrem vesh (17) agree
mes (19) between, among
   në mésin (22) among
mesdítë, -a (21) midday
mésëm (i) (11) medium, middle *(masc.)*
mésme (e) (11) medium, middle *(fem.)*
   shkollë e mesme (24) secondary school
méshkuj (19) *pl. of* **mashkull**
métë (e), (të meta) (17) deficiency, defect
métër, -i, -a (11) metre
metró, -ja (17) underground
mezí (16) hardly
më (6) *pronominal clitic*; me, to me
më (5) more; on *(used for dates)*; into
   më dysh/tresh/katërsh (16) into two/three/four
   më se (13) more than
mëdhénj (të) (20) big *(pl.)*; grown-ups *(masc.)*
mémë, -a, -a (17) mother
mëngjés, -i, -e (5/21) morning; breakfast *(fem. in pl.)*
mënýrë, -a, -a (19) way, manner
   në mënyrë që in order to
mënjánë (s) aside
mënjanój (20) put aside
mërkúrë (e) (6) Wednesday
mërzís, mërzít (16) bore *(v.)*
mërzítem (22) get bored
mërzítur (i/e) (5) bored
mësím, -i, -e (9) lesson, teaching *(fem. in pl.)*
mësóhem (11/20) get used to
mësój (3) learn; teach
mësúes, -i, - (2) teacher *(masc.)*
mësúese, -ja, - (2) teacher *(fem.)*
mí, -u, - (5) mouse

mi (e) (6) my (*with masc. pl. nouns*)
mía (e) (6) my (*with fem. pl. nouns*)
midís (9) among, between
míell, -i (18) flour
míjëra (23) thousands
mik, -u, miq (9) friend
mikprítës-e (3) hospitable
mikprítje, -a, - (20) hospitality
milión, -i, -ë (17) million
minerál-e (11) mineral (*adj.*)
minútë, -a, -a (4) minute
miqësí, -a, - (19) friendship
mírë (i/e) (6/11) good
mírë (1) well
   mirë e mirë (16) well enough
   mirë se vini (2) welcome
mirëdíta (1) good afternoon (*lit.* good day)
mirëmbréma (1) good evening
mirëmëngjési (1) good morning
mírëpo (20) however
mish, -i, -ëra (11) meat
mishshítës, -i, - (18) butcher
mizërí, -a (15) multitude, swarm
mjaft (14) enough
mjaftón it suffices
mjek, -u, -ë (2) doctor (*masc.*)
mjéke, -ja, - (3) doctor (*fem.*)
mjékër, -a, -a (13) beard; chin
mjerím, -i, -e (23) misery (*fem. in pl.*)
mjeshtrí, -a, - (21) mastery, skill
modérn-e (21) modern
móllë, -a, - (8) apple
momént, -i, -e (12) moment (*fem. in pl.*)
momentál-e (15) momentary
mos (5) don't; whether, if
mosnjóhje, -a (24) lack of knowledge, ignorance
moshatár-e (3) of the same age
móshë, -a (23) age
moshúar (i/e) (s) old, aged

mot, -i, -e (6) weather; year (*fem. in pl.*)
motél, -i, -e (6) motel (*fem. in pl.*)
mótër, -a, -a (2/12) sister; nurse
móti (16) a long time ago
motór, -i, -ë (14) engine, motor
mu (10) just
múa (6) *Acc./Dat. of* unë
múaj, -i, - (6) month
mund (6/19) can; beat, win
mundësí, -a, - (14) possibility
mundóhem (20) try
múndshëm (i) (8) possible (*masc.*)
múndshme (e) (8) possible (*fem.*)
mungésë, -a, -a (20) absence
mur, -i, -e (11) wall (*fem. in pl.*)
muratór, -i, -ë (2) bricklayer
muzé, -u, - (16) museum
muzg, -u, múzgje (15) dusk
muzíkë, -a (6) music
muzikór-e (11) musical
mysafír, -i, -ë (3) guest (*masc.*)
mysafíre, -ja, - (3) guest (*fem.*)

N

na (5) *Pronominal clitic of* ne
nátë, -a, net (13) night
natyrál-e (20) natural
natýrë, -a (15) nature
natyrísht (14) naturally
natýrshëm (i) natural (*masc.*)
natýrshme (e) natural (*fem.*)
ndáhem (16) part, be separated
ndaj (*v.*) (24) separate
ndaj (*adv., prep.*) (12) near, towards
ndaj (*conj.*) (20) therefore
ndal (12) stop
ndálem (12) stop (*non-act.*)
ndárje, -a, - (16) separation, parting
ndéjë, -a, -a (4) sitting
ndénja (8) S. *Past of* rri
ndénjur (7) *Participle of* rri
nder, -i (2) honour, favour
nderóhem (22) be honoured

nderój (8) honour, respect (v.)
ndéshje, -a, - (13/14) match; crash
ndez (s) light (v.)
ndër (15) amongst
ndërkáq (16) however
ndërkóhë (s) in the meantime
ndërménd (10) in mind
  kam ndërmend (10) intend
ndërmjét (19) among, between
ndërprés (19) interrupt
ndërprítem (19) be interrupted
ndërsá (12) whereas
ndërtésë, -a, -a (9) building
ndërtimtár, -i, -ë (2) builder
ndërtój (14) build
ndërrój (14/21) change
ndíej (23) feel
ndíhem (9) feel (non-act.)
ndíhmës, -i, - (19) assistant, helper
ndíhmoj (14) help
ndijím, -i, -e (s) sensing
ndjek (21) attend; follow; chase
ndjénjë, -a, -a (10) feeling
ndodh (7) happen
ndódhem (9) happen (to be)
ndodhí, -a, - happening, event
ndokúnd (16) somewhere
ndokúsh (18) somebody
ndónëse (20) although
ndonjë (6) some; any
ndonjëhérë (5/7) sometimes
ndonjéri (18) someone
ndóshta (5) maybe, perhaps
ndrýshëm (i) (11) different (masc.)
ndryshím, -i, -e difference (fem. in pl.)
ndrýshkur (i/e) (14) rusty
ndrýshme (e) (8/11) different (fem.)
ne (1) we; us
néjse never mind
nektár, -i (20) nectar
némun (i/e) (Gheg) (14) accursed
nepërkë, -a, -a (s) adder
nésër (5) tomorrow

nesër mbrëma (16) tomorrow evening
të nésërmen (15) on the morrow, the next day
nesh (6) Abl. of ne
net (13) pl. of natë
néve (6) Dat. of ne
nevójë, -a, -a (12) need, necessity
nevójshëm (i) (17) necessary (masc.)
nevójshme (e) (17) necessary (fem.)
nevojtár, -i, -ë (23) needy
në (1) in, at etc.
në (12) if
  në qoftë se (20) if
  në rast se (20) in case of
nën (10) under
nëndialektór-e (24) subdialectal
nënë, -a, -a (2) mother
nëntë (2) nine
nëntëdhjétë (2) ninety
nëntëmbëdhjétat (të) (22) lit. the nineteens
nëntëmbëdhjétë (2) nineteen
nëntór, -i (6) November
nëpër (9) through, about
nëpërmés (19) through, by
nëpúnës, -i, - (2) clerk (masc.)
nësé (4) if
nga (1/4) (where) from; towards
  nga pak (3) a little
ngadálë (4) slowly
ngadalësí, -a (s) slowness
ngadálshëm (i) (16) slow
ngadálshme (e) (16) slow
ngadó (16) anywhere, whichever way
ngahérë (16) for a long time; a long time ago
ngandonjëhérë (16) sometimes
nganjëhérë (13) sometimes
ngarkój load
ngas (12) run
ngasé (20) because
ngatërróhem (13) (get) entangled

ngatërrój (22) entangle
ngrënë (7) *Participle of* ha
ngríhem (15) get up
ngrij (22) freeze
ngrínte *Imperf. of* ngrit
ngrit (s) lift
ngroh (14) warm (*v.*)
nguc (12) tease
ngul (22) stick in
ngurós (24) petrify
ngushëllóhem (s) console (oneself)
ngushëllój (s) console
ngútem (24) hurry (*non-act.*)
ngjaj (20/23) happen; resemble
ngjall (s) stimulate, enliven
ngjárje, -a, - (12) event
ngjáshëm (i) (24) similar (*masc.*)
ngjáshme (e) (24) similar (*fem.*)
ngjítem (18) climb (*non-act.*)
ngjýrë, -a, -a (11) colour
ngjýros (11) paint
nis (8) start, begin
nísem (5) set out
nivél, -i, -e (19) level (*fem. in pl.*)
norvegjéz, -i, -ë (3) Norwegian
  (*people*)
Norvegjí, -a (3) Norway
norvegjísht (3) Norwegian
  (*language*)
not, -i (9) swimming
nótë, -a, -a (15) mark; note
  (*music*)
notój (13) swim
nuk (1) not (*negative marker*)
núse, -ja, - (12) bride
nxéhtë (i/e) (16) hot
nxéhtët (të) (15) heat, warmth
nxémje, -a (14) heating
nxënës, -i, - (2) pupil (*masc.*)
nxënëse, -ja, - (2) pupil (*fem.*)
nxjerr (10) take out; extract

NJ

nja (11) about
njérëz (8) people (*pl. of* njeri)
njerëzím, -i (18) humanity

njerí, -u, njérëz (8) man
njerí (*indef. pron.*) (18) anybody
një (1) one
njëfárë (18) some
njëfísh (16) single
njëhérë (13) once
njëhérit (15) at the same time
njëjtë (i/e) (s) the same
njëllój (16) the same
njëmbëdhjétë (2) eleven
njëmíjë (13) thousand
njëqínd (2) hundred
njéra (3) somebody; one (*fem.*)
  njéra-tjétrën (3) each other
  (*fem.*)
njéri (3) somebody; one (*masc.*)
  njéri-tjétrin (10) each other
  (*masc.*)
njëzét (2) twenty
njoh (8) know (*somebody*);
  introduce
njóllë, -a, -a (20) spot; stain
njom (s) moisten

O

o (20) or
objékt, -i, -e (21) object (*fem. in pl.*)
obórr, -i, -e (17) yard (*fem. in pl.*)
ódë, -a, -a (24) room
ofrój (15) offer
ombréllë, -a, -a (10) umbrella
optíkë, -a (17) optics
orár, -i, -e (24) timetable (*fem. in pl.*)
orendí, -a, - (14) furniture
órë, -a, - (4) hour; watch; clock
  orë dore (12) wristwatch
  orë e çast (16) now and again
orëndréqës, -i, - (12) watch-
  mender, watchmaker
organizój (22) organize
organizúar (i/e) (18) organized
óse (5) or
óse . . . óse (5) either . . . or

P

pa (5) without
pabesúeshëm (i) (20) unbelievable (*masc.*)
pabesúeshme (e) (20) unbelievable (*fem.*)
páça (12) *Opt. of* kam
padëshirúar (i/e) (20) unwanted, unwelcome
padurím, -i (6) impatience
pafúnd (i/e) (21) endless
pagúaj (8) pay
paharrúeshëm (i) (18) unforgettable (*masc.*)
paharrúeshme (e) (18) unforgettable (*fem.*)
pahetúeshëm (21) unnoticed (*adv.*)
pak (1) little; a little
    për pak (23) for a while, for a little
pakënáqur (i/e) (14) dissatisfied
pákëz (1) a little (bit)
páko, -ja, - (s) pack
pakthýer (i/e) (s) unreturned
pálë, -a, - (16/s) pair
pálë-pálë (16/22) in pairs; in groups
palëvízshëm (i) (s) stationary (*masc.*)
palëvízshme (e) (s) stationary (*fem.*)
pálmë, -a, -a (23) palm tree
palój (22) pack; pile; fold
pállto, -ja, - (8) coat
pamendúar (i/e) (19) thoughtless
pámje, -a, - (7/20) view, appearance
paník, -u (20) panic
pantallóna (15) trousers
papagáll, -i, papagáj (17) parrot
paparapáshëm (i) (15) unpredictable (*masc.*)
paparapáshme (e) (15) unpredictable (*fem.*)
papástër (i/e) (14) dirty
paprítur (16) unexpectedly, suddenly

paprítur (i/e) (20) unexpected
pára (7) in front of, before; ago
pará, -ja, - (7) money
parafúndit (i/e) (s) last but one
paralajmërój (19) forewarn
parapárë (18) *Participle of* parashoh
paraqítem (20) appear
paraqítje, -a, - (20) appearance, occurrence
parashóh (18) foresee, anticipate; plan
pardjé (16) the day before yesterday
páre, -ja, - (s) coin
párë (7) *Participle of* shoh
párë (i/e) (7/8) first
    më parë (9) earlier
    së pari (7) at first
park, -u, parqe (16) park
parregullúar (i/e) (14) untidy
parréshtur (16) non-stop, incessantly
pas (9) after, behind
    pas dore (23) neglected
pasdíte, -a, - (9) afternoon
pasdréke, -a, -a (18) afternoon
pasí (që) (6) since, after
páskam (8) *Adm. of* kam
pasnésër (5) the day after tomorrow
pasójë, -a, -a (15) consequence
pasqýrë, -a, -a (14/17) mirror; outline
pastáj (4) then; afterwards
pástër (i/e) (9) clean
pastërtí, -a (s) cleanliness
pastrój (12) clean (*v.*)
pásur (7) *Participle of* kam
pásur (i/e) (23) rich
pashá, -i, -llarë (5) pasha
páshë (8) *S. Past of* shoh
pashpjegúeshëm (i) (11) inexplicable (*masc.*)
pashpjegúeshme (e) (11) inexplicable (*fem.*)

páta (8) *S. Past of kam*
patáte, -ja, - (8) potato
patjétër (7) by all means
pazár, -i, -e (18) market (*fem. in pl.*)
pedánt-e (s) pedantic
pémë, -a, - (8) fruit; fruit tree
pémëshitës, -i, - (2/8) greengrocer
pendóhem (24) regret
pengój (19) prevent; obstruct
pensioníst, -i, -ë (2) pensioner (*masc.*)
pérde, -ja, - (14) curtain
perëndím, -i, -e (15) sunset; west (*fem. in pl.*)
períme (8) vegetables
periúdhë, -a, -a (21) period
pésë (2) five
pesëdhjétë (2) fifty
pesëmbëdhjétë fifteen
péshë, -a, -a (23) weight
peshk, -u, peshq (6) fish
peshkatár, -i, -ë (6) fisherman
peshkím, -i (5) fishing
peshkój (5) fish (*v.*)
peshqír, -i, -ë (13) towel
petále, -ja, - (20) petal
pézull (20) pending; suspended; adrift
pëlqéj (6) like; I like
   më pëlqen (6) I like
pëllémbë, -a, - (s) palm (of hand)
pëllúmb, -i, -a (18) pigeon; dove
për (4) for, by
   për bukurí (16) beautifully
   për qind (24) per cent
   për se (18) what for
   për turp (16) shamefully
   për së gjéri (16) from the broad side
   për së lárgu (16) from afar
   për së gjáti (16) lengthwise
   për së lárti (16) from high up
   për së ngúshti (16) narrowly
   për së shpéjti (16) quickly
   për së tépërmi (16) exceedingly

përafërsísht (24) approximately
përbállë (16) opposite
përbrí (16) aside; beside
përcjéll (12/16) follow, see off
përderisá (20) as long as
përdítë (7) every day
përdór (14) use
përdorój (20) use, make use of; handle
përdhé (16) on/to the ground
përfúnd, përfúndi (16) underneath
përfundój (16) finish
përgjátë (19) along
përgjégjës-e (15) responsible
përgjígje, -a, - (12) answer (*n.*)
përgjígjem (10) answer (*v.*)
përgjíthësi (në) (15) (in) general
përhérë (16) always, all the time
përjashta (10) outside
përjetój (15) experience (*v.*)
përkráh (19) alongside with; support (*v.*)
përkráhje, -a, - (23) support (*n.*)
përkráhu (16) by the arm
përkthéj (19) translate
përkthýer (i/e) (19) translated
përkujtím, -i, -e memory (*fem. in pl.*)
përkujtój (20) remind
përkúndër (19) besides, contrary to
përléshje, -a, - (19) fighting; quarrel
përlótur (i/e) (16) tearful
përlýhem (13) (get) mucky
përmallóhem (22) long for
përmbájtje, -a, - (s) restraint; content
përmbás (19) behind
përmbí (19) on, above
përménd (21) mention
përmendóre, -ja, - (18) monument
përmés (16) by, by means of
përmjét (19) by means of
përnátë (16) every night
përndrýshe (20) otherwise

përnjëhérë (16) all of a sudden
përpára (19) before, in front of; ahead
përpíktë (i/e) (10) punctual, exact
përpíqem (13) try (non-act.)
përpjétë (19) upwards
përplás (12) hit, strike, slam
përplót (s) full
përpós (19) except
përpunój (17) refine, process
përqárk (16) around
përsërí (6) again
përsípër (19) above, over, on
përshëndét (7) greet
përshëndétem (16) greet (non-act.)
përshëndétje, -a, - (17) greeting
përshëndétur (i/e) (s) greeted
përshkój (s) penetrate, go through
përshkrúaj (20) describe
përshtátshëm (i) (9) suitable (masc.)
përshtátshme (e) (9) suitable (fem.)
përtác-e (7) lazy
përtací, -a (16) laziness
përtéj (10) over, across
përtój (7) be lazy
përtýp (13) chew
përvéç (19) except
përvëlój (s) scald
përzémërt (i/e) (17) cordial, heartfelt
përzíej (21) mix
përzíer (i/e) (11) mixed
përrállë, -a, -a (12) fairy tale
përréth (16) around
përrúa, përrói, përrénj (15) stream, creek
pëshpërít (19) whisper
pështýj (10) spit
pi (5) drink (v.)
piáno, -ja, - (9) piano
píje, -a, - (9) drink (n.)
pik (13) drop, drip (v.)
píkás (s) spot (v.)
píkë, -a, -a (16) point, full stop
  pikë për pikë (16) exactly

pikëllúar (i/e) (16) sad
pikëllúeshëm (i) (16) sad (masc.)
pikëllúeshme (e) (16) sad (fem.)
pikërísht (11) exactly
pikník, -u, -ë (9) picnic
piktór, -i, -ë (3) painter (artist)
piktúrë (20) painting (artistic)
pikturój (20) paint
pilót, -i, -ë (20) pilot
píqem (17) be baked
píshë, -a, -a (9) pine tree
pjek (10/17) bake; ripen
pjekurí, -a (24) maturity
pjérrtas (s) at a slant
pjésë, -a, - (11) part
  pjesë teatrále (19) play
pjésë-pjésë (16) piece by piece, part by part
pjéshkë, -a, -a (8) peach
plaçkítës, -i, - (19) robber (masc.)
plágë, -a, - (s) wound
plak, -u, pleq (9) old man
plákem (12) get old
plákë, -a, -a (11) old woman
plan, -i, -e (5) plan (fem. in pl.)
planifikój (17) plan (v.)
plot (8) full
plótë (i/e) (18) full (adj.)
plotësój (16) fill
plotësúes-e (21) supplementary
plúhur, -i (20) dust
po (1) yes; if; progressive particle
  po qe se (20) if
  po ti? (1) what about you?
  po si jo (9) of course
polár-e (19) polar
poliglót, -i, -ë (17) polyglot (masc.)
polonéz, -i, -ë (3) Pole; Polish (people)
Poloní, -a (3) Poland
polonísht (3) Polish (language)
por (1) but
porosí, -a, - (24) message
porosís, porosít (8) order
portokáll, -i, portokáj (8) orange
pos (11) except

posá (20) as soon as
posarrúar (i) (s) newly shaved
póstë, -a, -a (11) post office
póshtë (4) down
  poshtë e lárt (16) up and down
pothúaj (8) almost
praktikísht (17) practically
prandáj (15) therefore
pránë (10) by, next to
  pranë e pranë (16) next to
pranóhem (24) be accepted
pranój (17) accept; receive
pranvérë, -a, -a (6) spring
prápa (16) behind
prápë (20) again
prápë (i/e) (13) unruly; wrong
prapëseprápë (20) still
prarój (14) gild
preferúar (i/e) (s) preferred
prej (6) from
  prej kóhësh (16) long ago
  prej se (18) since; what of/from
prek (15) touch (v.)
prékje, -a, - (24) touch (n.)
prémte (e) (6) Friday
premtój (12) promise
pres¹ (12) cut
pres² (6) wait
prill, -i (6) April
primitív-e (21) primitive
prind, -i, -ër (3) parent
prish (8) spoil, demolish, break
  nuk prish punë (8) it doesn't
    matter
príshje, -a, - (19) demolition,
  breakdown
prítem (15) intersect; cut (oneself)
prítur (të) (22) waiting
  pa pritur (10) without waiting
prográm -i, -e (19) programme
  (fem. in pl.)
pronár, -i, -ë (17) owner (masc.)
propozój (14) propose
protézë, -a, -a (s) false teeth
provím, -i, -e exam (fem. in pl.)
provój (14/22) try, test

pse (5) why
pub, -i, -e (19) pub (fem. in pl.)
pulítur (i/e) (s) hidden
puls, -i, -e (s) pulse (fem. in pl.)
púllë, -a, -a (7) stamp; button
  pullë postale (7) stamp
púnë, -a, - (8) work, job, business
  puna mbárë (8) 'may your work
    go well'
  mbarë paç (8) reply to above
punësój (22) employ
punëtór, -i, -ë (2/15) worker; hard-
  working (masc.)
punëtóre, -ja, - (2/15) worker;
  hard-working (fem.)
puním, -i, -e (11) work, deed (fem.
  in pl.)
punój (3) work (v.)
punúar (7) Participle of punoj
púpël, -a, -a (19) feather
pus, -i, -a (10) well (n.)
push, -i (s) down (n.) (on face)
pushím, -i, -e (7) rest, holiday
  (fem. in pl.)
pushój (4) rest
pushúar (7) Participle of pushoj
púthje, -a, - (s) kiss
púthur (e) (s) kissing
pýes (8) ask
pýetës-e (11) interrogative
pýetur Participle of pyes
pyll, -i, pýje (19) forest

Q

qáfë, -a, -a (12) neck
  qafa e dórës (s) the wrist
  heq qafe (16) get rid of
qafóre, -ja, - (24) necklace
qaj (20) cry, weep
qárë (të) (22) weeping
qark (19) round (prep.)
qas (s) approach, draw near
qe S. Past of jam
qe (9) pl. of ka
qejf, -i, -e (s) desire (fem. in pl.)
qeléshe, -ja, - (s) cap

qelq, -i, -e (21) glass (*fem. in pl.*)
qen, -i, - (4) dog
qénçe (16) dog-like
qéndër, -a, -a (18) centre
qéně (7) *Participle of* kam
qengj, -i, -a (14) lamb
qépë, -a, - (8) onion
qershí, -a, - (8) cherry
qershór, -i (6) June
qérre, -ja, - (23) cart
qes (21) put
qesh (13) laugh
qéshë (8) *S. Past of* jam
qétas (s) peacefully, calmly
qétë (i/e) (12) peaceful, calm
qétësi, -a (15) quiet (*n.*), calm (*n.*)
qetësój (23) calm (*v.*)
që (16) that; since
  që sa vjet (12) for how many
  years
  që të mos . . . (14) so that I do
  not . . .
qëllím, -i, -e (11) aim
  me qëllim (11) on purpose
  me qëllim që (15) in order to,
  with the aim of
qëllimísht (16) on purpose
qëndrój (16) stand
qëndrór-e (14) central
qëndrúeshëm (i) (15) firm,
  enduring (*masc.*)
qëndrúeshme (e) (15) firm,
  enduring (*fem.*)
qíell, -i, qiej (15) sky
qilím, -i, -a (14) carpet
qind, -i, -ra (24) hundred
  për qind (24) per cent
qofsh (2) may you be
qóftë (12) *Opt. of* jam (*3rd pers.
  sing.*)
  qoftë . . . qoftë (20) be it . . . be
  it
  në qoftë se (20) if
qortój (10) scold
qoshk, -ku, qóshqe (11) kiosk
  (*fem. in pl.*)

quaj (7) call
qúhem (3) be called
qúmësht, -i (8) milk
qysh (7) how; since
  qysh se (7) since
qýshdo (16) in any way, no matter
  how
qytét, -i, -e (1) town (*fem. in pl.*)
qytetár, -i, -ë (s) citizen
qytetërím, -i, -e (21) civilization
  (*fem. in pl.*)
qytézë, -a, -a (9) little town

R

ra *S. Past of* bie (*fall*)
rádio, -ja, - (9) radio
radioaparát, -i, -e (18) radio (*fem.
  in pl.*)
rádhas, rádhazi (16/19) in turn
rádhë, -a, - (19) turn, order; line,
  row
  në radhë të párë (21) in the first
  place
rast, -i, -e (12) opportunity,
  chance; occasion (*fem. in pl.*)
rastësísht (11) by accident,
  accidentally
rashë *S. Past of* bie (*fall*)
re *2nd pers. sing. S. Past of* bie
  (*fall*)
re (e) (9/11) new; young (*fem.*)
reagój (15) react
realizój (19) realize, fulfil, achieve
regjístër, -i, -a (12) register
regjistrím, -i, -e (19) registration
  (*fem. in pl.*)
regjistróhem (24) enrol, register
  (*non-act.*)
regjistrój (22) register
réja (të) (9) new; young (*fem. pl.*)
rend, -i, -e (17) queue (*fem. in pl.*)
restoránt, -i, -e (4) restaurant
  (*fem. in pl.*)
rezervój (11) book, reserve
rezidéncë, -a, -a (18) residence
rëndë hard

rëndë (i/e) (4) heavy; difficult, hard
rëndësí, -a (7) importance
rëndësíshëm (i) (17) important
   (masc.)
rëndësíshme (e) (17) important
   (fem.)
rëndómtë (i/e) usual
rënë (7) Participle of bie (fall)
rënkój (s) groan
rërë, -a (24) sand
ri (i) (9/11) new; young (masc.)
rígë, -a, -a (21) drizzle
rilíndje, -a, - (13) rebirth;
   Renaissance
rinj (të) (9) new; young (masc. pl.)
rishikój look again
róje, -a, - (18) guard
romák-e (21) Roman
romantík-e (15) romantic
rúaj (18) keep, retain
rúajtje, -a, - (15) preservation
rubinét, -i, -e (13) tap (fem. in pl.)
Rumaní, -a (3) Rumania
rumanísht (3) Rumanian
   (language)
rumún, -i, -ë (3) Rumanian
   (people)
rus, -i, -ë (3) Russian (people)
rusísht (3) Russian (language)

RR

rrafsh, -i, -e (19) plateau, plain
rrafsh (16) flatly
rrállë (7) rarely
rrallëhérë (10) rarely
rráthë (9) pl. of rreth
rrégull, -i (22) order
   në rregull (10) alright
rrégull, -a, -a (22) rule
rregullój (22) put in order, arrange
rréjshëm (i) (24) false, fake
   (masc.)
rréjshme (e) (24) false, fake (fem.)
rreth (9) around
   rreth e qark all around
   rreth e rreth (16) all around

rreth, -i, rráthë (9) circle, ring
rreth, -i, -e (24) surroundings,
   district
rrethúar (i/e) (19) surrounded
rréze, rrezja, - (15) beam, ray
rrezík, -u, rrezíqe (9) danger, risk
rrezíkshëm (i) (15) dangerous
   (masc.)
rrezíkshme (e) (15) dangerous
   (fem.)
rrezítem sunbathe (non-act.)
rrëféhem (21) confess
rrëféj (21) tell, recount
rrëmbéj (20) grab, kidnap
rrëmbímthi (16) impetuously
rrëzë (19) at the foot of
rrëzóhem (13) fall over (non-act.)
rrëzój (15) fell
rri (5) stay, do nothing
rris, rrit (s) grow
rrítem (12) grow up (non-act.)
rrjedh (20) flow
rróba (22) clothes
rroj (12) live
rrótull (16) around; the long way
rrúdhë, -a, -a (s) wrinkle
rrufé, -ja, - (s) thunderbolt
rrúgë, -a, - (1) street, road
   rruga e mbarë (6) have a nice
   journey
rrúhem (10) be shaved
rrush, -i (8) grapes
rrúzull, -i, rruzuj (23) globe, earth

S

s' (3) not (negative particle)
sa (1) how many/much
   sa më . . . aq më (15) the more
   . . . the more
   sa bën (6) how much is it
sadó (16) no matter how (much)
   sado që (20) although
sahatkúllë, -a, -a (18) clock tower
saj (i/e) (2) her
sajój (s) form
sáktë (i/e) (21) exact, right

sallátë, -a, -a (11) salad
sáně, -a (s) hay
sapó (8) as soon as
sáta (e) (18) which one (*in order*) (*fem.*)
sáti (i) (18) which one (*in order*) (*masc.*)
se (4/6) that; than
secíla (17) each (*fem.*)
secíli (17) each (*masc.*)
sekretár, -i, -ë (2) secretary (*masc.*)
sekretáre, -ja, - (2) secretary (*fem.*)
seksión, -i, -e (21) section
send, -i, -e (20) thing (*fem. in pl.*)
senduíç, -i, -a (19) sandwich
sepsé (7) because
serb, -i, -ë (3) Serb (*people*)
Serbí, -a (3) Serbia
serbokroatísht (3) Serbocroat (*language*)
seriozísht (16) seriously
sesá (5) than
sétër, -a, -a (s) jacket
së (6) *particle*
   së andéjmi (16) therefore
   së báshku (16) together
   së fúndi (16) at last
   së kёndéjmi (16) therefore
   së tépërmi (16) too much
   më së míri the best
sëmúrë (i/e) (19) ill
sëmúrem (21) become ill
sërísh (s) again, anew
sfurk, -u, sfurq (s) pitchfork
si (1) how; like
siç (20) as
sidó (16) anyhow, no matter how
sidokudó (16) anyhow, still
sidomós (14) especially
sigurísht (7) certainly, surely
sigurój (19) secure
sígurt (i/e) (8) sure
sikúr (14) if; as if
síllem (9) behave

sipás (18) according to
sípër (19) above
sípërm (i) (18) upper (*masc.*)
sípërme (e) (18) upper (*fem.*)
sish (19) of them
situátë, -a, -a (15) situation
sivjét (2) this year
sjell (8) bring, fetch
sjéllje, -ja, - (13) behaviour
sjéllshëm (i) (8) polite, well-behaved (*masc.*)
sjéllshme (e) (8) polite, well-behaved (*fem.*)
skaj, -i, -e (16) corner; edge (*fem. in pl.*)
skárë, -a (11) grill
skénë, -a, -a (23) scene
ski, -a, - (17) ski (*n.*)
skíjim, -i (9) skiing
skitár, -i, -ë (15) skier (*masc.*)
skuq (22) redden
sllovén, -i, -ë (3) Slovene (*people*)
Sllovení, -a (3) Slovenia
sllovenísht (3) Slovene (*language*)
solémn-e (22) solemn
sónte (5) tonight
sorkádhe, -ja, - (19) doe
sot (3) today
sótëm (i) (5) today's (*masc.*)
sótme (e) (5) today's (*fem.*)
Spánjë, -a (3) Spain
spanjísht (3) Spanish (*language*)
spanjól, -i, -ë (3) Spaniard
spec, -i, -a (8) green pepper
spitál, -i, -e (3) hospital (*fem. in pl.*)
sport, -i, -e (15) sport (*fem. in pl.*)
stación, -i, -e (4) station, stop (*fem. in pl.*)
stalaktít, -i, -e (11) stalactite (*fem. in pl.*)
stínë, -a, - (6) season
stjuardésë, -a, -a (20) air hostess
strájcë, -a, -a (s) bag
studént, -i, -ë (1) student (*masc.*)
studénte, -ja, - (1) student (*fem.*)

studime, -t (19) studies
studiój (16) study
suedéz, -i, -ë (3) Swedish (people)
Suedí, -a (3) Sweden
suedísht (3) Swedish (language)
suksés, -i, -e success (fem. in pl.)
suksésshëm (i) (15) successful (masc.)
suksésshme (e) (15) successful (fem.)
sulm, -i, -e (s) attack (fem. in pl.)
sulmój (s) attack
sup, -i, -e (18) shoulder
suvenír, -i, -e (18) souvenir (fem. in pl.)
sy, -ri, - (5) eye
    bie në sy (23) catch one's eye
sygácë, -a, -a (11) flashing-eyed (person)

SH

shaká, -ja, - (9) joke
sharmánt-e (10) charming
shef, -i, -a (13) boss
shékull, -i, shekuj (9) century
shénjë, -a, -a (20) sign
sheqér, -i (5) sugar
shes (8) sell
shesh, -i, -e (18) square (fem. in pl.)
shëndét, -i (19) health
shënój (13) note; score (a goal)
shërbéj (18) serve
shërbím, -i, -e (12) service (fem. in pl.)
shëróhem (s) recover
shëtís, shëtít (5) walk, stroll (v.)
shëtítje, -a, - (9) walk, stroll (n.)
shfajësój (22) clear, exonerate
shfaq (19) perform; show
shfáqje, -a, - (19) performance
shfrenój (22) release brakes
shi, -u, -ra (9) rain
    bie shi (10) it rains
shíhem (10) be seen (non-act.)
shíje, -a, - (22) taste

shikím, -i, -e (17) glance (fem. in pl.)
shikój (4) look; look at
shikúes, -i, - (13) spectator
shirít, -i, -a (22) tape, cassette
shíshe, -ja, - (11) bottle
shítës, -i, - (22) salesman
shítëse, -ja, - (22) saleswoman
shitój (s) hit, strike
shitóre, -ja, - (22) shop
shkaktój (20) cause (v.)
shkállë, -a, - (s) step, stairs
shkállë-shkállë (16) gradually, step by step
shkarkój (22) unload
shkatërrój (22) ruin, destroy
shkel (16) tread (v.)
    shkel e shko (16) slap-dash
shkencëtár, -i, -ë (11) scientist
shkëlqéj (18) shine
shkëmb, -i, -inj (15) rock
shkëpútem (16) detach (non-act.); take off
shkoj (3) go
shkóllë, -a, -a (1) school
shkop, -i, -inj (shkopínj) (9) stick
shkóqur (16) clearly
shkrétë (i/e) (s) poor; deserted
shkrij (22) melt; defrost
shkrimtár, -i, -ë (2) writer (masc.)
shkrúaj (6) write
shkúar (7) Participle of shkoj
shkul (22) take out, pull out
shkund (20) shake off
shkurdís (22) unwind; allow to run down
shkurt, -i (6) February
shkúrtër (i/e) (18) short
shkurtimísht (16) shortly, briefly
shkyç (22) switch off
shndrit (15) twinkle, glitter
shndrítshëm (i) bright (masc.)
shndrítshme (e) bright (fem.)
shofér, -i, -ë (2) driver
shoh (7) see
shok, -u, -ë (1) friend (masc.)

shóku-shókun (17) each other
(*masc.*)
shóqe, -ja, - (1) friend (*fem.*)
shóqja-shóqen (17) each other
(*fem.*)
shóqëri, -a, - (19) society
shoqëróhem (18) socialize with, be
friends with
shoqërój (17) accompany
shpalós, shpalój (22) unpack; open;
unfold
shpállje, -a, - (8) announcement
shpat, -i, -e (16) slope (*fem. in pl.*)
shpejt (13) quickly
shpéjtë (i/e) (9) fast
shpejtësí, -a, - (8) speed
shpéllë, -a, -a (11) cave
shpenzój (7) spend
shpesh (5) often
shpeshhérë (16) often
shpénë (12) *Participle of* shpie
shpërblím, -i, -e (14) award, prize
(*fem. in pl.*)
shpërdór (22) abuse, misuse
shpërdorój (22) abuse, misuse
shpërndáj (23) spread, scatter
shpëtój (10) save, rescue; be
saved
shpíe (12) take to; send
shpínë, -a, -a (23) back
shpirt, -i, -ra (15) soul
shpjegím, -i, -e (21) explanation
(*fem. in pl.*)
shpjegój (20) explain
shporét, -i, -e (s) stove (*fem. in pl.*)
shpórtë, -a, -a (8) basket
shpreh (16) express (*v.*)
shprésë, -a, -a (19) hope (*n.*)
shpresój (6) hope (*v.*)
shqetësój (23) disturb, arouse
concern
shqip (3) Albanian (*language*)
Shqipërí, -a (3) Albania
shqiptár, -i, -ë (3) Albanian
(*nationality*)
shqúar (i/e) (19) distinguished

shtangúar (i/e) (23) stunned
shtátë (1) seven
shtatëdhjétë (2) seventy
shtatëmbëdhjétë (2) seventeen
shtathédhur (15) slim
shtatór, -i (6) September
shtatóre, -ja, - (s) statue
shtázë, -a, - (18) animal
shteg, -u, shtígje (16) path (*fem. in
pl.*)
Shtétet e Bashkúara (3) United
States
shténë (23) *Participle of* shtie
shtëpí, -a, - (2) house
shtëpíze, -a, -a (14) little house
shtíe (23) put in; insert
shtoj (10) add
shtrat, -i, shtrétër (4) bed
shtrénjtë (*adv.*) (15) expensive
shtrénjtë (i/e) (16) expensive
shtrëngój (s) grip
shtríhem (20) lie down (*non-act.*)
shtrúar (i/e) (14) laid
shtúnë (e) (6) Saturday
shtyj (23) push; delay; postpone
i/e shtyrë në moshë (23) of old
age
shtyp, -i (18) press, newspapers
shthur (22) undo knitting
shúmë (1) very; much; many
më së shumti (8) most
shumëçká (18) many things
shumëkúsh (18) many a person
shúmë-shúmë (16) at most
shumíce, -a (9) most
shushúnjë, -a, -a (s) leech

T

ta (10/6) *form of* ata *used with
some prepositions; pronominal
clitic*
me ta (10) with them
takím, -i, -e (16) meeting (*fem. in
pl.*)
takóhem (12) meet (*non-act.*)
takój (6) meet

taksí, -a, - (7) taxi
talentúar (i/e) (14) talented, gifted
tall (6) mock
tállem (10) joke (v.)
tállje, -a, - (6) mockery
tánë (6) our (with masc. pl. nouns)
taní (16) now
  tani për tani (16) for now
taratór, -i (11) yoghourt dish
tash (4) now
tatëpjétë (19) downwards
tavolínë, -a, -a (10) table
te, tek (2) at
teátër, -i, teatro (1) theatre
tej (19) away, further
  më tej (s) later
téje (6) Abl. of ti
telefón, -i, -a (10) telephone (n.)
telefonój (9) telephone (v.)
televizión, -i (9) television
televizór, -i, -ë (9) television set
tépër (8) too much
  së tepërmi (16) too much, very
  much
tepóshtë (19) downwards
teprój (22) exaggerate
teraqillëk, -u (s) fastidiousness
terrén, -i, -e (13) terrain (fem. in
  pl.)
testój (14) test
tétë (2) eight
tetëdhjétë (2) eighty
tetëmbëdhjétë (2) eighteen
tetór, -i (6) October
tënd (14) Case form of yt
tërbúar (i/e) (s) mad; turbulent
tërë (18) all
tërë (i/e) (13) whole
tërësísht (14) completely
tërhéq (23) pull, drag
tërhíqem (15) withdraw (non-act.)
tërthór (s) askew
  kryq e tërthor (s) all over
ti (1) you (sing.)
t'i (6) Pronominal clitic
tígër, -i, -a (19) tiger

tij (i/e) (2) his
tíllë (i/e) (7) such
tip, -i, -a (11) type
tipík-e (21) typical
tjérë (të) (1) others (masc.)
tjétër (5) other; else
tjétërkúnd (16) somewhere else
tjetërkúsh (18) someone else
tjétra (3) the other one (fem.)
tjétri (3) the other one (masc.)
tókë, -a (16) ground, earth
tolloví, -a (17) crowd
tóna (6) our (with fem. pl. nouns)
topáll, -i, -ë (17) lame man
topítur (i/e) (s) blunt
trángull, -i, tranguj (8) cucumber
trashë (i/e) (s) thick, fat
trazój (s) disturb, tease
tre (2) three (masc.)
  trevjeçár-e (19) triennial, three-
  year . . .
trefísh (16) treble
tregím, -i, -e (21) story (fem. in
  pl.)
tregóhem (21) show oneself
tregój (7) tell
tregtí, -a, - (23) trade
trekëndësh, -i, -a (s) triangle
trembëdhjétë (2) thirteen
trémbur (i/e) (s) frightened
treqínd (6) three hundred
tret (s) lose; go away
tréta (e) (8) the third one (fem.)
tréti (i) (8) the third one (masc.)
tri (2) three (fem.)
tridhjétë (2) thirty
trim, -i, -a (11/15) brave (masc.)
tríme, -ja, - (11/15) brave (fem.)
trishtím, -i, -e (20) sadness, sorrow
tróftë, -a, -a (17) trout
trokás (20) knock (v.)
trup, -i, -a (23) body
trupór-e (23) corporal, bodily,
  physical
tryézë, -a, -a (4) table

tu (e) (6) your (*with masc. pl. nouns*)

túa (e) (6) your (*with fem. pl. nouns*)

túaj (6) your (*with masc. pl. nouns; Dat. of* **juaj**)

túaja (6) your (*with fem. pl. nouns*)

túfë, -a, -a (19) bunch; flock, herd
   tufë flókësh (s) lock of hair

túfë-túfë (16) in bunches

tund (s) shake, rock

tungjatjéta (1) hello

turíst, -i, -ë (10) tourist

turk, -u, turq (3) Turkish (*people*)

turné, -u, - (18) tour

turp, -i (s) shame

túrpshëm (10) shyly

túrpshëm (i) (16) shy (*masc.*)

túrpshme (e) (16) shy (*fem.*)

Turqí, -a (3) Turkey

turqísht (3) Turkish (*language*)

tutjé (19) further

ty (5) *Acc./Dat. of* **ti**

tym, -i (20) smoke
   tym e flákë (16) like a whirlwind

týre (i/e) (6) their

TH

thásë (9) *pl. of* **thes**

tháshë (8) *S. Past of* **them**

tháte (i/e) (s) dry

thékshëm (s) sharply

théllë (i/e) (s) deep

them (4) say

thepísur (i/e) (15) sharp-edged

thes, -i, thásë (9) sack

thënë *Participle of* **them**

thërrás (10) call out; invite

thëthíj (s) suck

thínjem (13) go grey

thírrje (10) call, invitation

thjesht (17) simply

thúaja (s) almost

thúajse (s) as if

thúmboj (14) sting

thur (22) knit; weave a fence

thýej (7) break

thýer (i/e) (7) broken

U

u (6) *Dat. clitic for pl.; S. Past non-act. particle*

uá (6) *Dat. pl. clitic + Acc. clitic*

udhëhéq (8) lead; run

udhëtár, -i, -ë (20) passenger, traveller

udhëtím, -i, -e (19) journey

udhëtój (5) travel, commute

újë, -i, -ra (6) water

ujít (21) water (*v.*)

ujk, -u, ujq (14) wolf

ul (7) sit

úlem (2) sit down (*non-act.*)

úlët (i/e) (15) low

ullí, -ri, -nj (s) olive

unázë, -a, -a (s) ring

únë (1) I

urdhërój (17) command, give orders

urdhëróni (brenda) (2) come in, please; what can I do for you; help yourself

úrë, -a, -a (18) bridge

urí, -a (10) hunger

urój (12) congratulate, bless

ushqéj (14) feed

ushqím, -i, -e (6) food (*fem. in pl.*)

ushqimór-e (18) food (*adj.*)

V

vaj, -i (24) oil

vájzë, -a, -a (1/2) girl

vákët (i/e) (s) lukewarm, tepid

valíxhe, -ja, - (4) suitcase

válle, -ja, - (24) dance

vallëzím, -i, -e (22) dancing

vallëzój (14) dance

var (s) hang (*tr.*)

varësísht (21) depending

varfanják, -u, -ë (23) poor/needy (person)

várfër (i/e) (14) poor
varg, -u, várgje (16) verse; row
(fem. in pl.)
varg e varg/vístër (16) in a row
variánt, -i, -e (24) variety (fem. in
pl.)
varr, -i, -e (18) grave (fem. in pl.)
varrós (22) bury
vátër, -a, -a (24) hearth
vazhdimísht (24) continuously
vazhdój (10) continue
vdékur (i/e) (20) dead
vdes (12) die
ve, -ja, -zë (7) egg
veç (19) except
veç (20) only
veçanërísht (9) especially
veçántë (i/e) (18) special
veçse (20) only
végël, -a, -a (11) tool instrument
vend, -i, -e (5) place, room;
country (fem. in pl.)
vénde-vénde (16) in places
vendlíndje, -a, - (16) birthplace
vendós (17) place; decide
vendósem (24) settle
venítem (15) fade (non-act.)
veprím, -i, -e (s) action
veprimtarí, -a, - (18) activity
veprój (14) act; do
veprúes-e (11) acting
verdh (11) yellow (adv.)
vérdhë (i/e) (11) yellow (adj.)
vérë, -a, -a (3) summer
vérë, -a, -ra (11) wine
verí, -u (24) north
vésë, -a (15) dew
vesh (8) put on
vesh, -i, -ë (16) ear
mérrem vesh (19) agree
vë véshin (16) pay attention
véshje, -a, - (7) costume; clothing
vet (i/e) (15) own
véta (1) persons
sa véta jéni? (1) how many of
you are there?

véte, -ja (6/17) oneself
me véte (6) to oneself; with
oneself
mbáje véten pull yourself
together
vétë (17) -self, oneself
vetëdíshëm (i) (24) aware (masc.)
vetëdíshme (e) (24) aware (fem.)
vétëm (1) alone; only
vetëtímthi (s) like lightning
vetëvrásje, -a, - (17) suicide
vétmi (i) (11) the only one (masc.)
vétmja (e) (11) the only one (fem.)
vetmúar (i/e) (20) lonely
vétull, -a, -a (s) eyebrow; curve
vetúrë, -a, -a (3) car
vetvéte (s) oneself
vetvetíu (16) spontaneously, of its
own accord
vë (8) put
vë re (s) notice
vëllá, -i, vëllézër (2/3) brother
vëméndje, -a (12) attention
vëréhem (10) be noticed
vëréj (16) notice
vërtét (13) really, truly
vërtétë (i/e) (10) true
në të vërtétë (10) actually
vërtítem (20) move around,
revolve
vërvít (s) throw, toss
vërrí, -a, - (15) plain
vështírë with difficulty
vështírë (i/e) (15) difficult
vështírësi, -a (14) difficulty
vështrój (15) observe
vëth, -i, -ë (s) earring
viç, -i, -a (18) calf
mish víçi (18) veal
vij (4) come
sa vjen e . . . keeps getting . . .
vikénd, -i, -e (7) week-end (fem.
in pl.)
víshem (10) dress (v., non-act.)
vit, -i, -e/vjet (6) year

sa vjeç-e je? (2) how old are you?

me víte (24) for years

vitrínë, -a, -a (17) shop window

vizitój (3) visit

vizitór, -i, -ë (18) visitor

vjeç-e (2) *lit.* of how many years

vjeçár-e (23) annual; of age

vjel (21) pick fruit

vjen (4) *see* **vij**

vjérshë, -a, -a (23) poem

vjéshtë, -a, -a (6) autumn

vjet (16) last year

vjétër (i/e) (5) old

vjétri (i) (10) the old one (*masc.*)

vléfshëm (i) (15) valuable (*masc.*)

vléfshme (e) (15) valuable (*fem.*)

vlej (8) be worth

vlérë, -a, -a (19) value

vlerësój (22) value, appraise

vloj (21) boil

vógël (i/e) (1/2) little, small

vojvodínas, -i, - (3) man from Vojvodina

Vojvodínë, -a (3) Vojvodina

vonésë, -a, -a (16) delay

vónë (5) late

    u bë vónë (10) it became late

vonóhem (10) be late

vonój (10) delay

vozítem (23) ride (*non-act.*)

vránët (i/e) (15) cloudy, overcast

vrap (s) a run

    me vrap (s) quickly

vrapím, -i, -e running, race (*fem. in pl.*)

vrapój (10) run

vras (10) shoot, kill

    vras kókën (13) ponder, rack one's brains

vrer, -i (s) poison

vrerós (20) embitter

vrull, -i (s) impetus, vigour

vúaj (15) suffer

vura *S. Past of* **vë**

XH

xhámë, -i, -a (14) glass

xhelozí, -a (17) jealousy

xhep, -i, -a (15) pocket

xhézve, -ja, - (21) small coffee pot

xhirój (14) shoot (*a film*)

Y

yll, -i, ýje (14) star

ýnë (6) our (*with masc. sing. nouns*)

yt (2) your (*with masc. sing. nouns*)

Z

zakonísht (5) usually

zakónshëm (i) (11) usual (*masc.*)

zakónshme (e) (11) usual (*fem.*)

zánë, -a, -a (15) fairy

zarf, -i, -a (7) envelope

zátën (17) actually, as a matter of fact

zbardh (13) whiten

zbardhëllén (s) it whitens

zbatój (19) implement

zbath (22) take off (*shoes, socks*)

zbërdhúlem (20) fade, lose colour

zbrázët (i/e) (s) empty

zbres (9) get down, descend

zbukurój (22) beautify, decorate

zbulím, -i, -e (20) discovery (*fem. in pl.*)

zbulój (11) uncover; discover

zébër, -a, -a (19) zebra

zémër, -a, -a (12) heart

zemërkéq-e (11) bad-hearted

zemërmádh-e (11) big-hearted

zemërmírë (15) warm-hearted

zemëróhem (18) get angry

zéza (e) (4) the black one (*fem.*)

zézë (e) (11) black (*fem.*)

zë (6) catch

    zë të punój (15) begin to work

    zë në thúa (13) trip up

zë, -ri, -ra (17) voice

    me zë (17) loudly

zénë (i/e) (20) busy; taken
zgjas, zgjat (18) last; stretch,
    lengthen
zgjátur (i/e) (15) lengthened
zgjedh (5) choose
zgjerój (22) widen
zgjidh (13) solve
zgjóhem (10) wake up (non-act.)
zgjoj (20) wake (somebody) up
zgjúar (i/e) (15) awake; intelligent
zi (11) black (adv.)
zi-u (i) (4) black; the black one
    (masc.)
zíle, -ja, - (10) bell
zjarr, -i, -e (20) fire (fem. in pl.)
zmadhój (22) enlarge
zog, -u, zogj (9) bird
zója (e) skilful, capable (fem.)
zoologjík-e (19) zoological
zotërí (2) mister, sir
zóti (i) (s) skilful, capable (masc.)
zura S. Past of zë

zverdh (22) make pale/yellow
Zvícër, -a (3) Switzerland
zvicërán, -i, -ë (3) Swiss (people)
zvogëlóhem (16) become smaller
zvogëlój (19) diminish, decrease,
    reduce
zyrë, -a, -e (16) office

ZH

zhbëj (22) undo
zhbrengós (22) soothe
zhbrengósur (i/e) (10) soothed
zhdúkem (10) disappear (non-act.)
zhúrmë, -a, -a (12) noise
zhvarrós (22) exhume
zhvendós (22) displace; annul a
    decision
zhvesh (22) take off (clothes etc.)
zhvillím, -i, -e (15) development
    (fem. in pl.)
zhvillój (19) develop
zhvlerësój (22) devalue, degrade,
    depreciate

English – Albanian Vocabulary

A

abandoned braktisur (i/e)
about nja; nepër
above përmbi; përsipër
absence mungesë, -a, -a
absolute absolut-e
abstain abstenoj
abstract abstrakt-e
absurd absurd-e
abuse shpërdor; shpërdoroj
accept pranoj
   be accepted pranohem
accident fatkeqësi, -a, -; aksident,
   -i, -e (*fem. in pl.*)
accidentally rastësisht
accompany shoqëroj
according to sipas
accursed nemun (i/e) (*Gheg*)
acquaintance njohur (i/e)
across matanë
act akt, -i, -e (*fem. in pl.*)
acting veprues-e
action aksion, -i, -e (*fem. in pl.*);
   veprim, -i, -e (*fem. in pl.*)
activate aktivizoj, aktivizohem
activity veprimtari, -a
actually në të vërtetë
adapted adaptuar
add shtoj
adder nepërkë, -a, -a
addicted: be addicted jepem
address adresë, -a, -a
admiration admirim, -i, -e (*fem. in pl.*)

admirer adhurues, -i, - (*masc.*);
   adhuruese, -ja, - (*fem.*)
adrift pezull
aeroplane aeroplan, -i, -ë
afar: from afar për së largu
afloat pezull
after mbas; pas; pasi
afternoon pasdite, -a, -;
   pasdreke, -a, -a
   good afternoon mirëdita
afterwards pastaj
again përsëri; sërish; prapë
against kundër
age moshë, -a
   of the same age moshatar, -i, -ë
   (*masc.*); moshatare, -ja, -
   ((*fem.*)
agency agjenci, -a, -
ago para
agree merrem vesh
aim qëllim, -i, -e (*fem. in pl.*)
air hostess stjuardesë, -a, -a
airline ajror-e
airport aeroport, -i, -e (*fem. in pl.*)
Albania Shqipëri, -a
Albanian (*language*) shqip
Albanian (*person*) shqiptar, -i, -ë
   (*masc.*); shqiptare, -ja, - (*fem.*)
alcohol alkohol, -i
alive gjallë (i/e)
all gjithë (të)
   at all fare
almost gati; pothuaj; thuaja
alone vetëm
along anës; përgjatë

alongside with krahas; përkrah
alright ani
also gjithashtu; edhe
although ndonëse; edhe pse;
  megjithëse; sado që
always gjithnjë; gjithmonë;
  përherë
am jam
  opt. of **am** qofsha
amaze mahnis, mahnit
American (*person*) amerikan, -i, -
  ë (*masc.*), amerikane, -ia, -
  (*fem.*); (*adj.*) amerikan-e
amnesia amnezi, -a
among mes; midis; ndërmjet; në
  mesin
amongst ndër
amuse dëfrej
analyze analizoj
and e; dhe; edhe
anew sërish
angle bërrylak, -u, -ë
angry: get angry zemërohem
animal kafshë, -a, -; shtazë, -a, -
announcement shpallje, -a, -
annual vjeçar-e
annul (*a decision*) zhvendos
answer (*n.*) përgjigje, -a, -; (*v.*)
  përgjigjem
anticipate parashoh
anxiety ankth, -i, -e (*fem. in pl.*)
any ndonjë, ndonjëri
anybody ndokush; njeri
anyhow sidokudo; sido
anytime kurdoherë
anyway sido
anywhere ngado; tekdo
appear paraqitem
appearance pamje, -a, -;
  paraqitje, -e, -
apple mollë, -a, -a
application kërkesë, -a, -a
appraise vlerësoj
approach qas, qasem
arm krah, -u, -ë
  by the arm për krahu

armchair kolltuk, -u, kolltuqe
aroma aromë, -a
around rreth; përreth; rrotull;
  përqark
  all around rreth e rreth; rreth e
  qark
arrange rregulloj
arrive arrij
art art, -i, -e (*fem. in pl.*)
article artikull, -i, artikuj
artificial artificial-e
artist piktor, -i, -ë
as siç; si
  as . . . as aq . . . sa
  as if gjoja; thuajse
aside menjanë; anash; përbri
  put aside menjanoj
ask pyes
  ask for kërkoj
askew tërthor
assistant ndihmës, -i, -
astonishing mahnitshëm (i);
  mahnitshme (e)
astonishment çudi, -a, -ra
at te; në
  at all aspak
atmosphere atmosferë, -a
attack sulm, -i, -e (*fem. in pl.*)
attend ndjek
attention vëmendje, -a
  pay attention kushtoj kujdes; vë
  veshin
award shpërblim, -i, -e (*fem. in
  pl.*)
awarded dhuruar (i/e); shpërblyer
  (i/e)
aware vetëdishëm (i); vetëdishme
  (e)
away larg; tej
axis bosht, -i, -e (*fem. in pl.*)

B

back shpinë
  turn one's back kthej shpinën
bad keq (i), keqe (e); lig (i), ligë
  (e)

bad-hearted zemërkeq
badly keq; me të keq
bag çantë, -a, -a; strajcë, -a, -a
bake pjek
  be baked piqem
baker bukëpjekës, -i, -
balance balancë, -a, -a; baraspeshim,
  -i, -e (*fem. in pl.*)
banana banane, -ja, -
bank bankë, -a, -a
banker bankier, -i, -ë
bark leh
barking (*n.*) lehur (e)
basket shportë, -a, -a
bathroom banjë, -a, -a
battle betejë, -a, -a
be: be it . . . qoftë. . . . qoftë
beam rreze, -ja, -
bean groshë, -a, -a
bear ari, -u, -nj
beard mjekër, -a, -a
beautiful bukur (i/e)
beautifully bukur; për bukuri
beautify zbukuroj
beauty bukuri, -a; (*person*) bukuroshe, -ja, -
because ngase; sepse
bed shtrat, -i, shtretër
bee bletë, -a, -
beef mish lope
beer birrë, -a, -a
before përpara; para (se)
begin filloj
  begin to zë + *subj.*
behaviour sjellje, -a, -
behind mbas; pas; prapa; përmbas
being gjallesë, -a, -a
believe besoj
bell zile, -ja, -
bend bërrylak, -u, -ë; kthesë, -a, -a
beside përbri
besides përkundër; pos kësaj, përveç
between mes; midis

big madh (i), madhe (e), mëdhenj (të), mëdha (të)
big-hearted zemërmadh
bile vrerë, -i
biography jetëshkrim, -i, -e (*fem. in pl.*)
bird zog, -u, zogj
birth lindje
birthday ditëlindje, -a, -
birthplace vendlindje, -a, -
bite kafshoj
bitterness hidhërim, -i, -e (*fem. in pl.*)
black zi (i), zezë (e); (*adv.*) zi
  the black one i ziu, e zeza
blame fajësoj
blanket batanije, -a, -
bleating blegërimë, -a, -a
bless uroj
block bllok, -u, blloqe
blockhead kokëmish-e
blood gjak, -u
blossom lulëzoj
blow fryj
blue kaltër (i/e); (*adv.*) kaltër
blunt topitur (i/e)
bodily trupor-e
body trup, -i, -a
boil vloj
bone asht, -i, eshtra
book (*n.*) libër, -i, -a; (*v.*) rezervoj
boot çizme, -ja, -
border kufi, -ri, -j
bore mërzis, mërzit
bored mërzitur (i/e)
  get bored mërzitem
  relieve boredom çmërzit
born lindur (i/e)
  be born lind(em)
Bosnia and Hercegovina Bosna e Hercegovina
Bosnian boshnjak, -u, -ë
bosom gji, -ri, -nj
boss shef, -i, -a
both (që) të dy/dyja

both ... and edhe ... edhe;
hem ... hem
bother çaj (kokën)bottle shishe, -
ja, -
bottom fund, -i
bow kular, -i, -ë
box kuti, -a, -
boxing boks, -i
boy djal, -i, djem; djalosh
brake (n.) fre, -ri, -na; (v.) frenoj
branch degë, -a, -
branching degëzim, -i, -e (fem. in
pl.)
brave trim-e
bread bukë, -a
make bread gatuaj
break thyej; prish
breakfast mëngjes, -i, -e (fem. in
pl.)
breast kraharor, -i, -e (fem. in pl.)
breath: get out of breath mbushem
frymë
breathe marr frymë
bricklayer murator, -i, -ë
bride nuse, -ja, -
bridegroom dhëndër, -i, dhëndurë
bridge urë, -a, -a
bright shndritshëm (i),
shndritshme (e)
bring sjell
British (man) britanik, -u, -ë
brother vëlla, -i, vëllezër
older brother bacë, -a, -a
brush brushë, -a, -a
build ndërtoj
builder ndërtimtar, -i, -ë
building ndërtesë, -a, -a
Bulgaria Bullgari, -a
Bulgarian (language) bullgarisht
Bulgarian (man) bullgar, -i, -ë
bunch tufë, -a, -
in bunches tufë-tufë
bungalow shtëpi përdhese
burn djeg
bus autobus, -i, -ë
business punë, -a, -

businessman biznesmen, -i, -ë
busy zënë (i/e)
but por; veç, veçse
butcher mishshitës, -i, -
butter gjalpë, -a
butterfly flutur, -a, -a
button pullë, -a, -a
buy blej
buyer blerës, -i, -
by bri; buzë; për; pranë; nëpërmes

C

cabin kabinë, -a, -a
cafe kafene, -ja, -
calf viç, -i, -a
call thirrje, -a, -
call out thërras
be called quhem
calm (v.) qetësoj; (adj.) qetë (i/e)
calmly qetas; me të qetë
calmness qetësi, -a
camera fotoaparat, -i, -e (fem. in
pl.)
can mund
cap qeleshe, -ja, -; kapelë, -a, -a
capable zoti (i), zoja (e); aftë (i/e)
car veturë, -a, -a
care kujdes, -i
take care kujdesem
I don't care for aq më bën; nuk
lodhem
carpet qilim, -i, -a
carriage karrocë, -a, -a
carrot karotë, -a, -a
carry bart
cart qerre, -ja, -; karrocë, -a, -a
carve gdhend
case rast
in case of në rast se
cassette shirit, -i, -a
cast gjips, -i
castle kala, -ja, -
cat (female) mace, -ja, -
catalogue katalog, -u, -ë
catch kap; zë
catch one's eye bie në sy

get caught kapem
cathedral katedralë, -a, -a
cause (*n.*) shkak, -u, shkaqe; (*v.*)
  shkaktoj
cave shpellë, -a, -a
celebration festim, -i, -e (*fem. in pl.*)
cellar bodrum, -i, -e (*fem. in pl.*)
central qëndror-e
centre qendër, -a, -a
century shekull, -i, shekuj
ceremony ceremonial, -i, -e (*fem. in pl.*)
certainly sigurisht
chair karrige, karrigia, -
championship kampionat, -i, -e
change ndërroj
channel kanal, -i, -e (*fem. in pl.*)
characteristic (*n.*) karakteristikë,
  -a, -a; (*adj.*) karakteristik-e
charming sharmant-e
chase ndjek
chat bisedoj
chatterbox fjalaman, -i, -ë (*masc.*),
  fjalamane, -ja, - (*fem.*)
cheat mashtroj
cheek faqe, -ja, -
cheer up çmërzis, çmërzit
cheerful hareshëm (i), hareshme
  (e)
cheese djathë, -i, -
chemical kimik-e
chemist farmacist, -i, -ë
chemist's shop barnatore, -ja, -
cherry qershi, -a, -
chest kraharor, -i, -ë
chew përtyp
child fëmijë, -a, -
chin mjekër, -a, -a
China Kinë, -a
Chinese (*language*) kinezisht
Chinese (*man*) kinez, -i, -ë
chocolate çokolatë, -a
choose zgjedh
cigarette cigare, -ja, -
  cigarette end duq (cigareje)

cinema kinema, -ja, -
circle rreth, -i, rrathë
citizen qytetar, -i, -ë
civilization qytetërim, -i, -e (*fem. in pl.*)
clamorous bujshëm (i), bujshme
  (e)
clap duartrokas
clasp mbërthej
class klasë, -a, -a
classical klasik-e
clean (*v.*) pastroj
  clean up spastroj
  become clean kullohem
cleanness pastërti, -a
clear (*v.*) shfajësoj; (*adj.*) kthjellët
  (i/e)
clearly shkoqur; qartë
clerk nëpunës, -i, -
clever mençur (i/e)
climate klimë, -a
clock orë, -a, -
close (*proximity*) afërt (i/e)
  close to buzë
close (*v.*) mbyll
cloth: (fine) cloth lahur, -i
clothes rroba
cloudless kthjellët (i/e)
cloudy vranët (i/e)
clue: find a clue bie në fije
coat pallto, -ja, -
coexist bashkëjetoj
coffee kafe, -ja, -
  Turkish coffee kafe turke
coffee-pot filxhan, -i, -a
  small coffee-pot xhezve, -ja, -
cognac konjak, -u
coin pare, -ja, -
cold (*adv.*) ftohtë; (*n.*) ftohtët (të)
  catch a cold/get cold ftohem
collar jakë, -a, -
collect mbledh
college kolegj, -i, -e (*fem. in pl.*)
colour ngjyrë, -a, -a
column shtyllë, -a, -a
comb krihem

come vij
　here/there I come (ia) bëh
　come from buroj; vij/jam nga
　come across ndeshem
coming ardhshëm (i), ardhshme
　(e)
command urdhëroj; komandoj
commute udhëtoj
company kompani, -a, -
　airline company kompani ajrore
compare krahasoj
comparison krahasim, -i, -e (*fem.
　in pl.*)
complain ankohem
complete mbush
completely tërësisht; kryekëput
compose hartoj; komponoj
composition hartim, -i, -e (*fem. in
　pl.*)
computer kompjuter, -i, -ë
concern hesap, -i, -e (*fem. in pl.*)
　arouse concern shqetësoj
concrete konkret-e
condition kusht, -i, -e (*fem. in pl.*)
confess rrëfehem
confused hutuar (i/e)
congratulate uroj
connection lidhje, -a, -
　in connection with lidhur me
consequence pasojë, -a, -a
console (**oneself**) ngushëllohem;
　ngushëlloj
consolidate shkrij
construct konstruktoj
continental kontinental-e
continuously vazhdimisht
contradict kundërshtoj
contrariness kundërshtim, -i, -e
　(*fem. in pl.*)
contrary to përkundër
conversation bisedë, -a, -a
convince bind
convinced bindur (i/e)
cook gatuaj; ziej
cooking pot enë, -a, -
cordial përzemërt (i/e)

corner skaj, -i, -e; kënd, -i, -e
cornfield arë, -a, -a
correct korrekt-e
corridor korridor, -i, -e (*fem. in
　pl.*)
corrupt çnjerëzoj
cost kushtoj
costume veshje; kostim
cough kollitur (e)
course kurs, -i, -e (*fem. in pl.*)
　of course po si jo
cousin kushëri, -ri, -nj (*masc.*)
　kushërirë, -a, -a (*fem.*)
cover mbuloj
covered mbuluar (i/e)
cow lopë, -a, -
craftmanship artizanatë, -i, -e
crash ndeshje, -a, -
crawling barkas, barkazi
create krijoj
creation krijim, -i, -e (*fem. in pl.*)
creative krijues-e
creek përrua, përroi, përrenj
crest kreshtë, -a, -a
Croatia Kroaci, -a
Croatian (*man*) kroat, -i, -ë
cross kryq, -i, -a
　cross out çregjistroj
crossword fjalëkryq, -i, -e
crowd tollovi, -a
crown (*n.*) kurorë, -a, -a; (*v.*)
　kurorëzoj
cry qaj
cucumber trangull, -i, tranguj
cunning dinak-e
cup (*sport*) kupë, -a, -a
curtain perke, -ja, -
customer myshteri, -u, -nj
cut (**oneself**) pritem
Czech (*language*) çekisht
Czechoslovakia Çekosllovaki, -a
Czechoslovakian (*man*)
　çekosllovak, -u, -ë

D

dairy produce bulmet, -i, -e (fem. in pl.)
damage (v.) dëmtoj; (n.) dëm, -i, -e (fem. in pl.)
damaging dëmshëm (i), dëmshme (e)
dance (v.) vallëzoj; (n.) valle, -ja, -
dancing vallëzim, -i, -e (fem. in pl.)
Dane danez, -i, -ë
danger rrezik, -u, rreziqe
dangerous rrezikshëm (i), rrezikshme (e)
Danish (language) danisht
darkness errësirë, -a
darling dashur (i/e)
data dhënë (e), dhëna (të)
daughter bijë, -a, -a
dawn agim, -i, -e (fem. in pl.)
   before dawn me natë
day ditë, -a, -
   day by day dita-ditës
   every day përditë; ditë për ditë
   there are days/some days ditë-ditë
dead vdekur (i/e)
dearly shtrenjtë
death vdekje, -a, -
debt borxh, -i, -e (fem. in pl.)
decide vendos
decor dekor, -i, -e (fem. in pl.)
decorate zbukuroj
decrease zvogëloj
defence mbrojtje, -a, -
deficiency metë (e)
degrade zhvlerësoj
delay vonesë, -a, -a
demolition prishje, -a, -
Denmark Danimarkë, -a
department degë, -a, -
   department store shtëpi mallrash
depending varësisht
depreciate zhvlerësoj
depth thellësi, -a, -
descend zbres

describe përshkruaj
deserted shkretë (i/e)
deserve meritoj
desire (n.) qefj, -i, -e (fem. in pl.); dëshirë, -a, -a; (v.) dëshiroj
despair dëshprim, -i, -e (fem. in pl.)
destroy shkatërroj
detail: in detail hollësisht
determined caktuar (i/e)
devalue zhvlerësoj
develop zhvilloj
development zhvillim, -i, -e (fem. in pl.)
devil djallë, -i, djaj
dew vesë, -a
dialect dialekt, -i, -e (fem. in pl.)
diamond diamant, -i, -e (fem. in pl.)
diary ditar, -e, -ë
die vdes
difference ndryshëm, -i, -e (fem. in pl.)
different ndryshim (i), ndryshme (e)
difficult vështirë; rëndë (i/e)
difficulty vështirësi, -a
diminish zvogëloj
dinar dinar, -i, -ë
directly drejpërdrejt
dirty papastër (i/e)
disappear zhdukem
disarrange çrreguloj
discover zbuloj
discovery zbulim, -i, -e (fem. in pl.)
discussion diskutim, -i, -e (fem. in pl.)
disentangle çngatërroj; shkatërroj
disgrace çnderoj; çnjerëzoj
dishonour çnderoj
dish enë, -a, -; (food) gjellë, -a, -
dismiss çpunësoj
disorder çrregullim, -i, -e (fem. in pl.)
   throw into disorder çrregulloj

disorganize çorganizoj
disperse çmbledh
displace zhvendos
dissatisfied pakënaqur (i/e)
distance largësi, -a, -
  be distanced largohem
distinguished shquar (i/e)
district lagje, -ja, -; rreth, -i, -e
disturb trazoj; shqetësoj
do bëj
  do something about it (ia) bëj
  disi
  don't mos
doctor mjek, -u, -ë
doe sorkadhe, -ja, -
dog (male) qen, -i, -ë
dog-like qençe
don't mos
double dyfishtë (i/e)
double-decker dy-katesh
dove pëllumb, -i, -a
down (facial) push, -i
down(stairs) poshtë
downwards tatëpjetë; teposhtë
doze kotem
drama dramë, -a, -a
dream (n.) ëndërr, -a, -a; (v.)
  ëndërroj
dress (v.) vishem; (n.) fustan, -i, -
  a
drink (n. pije, -a, -; (v.) pi
  I feel like drinking më pihet
drip pik
drive: drive back zmbraps
driver shofer, -i, -ë
drizzle rigë, -a, -a
drop (n. pikë, -a, -a; (v.) pik
drunk dehur (i/e)
  make drunk deh
dry thatë (i/e)
during gjatë
dusk muzg, -u, muzgje
dust pluhur, -i
Dutch (language) holandisht
Dutch(man) holandez, -i, -ë
duty detyrë, -a, -a

E

each secili, secila; çdo
  each other njëri-tjetrin, njëra-
  tjetrën; shoku-shokun, shoqja-
  shoqen
ear vesh, -i, -ë
earlier më parë; më herët
early herët
earring vëth, -i, -ë
earth tokë, -a; rruzull, -i, rruzuj
ease lehtësi, -a
easily me lehtësi; lehtas
easy lehtë
east lindje, -a
eat ha
echo (n.) jehonë, -a, -a; (v.)
  kumboj
economic ekonomik-e
edge skaj, -i, -e
educated: be educated edukohem
education arsim, -i
egg ve, -ja, vezë
Egyptian egjiptian-e
eight tetë
eighteen tetëmbëdhjetë
eighty tetëdhjetë
either . . . or daç . . . daç; ose . . .
  ose
elementary fillor-e
elephant elefant, -i, -ë
eleven njëmbëdhjetë
elsewhere gjetiu; tjetërkund
embitter vreros
employ punësoj
empty (v.) çmbush; (adj.) zbrazët
  (i/e)
enchant magjeps
endless pafund (i/e)
endurable qëndrueshëm (i),
  qëndrueshme (e)
endure duroj
enemy armik, -u, armiq
energy energji, -a
engine motor, -i, -ë
engineer inxhinier, -i, -ë
England Angli, -a

English (*language*) anglisht
English(man) anglez, -i, -ë
enjoy kënaqem
enlarge zmadhoj
enliven ngjall
enough mjaft
enroll regjistrohem
entangle ngatërroj
　get entangled ngatërrohem
enter hyj; futem
entirely krejt
entrance hyrje, -a, -
envelope zarf, -i, -a
equal barabartë (i/e)
equalization barazim, -i, -e (*fem. in pl.*)
eroded gërryer, ndryshkur (i/e)
especially sidomos; veçanërisht
etc. etj. (e të tjerë/a)
European evropian-e
evaporate avulloj
even madje
　even if edhe në
evening mbrëmje, -a, -
　good evening mirëmbrëma
event ngjarje, -a, -; ndodhi, -a, -
every çdo
everybody gjithkush; gjithsekush
everyone çdonjëri, çdonjëra;
　gjithsecili, gjithsecila
everything gjithçka; krejt
everywhere anembanë; anekënd
exact përpiktë (i/e); saktë (i/e)
exactly pikë për pikë; pikërisht
exaggerate teproj
exceedingly për së tëpërmi
except pos; përpos; përveç
exchange (*n.*) këmbim, -i, -e (*fem. in pl.*); (*v.*) këmbëj
excuse fal
　excuse me më fal
exhibited ekspozuar (i/e)
exhibition ekspozitë, -a, -a
exhume zhvarros
exist ekzistoj
existence ekzistencë, -a

exonerate shfajësoj
expensive shtrenjtë
experience përjetoj
experiment eksperiment, -i, -e
　(*fem. in pl.*)
explain shpjegoj
explanation shpjegim, -i, -e (*fem. in pl.*)
express shpreh
expression shprehje, -a, -
extract nxjerr
eye sy, -ri, -
　flashing-eyed sygacë
eyebrow vetull, -a, -a

F

face faqe, -ja, -; fytyrë, -a, -a
　flat on one's face hundë e buzë
fact: as a matter of fact zaten
faculty fakultet, -i, -e (*fem. in pl.*)
fade zbërdhulem
fairy zanë, -a, -a
fairy-tale përrallë, -a, -a
fake rrejshëm (i), rrejshme (e)
fall bie
　fall over rrëzohem
false rrejshëm (i), rrejshme (e)
fame famë, -a
family familje, -a, -
famous famshëm (i), famshme (e)
far larg
　far-sighted largpamës-e
fastidiousness teraqillëk, -u
father atë, -i, etër; baba, -i, baballarë
favour nder, -i
fear frikë, -a
feather pupël, -a, -a
feed ushqej
feel ndiej; ndihem
feeling ndjenjë, -a, -
fell rrëzoj
fetch sjell
few: (a) few disa
field fushë, -a, -a
fifteen pesëmbëdhjetë

fifty pesëdhjetë
fig fik, -u, fiq
fight luftoj
fighting përleshje, -a, -
fill plotësoj; mbush
film film, -i, -a
filtered: be filtered kullohem
final përfundimtar-e
find gjej
finger gisht, -i, -a/-ërinj
finish (n.) fund, -i; (v.) përfundoj;
  mbaroj
Finland Finlandë, -a
Finn finlandez, -i, -ë
Finnish finlandisht
fire zjarr, -i, -e (fem. in pl.)
firm qëndrueshëm (i),
  qëndrueshme (e)
first parë (i/e)
  at first së pari
  the first one i pari, e para
fish peshk, -u, peshq
fisherman peshkatar, -i, -ë
fishing peshkim, -i
five pesë
flake: in flakes flokë-flokë
flame flakë, -a
flash: in a flash çel e mbyll (sytë)
flat (n.) banesë, -a, -a; (adv.)
  rrafsh
flock tufë, -a, -
flood mbyt, përmbyt
floor dysheme, -ja, -
flour miell, -i
flow rrjedh
flower lule, -ja, -
fly fluturoj
flying (adv.) fluturimthi; (n.)
  fluturim
fold palos
-fold fish
  one/two . . .fold një/dy . . .
  -fish
folk folklorik-e
folklore folklor, -i
follow ndjek; përcjell

food (n.) ushqim, -i, -e (fem. in
  pl.); (adj.) ushqimor-e
fool budalla, -i, -enj
foolishly budallallëkçe
foot këmbë, -a, -
  at the foot of rrëzë
football futboll, -i
for për; për në
  for now tani për tani
force (v.) detyroj; (n.) fuqi, -a;
  forcë, -a
foreign(er) huaj (i/e)
foresee parashoh
forest mal, -i, -e (fem. in pl.); pyll,
  -i, pyje (fem. in pl.)
forewarn paralajmëroj
forget harroj
form sajoj; formoj
formality formalitet, -i, -e (fem. in
  pl.)
forty dyzet
fountain fontanë, -a, -a
four katër
fourteen katërmbëdhjetë
fox dhelpër, -a, -a
France Francë, -a
free (adj.) lirë (i/e); (v.) (ç)liroj
  free (of charge) falas
freely lirisht
freeze ngrij
French (language) frëngjisht
French(man) frëng, -u, frëngj
fresh freskët (i/e)
fried fërguar (i/e)
friend shok, -u, -ë, shoqe, -ja, -;
  mik, -u, miq
  be friends with shoqërohem
friendship miqësi, -a
frightened trembur (i/e)
from prej; nga
front: in front of para; përpara
fruit (tree) pemë, -a, -
  fruit juice lëng pemësh
full (adj.) plotë (i/e); (adv.) plot;
  përplot
  full stop pikë, -a, -a

function funksionoj
fund fond, -i, -e (*fem. in pl.*)
furniture orendi, -a, -
further tej; tutje

G

gallery galeri, -a, -
gambling bixhoz, -i
game lojë, -a, -ra
garage garazh, -i, -e (*fem. in pl.*)
garden kopsht, -i, -e (*fem. in pl.*)
gargle (bëj) gargara
garlic hudhër, -a, -a
gather mbledh
general: (in) general (në) përgjithësi
gentle urtë (i/e)
German (*language*) gjermanisht
German (*man*) gjerman, -i, -ë
Germany Gjermani, -a
get: get down zbres
  get near qasem; afrohem
  get on hip
  get up çohem; ngrihem
gild praroj
giraffe gjirafë, -a, -a
girl vajzë, -a, -a
  little girl çupë, -a, -a
give jap
  give away fal
  give up heq dorë
glad: be glad gëzohem
glance shikim, -i, -e (*fem. in pl.*)
glass gotë, -a, -a; xhamë, -i, -a; qelq, -i
  a glass each nga një gotë
glitter shndrit
globe rruzull, -i, rruzuj
go shkoj; vete
  go away tret; largohem
  go down lëshohem
  go out dal
goal gol, -i, -a
gold flori, -ri; ar, -i
good mirë (i/e)
  good day (*leaving*) ditën e mirë

goods mall, -i, -ra
gorge grykë, -a, -a
grab kap; rrëmbëj
gradually shkallë-shkallë; gradualisht
grandfather gjysh, -i, -ër
grandmother gjyshe, -ja, -
grape rrush, -i
grass bar, -i
gratitude mirënjohje, -a, -
grave varr, -i, -e (*fem. in pl.*)
Greece Greqi, -a
Greek (*language*) greqisht
Greek (*man*) grek, -u, -ë
green gjelbër (i/e); (*adv.*) gjelbër
greenery gjelbërim, -i, -e (*fem. in pl.*); blerim, -i
greengrocer pemëshitës, -i, -
greet përshëndet
  greet each other përshëndetem
grey: (go) grey thinjem
grill skarë, -a, -a
grip shtrëngoj
groan rënkoj
ground tokë, -a
  on/to the ground përdhe
group grup, -i, -e (*fem. in pl.*)
  in groups grupe-grupe; palë-palë
grow rrit
  grow up rritem
grown-ups mëdhenj (të)
guard roje, -a, -
guest mysafir, -i, -ë, mysafire, -ja, -
guide ciceron, -i, -ë
guilt faj, -i, -e (*fem. in pl.*)
gypsum gjips, -i

H

hair flok, -u, -ë; leshra
half gjysmë, -a, -a
hall korridor, -i, -e (*fem. in pl.*)
hammer çekan, -i, -ë
hand dorë, -a, duar
  hand in dorëzoj
handle përdoroj
hang var

hapless fatkeq-e; fatkëq-ij/-ija (pl.)
happen ngjaj; ndodh
   happen to be ndodhem
happening ndodhi, -a, -
happiness lumturi, -a
happy lumtur (i/e)
hard rëndë (i/e); rëndë
hardly mezi
hardworking punëtor-e
hare lepur, -i, lepuj
have kam
hay sanë, -a
he ai
head kokë, -a, -a
   head to head kokë për kokë
health shëndet, -i
hear dëgjoj
heart zemër, -a, -a
   warm-hearted zemërmirë
   heartfelt përzemërt (i/e)
hearth vatër, -a, -a
heat nxehtët (të)
heating nxemje, -a, -
heavily rëndë
heavy rëndë (i/e)
hello! tungjatjeta!
help ndihmoj
   help yourself urdhëro-ni
helper ndihmës, -i, -; ndihmëse, -
   ja, -
hem kind, -i, -a
her i saj, e saj; e saj (pl.)
Hercegovina Hercegovinë, -a
Hercegovinian (man) hercegovas,
   -i, -
herd tufë, -a, -
here këtu
   here (it) is ja
hesitant druajtur (i/e)
hidden fshehur (i/e); pulitur (i/e)
hide fsheh
high lartë (i/e); lart
   from high up për/prej së larti
hill breg, -u, brigje; kodër, -ra, -a
his i tij, e tij
hit përplas; shitoj

hit it i bie
hobby hobi, -, -
hold mbaj
holiday pushim, -i, -e (fem. in pl.)
Holland Holandë, -a
homework detyrë shtëpie
honour (v.) nderoj; (n.) nder, -i
hook grep, -i, -a
hope (v.) shpresoj; (n.) shpresë,
   -a, -a
horn bri, -ri, -rë/brinj
horse kalë, -i, kuaj
hospitable mikpritës-e
hospital spital, -i, -e (fem. in pl.)
hot nxehtë (i/e)
hotel hotel, -i, -e (fem. in pl.)
hour orë, -a, -
house shtëpi, -a, -
   little house shtëpizë, -a, -a
housewife amvisë, -ja, -
how qysh; si
   no matter how qyshdo; sido,
   dosido
   how many/much sa
however mirëpo; ndërkaq
humanism humanizëm, -i
humanitarian humanitar-e
humanity humanizëm, -i;
   njerëzim, -i
hundred njëqind
hundreds qindra
Hungary Hungari, -a
hunger uri, -a
hunter gjuetar/gjahtar, -i, -ë
hurry ngutem
hurt lëndoj
husband burrë, -i, -a

I

I unë
ice akull, -i, akuj
idea ide, -ja, -
if në; nëse; po; po qe se; në qoftë
   se; sikur; mos
   as if sikur
ignorance mosnjohje, -a

ill: become ill sëmurem
illegitimate ilegjitim-e
imagination imagjinatë, -a
immeasurable pa masë
immediately fill; menjëherë
impatiently me padurim
impetuously rrëmbimthi
impetus vrull, -i
implement zbatoj
importance rëndësi, -a
important rëndësishëm (i),
   rëndësishme (e)
impose imponoj
imposing mahnitshëm (i),
   mahnitshme (e)
impression mbresë, -a, -a
in në
indifferent indiferent-e
inexplicable pashpjegueshëm (i),
   pashpjegueshme (e)
inform lajmëroj
inhabitant banor, -i, -ë
injure lëndoj
injury lëndim, -i, -e (*fem. in pl.*)
inscription mbishkrim, -i, -e (*fem.
   in pl.*)
inside brenda
   get inside hyj/futem brenda
   inside out mbrapsht
instrument vegël, -a, -a; mjet, -i, -
   e
intellectual intelektual, -i, -ë,
   intelektuale, -ja, -
intelligent zgjuar (i/e)
intend kam ndërmend
interest interes, -i, -a; interesim, -
   i, -e (*fem. in pl.*)
interested interesuar (i/e)
   be (become) interested
      interesohem
interrogative pyetës-e
intersect pritem
into më; në; brenda në
   into two, three, four . . . më
      dysh, tresh, katërsh . . .
intoxicate deh

introduce njoh
invitation ftesë, -a, -a
invite thërras; ftoj
invited ftuar (i/e)
is është
isolated izoluar (i/e)
Italian (*language*) italisht
Italian (*man*) italian, -i, -ë
Italy Itali, -a

J

jacket setër, -a, -a
Japan Japoni, -a
Japanese (*language*) japonisht
Japanese (*man*) japonez, -i, -ë
jealousy xhelozi, -a
job punë, -a, -
join bashkohem
joke (*n.*) shaka, -ja, -; tallje, -a,
   -; tall; tallem
journalist gazetar, -i, -ë;
   gazetare, -ja, -
journey udhëtim, -i, -e (*fem. in
   pl.*)
   'have a nice journey' 'rruga e
      mbarë'
joy gëzim, -i, -e (*fem. in pl.*); gaz,
   -i
juice lëng, -u, lëngje
jump hop
just mu; vetëm

K

keep mbaj; ruaj
   keeps . . . sa vjen e . . .
keepsake kujtim, -i, -e (*fem. in pl.*)
kidnap rrëmbej
kill vras; mbys, mbyt
kilogram kilogram, -i, -ë
kilometre kilometër, -i, -a
kind lloj, -i, -ra
   of different kinds lloj-lloj
   (of) all kinds çdolloj; gjithfarë
king mbret, -i, -ër
kiosk qoshk, -u, qoshqe (*fem. in
   pl.*)

kiss puthje, -a, -
kissing puthur (e)
kitchen kuzhinë, -a, -a
knee gju, -ri, -nj
 on one's knees gjunjas, gjunjazi
knit thur
knock trokas
know di
 know (somebody) njoh
Kosovar kosovar, -i, -ë
Kosovo Kosovë, -a

L

laid shtruar (i/e)
lake liqen, -i, -e (fem. in pl.)
lamb qengj, -i, -a
lame topall, -i, -ë; çalë (i/e)
language gjuhë, -a, -
 standard language gjuhë letrare
last (v.) zgjas; (adj.) fundit (i/e)
 last but one parafundit (i/e)
 at last së fundi
late vonë
 be late vonohem
later më vonë; më tej
laugh qesh, qeshem
laughingly me të qeshur
law ligj, -i, -e (fem. in pl.)
lay shtroj
laziness përtaci, -a
lazy përtac, -i, -ë; përtace, -ja, -
 be lazy përtoj
lead udhëheq
leaf fletë, -a, -
lean mbështetem
leap hop
learn mësoj
learned man dijetar, -i, -ë
least: at least së paku
leave lë; iki; shkoj
 leave alone e lëre më
lecture ligjëratë, -a, -a
leech shushunjë, -a, -a
left lënë (i/e); mjaft (i/e)
 (on the) left majtas, majtazi, në
 të majtë

leg këmbë, -a, -
lemon limon, -i, -ë
lengthen zgjas, zgjat
lengthened zgjatur (i/e)
lengthily gjerësisht
lengthwise (për) së gjati
lesson mësim, -i, -e (fem. in pl.)
let lejoj
 let go lëshoj
letter letër, -a, -a
 receive a letter marr letër
level nivel, -i, -e (fem. in pl.)
liar gënjeshtar, -i, -ë
liberate çliroj
library bibliotekë, -a, -a
lie down shtrihem
lift çoj
light (v.) ndez; (n.) dritë, -a, -a;
 (adj.) lehtë (i/e)
lightning: like lightning vetëtimthi
like (adv.) si; (v.) dua; pëlqej; më
 pëlqen
 like that ashtu
 like this kështu; këtillë (i/e);
 kësisoj; kësi, këso
line vijë, -a, -a; radhë, -a, -;
 vetull, -a, -a
 line up radhis, radhit
lion luan, -i, -ë
lip buzë, -a, -
liqueur liker, -i, -e (fem. in pl.)
list listë, -a, -a
listen dëgjoj
literary letrar-e
literature letërsi, -a, -
little (adj.) vogël (i/e); (adv.) pak
 (a) little nga pak
 (a) little (bit) pak; (një) çikëz;
 pakëz
live jetoj; rroj
liveliness gjallëri, -a
lively (adv.) gjallërisht
livestock bagëti, -a
living (n.) jetesë, -a; (adj.) gjallë
 (i/e)

(the) living one gjalli (i), gjalla (e)
load (v.) ngarkoj; (n.) ngarkesë, -a, -a; barrë, -a, -
loaf: (little) loaf bukëz, -a, -a
lonely vetmuar (i/e)
long gjatë (i/e)
(as) long as përderisa
look dukje, -a, -
   look (at) shikoj
   look again rishikoj
loose off lëshoj
lose humb
lost humbur (i/e)
lottery loto, -ja, -
loudly me zë
love (v.) dua; (n.) dashuri, -a, -
   fall/be in love bie në dashuri; dashurohem
low ulët (i/e)
luck fat, -i
   of bad luck fatkeq-e
luckily fatmirësisht
lukewarm vakët (i/e)
lunch drekë, -a, -a

M

Macedonia Maqedoni, -a
Macedonian (language) maqedonisht
Macedonian (man) maqedon, -i, -ë
mad tërbuar (i/e)
magnificent madhështor-e
main kryesor-e
mainly kryesisht
majority shumicë, -a
make bëj; konstruktoj; hartoj
male mashkull, -i, meshkuj
malice inat, -i
man njeri, -u, njerëz; burrë, -i, -a
   old man plak, -u, pleq
   like an old man pleqërisht
manly burrëror
manner mënyrë, -a, -a
many shumë

many (a person) shumëkush
many things shumëçka
marble (n.) mermer, -i; (adj.); mermertë (i/e)
mark notë, -a, -a
market pazar, -i, -e (fem. in pl.)
married martuar (i/e)
   get married martohem
marry off martoj
masterpiece kryevepër, -a, -a
mastery mjeshtri, -a, -
match ndeshje, -a, -
matter: it doesn't matter s'ka gjë; nuk prish punë
   no matter how much sado
maturity pjekuri, -a
may mund
   'may it belong to the past' qoftë e kaluar
maybe ndoshta; mbase
meadow livadh, -i, -e (fem. in pl.)
means: by means of përmjet; përmes; me anë të
   by all means gjithsesi
meat mish, -i, -ëra
mechanic mekanik, -u, -ë
medium mesëm (i), mesme (e)
meet takoj
meeting takim, -i, -e; mbledhje, -a, -
melt shkrij
member anëtar, -i, -ë
memory (për)kujtim, -i, -e
mention përmend
menu listë gjellësh
message porosi, -a, -
metre metër, -i, -a
midday mesditë, -a
middle mesëm (i), mesme (e)
milk qumësht, -i
mind mendje, -a, -
   never mind nejse; s'ka gjë
   in mind ndërmend
mineral (adj.) mineral-e
minute minutë, -a, -a
mirror pasqyrë, -a, -a

miser koprrac, -i, -ë
misery mjerim, -i, -e (fem. in pl.)
mistake gabim, -i, -e (fem. in pl.)
(make a) mistake gaboj
mister zotëri, -u, -nj
misuse shpërdor; shpërdoroj
mix përziej
mixed përzier (i/e)
mock tall
mockery tallje, -a, -
moisten njom
moment çast, -i, -e (fem. in pl.);
    moment, -i, -e (fem. in pl.)
momentary momental-e
monastery manastir, -i, -e (fem. in
    pl.)
money para, -ja, -; holla (të)
monkey majmun, -i, -ë
Montenegrin malazias, -i, -
Montenegro Mali i Zi
month muaj, -i, –
monument përmendore, -ja, -
moon hënë, -a
more më shumë; më; edhe më
    more than më se
    still more edhe më (shumë)
    more and more gjithnjë e më
    (shumë)
morning mëngjes, -i, -e (fem. in
    pl.)
    good morning mirëmëngjesi
most shumicë, -a; (adv.) më së
    shumti
    at most shumë-shumë
motel motel, -i, -e (fem. in pl.)
mother mëmë, -a, -a; nënë, -a, -a;
    ëmë, -a, -a
    his/her mother e ëma
motherly amtar-e
motor motor, -i, -ë
mount hipi
mountain mal, -i, -e (fem. in pl.);
    bjeshkë, -a, -; (adj.)
    malor-e
mouth gojë, -a, -
    big-mouthed gojëmadh-e

move: move away largohem; largoj
    move around vërtitem; sillem
much shumë
    how much sa bën/kushton
    too much tepër; së tepërmi
    that much aq . . . (sa)
    very much së tepërmi
    this much kaq
mucky: get mucky përlyhem
mud baltë, -a
muddy baltosur (i/e)
multitude mizëri, -a
museum muze, -u, -
music muzikë, -a
musical muzikor-e
mute memec-e
mutter bëlbëzoj
my im, ime; e mi, e mia (pl.)

N

nakedness lakuriqësi, -a
name emër, -i, -a
narrowly për së ngushti
national kombëtar-e
natural natyrshëm (i), natyrshme
    (e); natyral-e
naturally natyrisht
nature natyrë, -a
near afër; ndaj
necessary duhur (i/e)
necessity nevojë, -a, -a
neck qafë, -a, -a
necklace qafore, -ja, -
nectar nektar, -i
need nevojë, -a, -a
needy varfanjak, -u, -ë; nevojtar,
    -i, -ë
neglected (i/e) lënë pasdore;
    braktisur (i/e)
neighbour fqinjë, -i, -
neither . . . nor as . . .as
never kurrë; asnjëherë
    never ever kurrën e kurrës
    never mind nejse; s'ka gjë
nevertheless megjithatë
news lajm, -i, -e (fem. in pl.)

newspaper gazetë, -a, -a
newspapers shtyp, -i
next ardhshëm (i), ardhshme (e)
  next to pranë; pranë e pranë
nice këndshëm (i), këndshme (e)
nicely me të mirë
night natë, -a, net
  every night përnatë
  last night mbrëmë
nine nëntë
nineteen nëntëmbëdhjetë
  the nineteens nëntëmbëdhjetat
  (të)
ninety nëntëdhjetë
no jo; asnjë
nobly bujarisht
nobody askush; askurrkush; asnjeri
noise zhurmë, -a, -a
none asnjë; asndonjë
north veri, -u
Norway Norvegji, -a
Norwegian (*language*) norvegjisht
Norwegian (*person*) norvegjez, -i,
  -ë
nose hundë, -a, -
  hook-nosed/eagle-nosed
    hundëshkabë
not nuk
  not to që të mos
  not that . . . but jo që . . . por
  not only . . . jo vetëm që . . .
note (*n.*) (*musical*) notë, -a, -a;
  (*v.*) shënoj
notebook fletore, -ja, -
nothing asgjë; askurrgjë; hiçasgjë;
  hiçgjëfare; kurrgjë
  nothing of any kind
    asgjëkafshë; asgjësend/i;
    asnjëfarë; kurrfarë
  it's nothing s'ka gjë
notice vërej; vë re
  be noticed vërehem
now tash
  now and again orë e çast; herë-
    herë

nowhere askund; kurrkund;
  asgjëkundi; askurrkund
nurse infermier, -i, -ë; motër, -a,
  -a; infermiere, -ja, -

O

oak tree lis, -i, -a
object objekt, -i, -e (*fem. in pl.*)
oblige detyroj
observe vështroj
obstruct pengoj
occasion rast, -i, -e (*fem. in pl.*)
occupied zënë (i/e)
occurrence paraqitje, -a, -
October tetor, -i
offer ofroj
often shpesh/herë
oil vaj
old vjetër (i/e); moshuar (i/e)
  how old are you? sa vjeç-e je?
  the old one i vjetri; e vjetra
  get old plakem
olive ulli, -ri, -nj
on përmbi; mbi; përsipër
  on what mbi se
once njëherë; një herë; dikur
  at once sakaq; menjëherë
one një; njëri, njëra
oneself vetvete, -ja
onion qepë, -a, -
only veç/se; vetëm (se)
  not only . . . but also le që . . .
    por
  the only one vetmi (i), vetmja
    (e)
open (*v.*) shpaloj; hap; çel; (*adj.*)
  çelët (i/e)
openly hapur
opinion mendim, -i, -e (*fem. in pl.*)
opportunity rast, -i, -e (*fem. in pl.*)
oppose kundërshtoj
opposite përballë; ballë; kundërt
  (i/e)
opposition kundërshtim, -i, -e (*fem.
  in pl.*)
optics optikë, -a

or ose; a; apo
orange portokall, -i, portokaj
order (*n.*) radhë, -a, -; rregull, -i;
  (*v.*) porosis, porosit
  which one (*in order*) sati (i), sata
  (e)
  in order to me qëllim që
  give orders komandoj
  put in order rregulloj
organize organizoj
organized organizuar (i/e)
other tjetër, -i, tjetër, -a; tjerë (të),
  tjera (të) (*pl.*)
  the other one tjetri; tjetra
otherwise përndryshe
our ynë, jonë; tanë, tona (*pl.*)
outline pasqyrë, -a, -a
outside jashtë; përjashta
oven furrë, -a, -a
over përsipër; përtej
overcast vranët (i/e)
owner pronar, -i, -ë

P

pack (*v.*) paloj; (*n.*) pako, -ja, -
pain dhembje, -a, -
  have pain më dhemb
paint lyej; pikturoj (*artist*)
  paint with lime gëlqeros
painter (*artist*) piktor, -i, -ë
painting pikturë, -a, -a
pair palë, -a, -
  in pairs palë-palë
pale: make pale zverdh
palm (*of hand*) pëllëmbë, -a, -
palm tree palmë, -a, -a
panic panik, -u
parent prind, -i -ër
park park, -u, parqe
parrot papagall, -i, papagaj
part (*n.*) pjesë, -a, -; (*v.*) ndalem
particular caktuar (i/e)
parting ndarje, -a, -
pasha pasha, -i, -llarë
pass (*time*) kaloj (kohë)
  (in) passing kalimthi

passenger udhëtar, -i, -ë
passion afsh, -i, -e (*fem. in pl.*)
path shteg, -u, shtigje
patience durim, -i
pay paguaj
peaceful qetë (i/e)
peacefully qetas
peach pjeshkë, -a, -
peak majë, -a, -
pear dardhë, -a, -
pedantic pedant-e
pencil laps, -i, -a
pending pezull
penetrate depërtoj
pensioner pensionist, -i, -ë
people njerëz, -it
pepper: (green) pepper spec, -i, -a
per cent për qind
perform shfaq
performance shfaqje, -a, -
perhaps ndoshta
period periudhë, -a, -a; fazë, -a,
  -a
permit lejoj
persons veta
petal petale, -ja, -
petrify nguros
pharmacist farmacist, -i, -ë
phase fazë, -a, -a
phenomenon fenomen, -i, -e (*fem.
  in pl.*)
philosophic filozofik-e
phone (*n.*) telefon, -i, -a; (*v.*)
  telefonoj
photo fotografi, -a, -
  taking photos fotografim, -i,
  -e (*fem. in pl.*)
photographer fotograf, -i, -ë
physics fizikë, -a
piano piano, -ja, -
pick fruit vjel
picnic piknik, -u, pikniqe
piece pjesë, -a, -
  piece by piece pjesë-pjesë
  to pieces copa-copa/copë-copë
pigeon pëllumb, -i, -a

pile paloj
pilot pilot, -i, -ë
pine tree pishë, -a, -a
pitchfork sfurk, -u, sfurq
place (v.) vendos; (n.) vend, -i, -e
(*fem. in pl.*)
in **places** vende-vende
in the **first place** në radhë të parë
plain rrafsh, -i, -e; vërri, -a, -
plan (v.) parashoh; planifikoj; (n.)
plan, -i, -e (*fem. in pl.*)
plant (v.) mbjell
plaster gjips, -i
play (n.) pjesë teatrale; (v.) luaj;
loz
plead lut
please të/ju lutem
please oneself kënaqem
pliers darë
plum kumbull, -a, -a
pocket xhep, -i, -a
point pikë, -a, -a; cak, -u, caqe
(*fem. in pl.*)
poison helm, -i, -e (*fem. in pl.*)
poisoned helmatisur (i/e)
poisonous helmues-e
Poland Poloni, -a
polar polar-e
Polish (*language*) polonisht
Polish (*person*), **Pole** polonez, -i,
-ë
polite sjellshëm (i), sjellshme (e)
polyglot poliglot, -i, -ë
ponder vras kokën
poor (*adj.*) varfër (i/e); shkretë
(i/e); (n.) varfanjak, -u, -ë
poppy lulkuq, -i, -ë
possibility mundësi, -a, -
possible mundshëm (i), mundshme
(e)
postcard kartolinë, -a, -a
post office postë, -a, -a
potato patate, -ja, -
pound buças
pounding hov, -i, -e (*fem. in pl.*)
pour derdh

powerful fuqishëm (i), fuqishme
(e)
practically praktikisht
pray lut
preferred preferuar (i/e)
premonition: have a premonition
parandjej
present dhuratë, -a, -a
preservation ruajtje, -a, -
press (n.) shtyp, -i
prevent pengoj
pride krenari, -a, -
primary fillor-e
primitive primitiv-e
prison burg, -u, burgje (*fem. in pl.*)
prize çmim, -i, -e (*fem. in pl.*);
shpërblim, -i, -e (*fem. in pl.*)
problem telashe, -ja, -; kokëçarje,
-a, -; hall, -i, -e (*fem. in pl.*)
process përpunoj
product fryt, -i, -e (*fem. in pl.*)
programme program, -i, -e (*fem.
in pl.*)
promise (v.) premtoj
propose propozoj
proudly me krenari
pub pub, -i, -e (*fem. in pl.*)
pull tërheq
pull out shkul
pulse puls, -i, -e (*fem. in pl.*)
punctual përpiktë (i/e)
punish dënoj
pupil nxënës, -i, -
pupil of eye bebëz, -a, -a
purpose qëllim, -i, -e
on **purpose** me qëllim; qëllimisht
push shtyj; zmbraps
put vë; qes
put out fik; ndal
put on ndez, nis
put on (*shoes and socks*)
mbath(em)
put on (*clothes*) vesh
put aside menjanoj; mënjanoj

Q

queen mbretëreshe, -a, -a
queue rend, -i, -e (fem. in pl.)
quickly shpejt (e shpejt); me vrap;
fluturimthi; për së shpejti
quietness qetësi, -a

R

rabbit lepur, -i, lepuj
radio radio, -ja, -; radioaparat,
-i, -e
rack: rack one's brains vras kokën
rain shi, -u, -ra (fem. in pl.)
it rains bie shi
rapid bujshëm (i), bujshme (e)
rarely rralë/herë
ray rreze, -ja, -
react reagoj
read lexoj
ready gati
really vërtet
reason arsye, -ja, -
rebirth rilindje, -a, -
rebuild rindërtoj
receipt dëftesë, -a, -a
receive pranoj
record disk, -u, disqe
record player gramafon, -i, -a
recount rrëfehem
recover shërohem
red kuq (i), kuqe (e)
Red Riding-hood Kësulkuqe,
-ja
redden skuq
reduce zvogëloj
refine përpunoj
refuse kundërshtoj
regards fala (të)
register (v.) regjistroj; (n.)
regjistër, -i, -a
registration regjistrim, -i, -e (fem.
in pl.)
regret pendohem
regulate rregulloj
release lëshoj
release brakes shfrenoj

be released lehtësohem
remain mbetem
remember kujtoj
I remember më kujtohet
remind përkujtoj
remote largët (i/e)
remove heq
remove paint çngjyros
renaissance rilindje, -a, -
request kërkoj
require kërkoj
requirement kërkesë, -a, -a
rescued: be rescued shpëtoj
reserve rezervoj
residence rezidencë, -a
resident banor, -i, -ë
respect (v.) nderoj
responsible përgjegjës-e
rest (n.) pushim, -i, -e (fem. in
pl.); (v.) pushoj; çlodhem;
çlodh
restaurant restorant, -i, -e (fem. in
pl.)
restraint përmbajtje, -a, -
retain ruaj
return (n.) kthim, -i, -e (fem. in
pl.); (v.) kthej; kthehem
revolve vërtitem
rib brinjë, -a, -
rich pasur (i/e)
ride vozitem
riding (a horse) kaluar
right saktë (i/e); djathtë (i/e)
be right kam të drejtë
that's right ashtu është
on the right në të djathtë
ring (n.) rreth, -i, rrathë; unazë,
-a, -a; (v.) cingërroj
ripen pjek
risk rrezik, -u, rreziqe
river lumë, -i, -enj
road rrugë, -a, -
robber plaçkitës-e
rock (n.) shkëmb, -i, -inj; (v.) tund
Roman (adj.) romak-e
romantic romantik-e

room dhomë, -a, -a; odë, -a, -a;
vend, -i, -e (*fem. in pl.*)
rot kalb
round rreth; qark
row varg, -u, vargje; radhë, -a, -
in a row varg e varg/vistër
rubber gomë, -a, -a
ruin shkatërroj
rule rregull, -a, -a
Rumania Rumani, -a
Rumanian (*language*) rumanisht
Rumanian (*man*) rumun, -i, -ë
run udhëheq; vrapoj; ngas; (*n.*)
vrap
run around lodroj
rush: in a rush rrëmbimthi
Russian (*language*) rusisht
Russian (*man*) rus, -i, -ë
rusty ndryshkur (i/e)

S

sad pikëlluar (i/e)
sadly pikëllueshëm (i),
pikëllueshme (e)
sadness trishtim
sake hir, -i
salad sallatë, -a, -a
same njëlloj; njejtë (i/e)
sand rërë, -a
sandwich senduiç, -i, -a
sarcasm sarkazëm, -a, -a
Saturday shtunë (e)
save/be saved shpëtoj
say them
scald përvëloj
scatter shpërndaj; çrradhis
scene skenë, -a, -a
scent erë, -a, -ra
school shkollë, -a, -a
scientist shkencëtar, -i, -ë (*masc.*)
scold qortoj
scrapped gërryer (i/e)
scratch kruaj
sea det, -i, -e (*fem. in pl.*)
seal (*v.*) vulos; (*n.*) fokë, -a, -a
season stinë, -a, -

second dyti (i)
secondary school shkollë e mesme
secretary sekretar, -i, -ë;
sekretare, -ja
secretly fshehtas, fshehtazi
section seksion, -i, -e (*fem. in pl.*)
secure siguroj
see shoh
see off përcjell
seed farë, -a, -a
self/oneself vetë
to oneself (me) vete
sell shes
send dërgoj
sensing ndijim, -i, -e (*fem. in pl.*)
sentence fjali, -a, -
separate ndaj
separated: be separated ndahem
separation ndarje, -a, -
Serb serb, -i, -ë
Serbia Serbi, -a
Serbocroat serbokroatisht
seriously seriozisht
serve shërbej
service shërbim, -i, -e (*fem. in pl.*)
set (*clock*) kurdis
settle vendosem
seven shtatë
seventeen shtatëmbëdhjetë
seventy shtatëdhjetë
shake tund; trondit
shake off shkund
shame turp, -i
shamefully për turp
sharp-edged thepisur (i/e)
sharply thekshëm
shave (oneself) rruhem
. newly-shaven posarruar (i/e)
she ajo
sheep dele, -ja, -
shepherd bari, -u, -nj
shift këmbim, -i, -e (*fem. in pl.*)
shine shkëlqej
shoe këpucë, -a, -
put on shoes mbath
take off shoes zbath

shoot vras; (film) xhiroj
shop shitore, -ja, -; dyqan, -i, -e
shopping blerje, -a
shortly shkurtimisht
should duhet; duhej
shoulder krah, -u, -ë; sup, -i, -e
shout bërtas
show oneself tregohem
shy turpshëm (i), turpshme (e)
shyly turpshëm
side anë, -a, -
    from the broad side për së gjeri
sign shenjë, -a, -
silent: be silent hesht
silt lym, -i
silver argjend, -i
similar ngjashëm (i), ngjashme (e)
simply thjesht
since që; qysh; pasi (që); meqë;
    mbasi; meqenëse
singer këngëtar, -i, -ë; këngëtare,
    -ja
sip gëllënkë, -a, -a; hurp, -i, -e
sir zotëri, -u, -nj
sister motër, -a, -a
sit down ulem
sitting ndejë, -a, -a
situated: be situated gjendem
situation situatë, -a, -a
six gjashtë
sixteen gjashtëmbëdhjetë
sixty gjashtëdhjetë
size madhësi, -a
ski ski, -a, -
skier skitar, -i, -ë
skiing skijim, -i
skilful zoti (i), zoja (e)
skill mjeshtri, -a, -
skin lekurë, -a, -
sky qiell, -i, qiej
slam përplas
slant: at a slant pjerrtas
slap-dash shkel e shko
sleep (v.) fle; (n.) gjumë, -i
sleeping fjetje, -a
slim shtathedhur-e

slope shpat, -i, -e (fem. in pl.)
Slovene (language) sllovenisht
Slovene (man) slloven, -i, -ë
Slovenia Slloveni, -a
slowly dalngadalë; mengadalë;
    ngadalë
slowness ngadalësi, -a
small vogël (i/e)
    become smaller zvogëlohem
smell (v.) kundërmoj; (n.) erë, -a,
    -ra
smile vë buzën në gaz
smiling buzëqeshur (i/e)
smilingly buzagas
smoke (n.) tym, -i; (v.) pi
    cigare/duhan
snail kërmill, -i, kërmij
snake (v.) gjarpëroj; (n.) gjarpër,
    -i, -inj (masc.); gjarpërushe, -ja,
    - (fem.)
snow borë, -a; dëborë
so/so that kështu që
so ... that aq ... sa
soak lag
socialize shoqërohem
society shoqëri, -a, -
soft butë (i/e)
softly me të butë
solemn solemn-e
solve zgjidh
some disa; njëfarë; ca; ndonjë
somebody njëri, njëra; dikush;
    ndokush
somehow disi
someone dikush; ndonjëri
    someone else tjetërkush
someplace gjëkundi
something diçka; gjëkafshë;
    gjësend
sometimes nganjëherë;
    ngandonjëherë; ndonjëherë
somewhere gjëkundi; diku/nd;
    ndokund
    somewhere else tjetërkurd
son bir, -i, bij
song këngë, -a, -

soon: (as) soon as posa; sapo
soothe lëmoj; zhbrengos
soothed zhbrengosur (i/e)
sorrow dhembje, -a, -; trishtim,
-i, -e (*fem. in pl.*)
sorry: I'm sorry më vjen keq
soul shpirt, -i, -ra
sour milk kos, -i
south jug, -u
southern jugor-e
souvenir kujtim, -i, -e (*fem. in pl.*);
suvenir, -i, -e (*fem. in pl.*)
Soviet Union Bashkimi Sovjetik
Spain Spanjë-a
Spaniard (*man*) spanjoll, -i, -ë
Spanish (*language*) spanjisht
speak flas
speaking folur (të)
special veçantë (i/e)
species lloj, -i, -ra
spectator shikues, -i, -
speed shpejtësi, -a
spend (*money*) shpenzoj; (*time*)
kaloj
spit pështyj
spite inat, -i
out of spite për inat
spoil prish
spontaneously vetvetiu
spoon lugë, -a, -
sport sport, -i, -e (*fem. in pl.*)
spot (*v.*) pikas; (*n.*) njollë, -a, -a
spread shpërndaj
spring (*n.*) krua, kroi, kroje;
burim, -i, -e (*fem. in pl.*)
sprout mbij
square shesh, -i, -e (*fem. in pl.*)
squash-headed kokëkungull, -i,
kokëkunguj
stag dre, -ri, -rë
stain njollë, -a, -a
stair shkallë, -a, -
stalactite stalaktit, -i, -e (*fem. in pl.*)
stalagmite stalagmit, -i, -e (*fem. in pl.*)

stamp pullë postale
stand duroj; qëndroj; rri më
këmbë
star yll, -i, yje
start nis
start out nisem
state gjendje, -a, -
station stacion, -i, -e (*fem. in pl.*)
stationary palëvizshëm (i),
palëvizshme (e)
statue shtatore, -ja, -
stay rri; qëndroj
steam avull, -i, avuj
step shkallë, -a, -
step by step shkallë-shkallë
stick shkop, -i, -inj
stick in ngul
still prapëseprapë; sidokudo;
megjithatë; ende
stimulate ngjall
sting thumboj
stop ndal
be stopped ndalem
storey kat, -i, -e (*fem. in pl.*)
single-storied përdhesë-e
multi-storied shumëkatësh-e
two-storied dy-katesh
story rrëfim, -i, -e (*fem. in pl.*);
tregim, -i, -e (*fem. in pl.*)
stove shporet, -i, -a
straight drejt; qirithi
straight to drejt
strangely për çudi
stream përrua, përroi, përrenj
strength fuqi, -a
stretch zgjat
stride hov, -i, -e (*fem. in pl.*)
strike (*n.*) goditje, -a, -; (*v.*)
përplas
stroll (*v.*) shëtis, shëtit; (*n.*) shëti,
-a, -
strong fortë (i/e)
student student, -i, -ë (*masc.*)
study (*v.*) studioj
stunned shtanguar (i/e)
stupid marrë (i/e); kokëmish-e

stupidity marrosje, -a
subside çënjt
such këtillë (i/e); atillë (i/e)
suck thëthij; thith
sudden bujshëm (i)
  all of a sudden përnjëherë
suddenly papritur
suffer vuaj
suffices mjafton
sugar sheqer, -i
suicide vetëvrasje, -a, -
suitable përshtatshëm (i),
  përshtatshme (e)
suitcase valixhe, -ja, -
summer verë, -a, -a
sun diell, -i, diej
Sunday diel (e)
sunrise lindje (e diellit)
sunset perëndim, -i, -e (*fem. in pl.*)
supper darkë, -a, -a
supplementary plotësues-e
support perkrahje, -a, -
sure sigurt (i/e)
surname mbiemër, -i, -a
surprise habi, -a, -; befasi, -a, -
  be surprised habitem;
  befasohem
surrounded rrethuar (i/e)
surroundings rreth, -i, -e (*fem. in pl.*)
suspended pezull
sweat djersë, -a, -
sweaty djersitur (i/e)
Sweden Suedi, -a
Swedish (*language*) suedisht
Swedish (*man*) suedez, -i, -ë
sweet këndshëm (i), këndshme (e);
  ëmbël (i/e)
sweetly ëmbëlsisht
swell ënjt
swim notoj
swimming not, -i
Swiss (*man*) zvicëran, -i, -ë
switch on kyç
switch off shkyç
Switzerland Zvicër, -a

T

table tryezë, -a, -a; tabelë, -a, -a
take marr
  take out nxjerr; shkul
  take up merrem (me)
  take off (*clothes*) zhvesh
  take off (*shoes and socks*)
    zbath; heq
  take to shpie; çoj
tale rrëfim, -i, -e
talk bisedoj
tall lartë (i/e)
tame butë (i/e)
tap krua, kroi, kroje; rubinet, -i,
  -e (*fem. in pl.*)
tape shirit, -i, -a
  tape recorder magnetofon, -i, -a
taste shije, -a, -
taxi taksi, -a, -
tea çaj, -i, -a
teach mësoj
teacher mësues, -i, -; mësuese,
  -ja, -
team ekip, -i, -e (*fem. in pl.*)
tear grisje, -a, -
tearful përlotur (i/e)
tease nguc
teeth: false teeth protezë, -a, -a
television set televizor, -i, -ë
tell rrëfehem; tregoj
ten dhjetë
tepid vakët (i/e)
terrain terren, -i, -e (*fem. in pl.*)
test provoj; testoj
than sesa; se
thank falënderoj
thanks falemnderit
that se; që; ai, ajo
  like that atillë (i/e)
  the (+ *adj.*) . . . **the** (+ *adj.*) . . .
    sa më . . . aq më . . .
theatre teatër, -i, -o
their tyre (i/e)
then pastaj; atëherë
there aty; atje

here and there aty-këtu
there is/are ka; është
therefore së andejmi; së këndejmi; prandaj; andaj
these këta, këto
they ata, ato
thin hollë (i/e)
thing send, -i, -e (*fem. in pl.*); gjë, -ja, -ra
think mendoj; pandeh; kujto-hem
  I think ma merr mendja
third treti (i), treta (e)
thirteen trembëdhjetë
thirty tridhjetë
this ky, kjo
  this way këndej
those ata, ato
thought mendim, -i, -e (*fem. in pl.*)
thousand njëmijë
  thousands mijëra
thread fill, fije; pe, -ri, -nj
three tre/tri
  three hundred treqind
throat gushë, -a, -a; fyt, -i, -a
  at each other's throats fytas, fytazi; fytafyt
through vëpër; nëpërmes
throw (*v.*) vërvit; hedh; (*n.*) hedhje, -a, -
  thrown out flakur (i/e)
thunder rrufe, -ja
ticket biletë, -a, -a
tiger tigër, -i, -a
till deri; gjer; gjersa
time kohë, -a, -ra
  from time to time kohë pas kohë; kohëpaskohshëm (i), kohëpaskohshme (e)
  with/in time me kohë
  I have no time nuk më del kohë
  for a long time ngaherë
  at times herë-herë; hove-hove
  from time to time hove-hove
  at the same time njëherit
  at some time dikur; në një kohë

pass time kaloj kohë
time(s) herë
  three times tri herë
timetable orar, -i, -e (*fem. in pl.*)
tiny imët (i/e)
tire (*v.*) lodh
tired lodhur (i/e)
  get tired lodhem
toast dolli, -a, -
today sot
today's sotëm (i), sotme (e)
toe gisht, -i, -a/-ërinj
together bashkë; së bashku
tomato domate, -ja, -
tomorrow nesër
  tomorrow evening nesër mbrëma
  the day after tomorrow pasnesër
tongue gjuhë, -a, -
tonight sonte
too edhe; tepër
tool vegël, -a, -a
tooth dhëmb, -i, -ë
top: top to bottom fund e krye
tortuously dredha-dredha
totally krejtësisht
touch (*n.*) prekje, -a, -; (*v.*) prek; cik
tour turne, -ja, -
tourist turist, -i, -ë
towards nga; ndaj; drejt
towel peshqir, -i, -ë
tower kala, -ja, -; kullë, -a, -a
  clock tower sahatkullë, -a, -a
town qytet, -i, -e (*fem. in pl.*)
  little town qytezë, -a, -a
trade tregti, -a
translate përkthej
translated përkthyer (i/e)
travel udhëtoj
treacherously me të pabesë
tread shkel
tree dru, -ri, -nj
triangle trekëndësh, -i, -a
trip up zë në thua
trousers pantallona

trout troftë, -a, -a
true vërtetë (i/e)
truly vërtet
trust besoj
truthfully besnikërisht
try përpiqem; provoj; mundohem
turbulent tërbuar (i/e)
Turkey Turqi, -a
Turkish (language) turqisht
Turkish (man) turk, -u, turq
Turkish coffee kafe turke
turn (n.) radhë, -a, -; (v.) kthej
in turn radhas, radhazi
turn one's back kthej shpinën
twelve dymbëdhjetë
twenty njëzet
twinkle shndrit
twist dredh
twisting dredharak-e
two dy
type tip, -i, -a
typical tipik-e
tyre gomë, -a, -a

U

unbelievable pabesueshëm (i),
pabesueshme (e)
unburdened: be unburdened
lehtësohem
uncle (on mother's side) dajë, -a, -
'uncle' bacë, -a, -a
uncover zbuloj
under nën
underground metro, -ja, -
underneath përfundi; përfund
understand kuptoj
undo zhbëj
unevenly hove-hove
unexpected papritur (i/e)
unexpectedly papritur
unfold shpaloj
unforeseen paparapashëm (i),
paparapashme (e)
unforgettable paharrueshëm (i),
paharrueshme (e)

unfortunate fatkeq–e; fatkëqij-a
(pl.)
unfortunately fatkeqësisht
United States (of America) Shtetet
e Bashkuara (të Amerikës)
unload shkarkoj
unnoticed (adv.) pahetueshëm
unpack shpaloj
unpick çend
unpredictable paparapashëm (i),
paparapashme (e)
unreturned pakthyer (i/e)
unruly prapë' (i/e)
unsuccessful pasuksesshëm (i),
pasuksesshme (e)
untidy parregulluar (i/e)
until deri; gjersa
unwelcome padëshiruar (i/e)
unwillingly me pahir
unwind shkurdis
unwrap çmbështjell
up: up and down poshtë e lart
upper sipërm (i), sipërme (e);
epërm (i), epërme (e)
upright drejt; arithi
upset dëshpëroj
upside down mbrapsht
upwards përpjetë
use përdor; përdoroj
make use of përdoroj
get used to mësohem me
usual zakonshëm (i), zakonshme
(e); rëndomtë (i/e)
usually zakonisht

V

vain: (in) vain kot
valley luginë, -a, -a
valuable vlefshëm (i), vlefshme
(e); çmueshëm (i), çmueshme
(e)
value (v.) vlerësoj; (n.) vlerë, -a,
-a
variety variant, -i, -e (fem. in pl.)
veal mish viçi
vegetables perime

verse varg, -u, vargje
very shumë; fort
victory fitore, -ja, -
view pamje, -a, -
vigour vrull, -i
village fshat, -i, -ra
  as in a village fshatarçe
villager fshatar, -i, -ë
visit visitoj
visitor vizitor, -i, -ë
voice zë, -ri, -ra
Vojvodina Vojvodinë, -a
Vojvodinian (man) vojvodinas, -i, -

W

waist bel, -i, -e (fem. in pl.)
wait pres
waiter kamarier, -i, -ë
waiting pritur (të)
wake up zgjohem
  wake somebody up zgjoj
waken zgjuar (i/e)
walk (n.) shëti, -a, -; (v.) shëtis,
  shëtit; eci
wall mur, -i, -e (fem. in pl.)
wander bredh
wandering bredhje, -a, -
want dua
wardrobe dollap, -i, -ë
warm ngroh
warmth nxehtët (të)
wash laj
  get washed lahem
watch orë, -a, -
watchmender/maker orëndreqës,
  -i, -
water ujë, -i, -ra
waterbuffalo bull buall, -i, buaj
waterbuffalo cow buallicë, -a, -a
wave valë, -a, -
wax dyll, -i
way mënyrë, -a, -a
  the long way rrotull
  in a way disi
  this way këndej
  that way andej

we ne
weak lig (i), ligë (e); ligj (të), liga
  (të) (pl.)
weather mot, -i
weave end
wed kurorëzoj
wedding dasmë, -a, -a
  wedding guest krushk, -u,
    krushq (masc.), krushkë, -a, -
    a (fem.)
week javë, -a, -
  next week javën e ardhshme
weekend vikend, -i
weep qaj
weeping qarë (të)
weight peshë, -a, -a
well (adv.) mirë; mbarë; (n.) pus,
  -i, -a
west perëndim, -i
wet: get wet lagem
what ç'; çka; çfarë
  what kind/like çfarë
  what for përse; për se
  what of/from prej se
  of what(ever) kind çfarëdo
when kur
whenever sa herë; kurdoherë (që);
  kurdo; gjithsaherë
where ku
whereas kurse; ndërsa
wherever kudo
whether mos
which cili, cila
whichever cilido, cilado
while derisa; duke; gjersa
  for a while/for a little while
    për pak
whip kamxhik, -u, -ë
whisper pëshpërit
whistle fërshllej
white bardhë (i/e); (adv.) bardh
  the white one bardhi (i), bardha
    (e)
whiten zbardh
  (it) whitens zbërdhullet
who kush; cili, cila

who knows kushedi
whoever cilido, cilado; kushdo
whole tëri (i), tëra (e); mbarë
why pse
wide gjerë (i/e)
widely gjerësisht
widen zgjeroj
wild egër (i/e)
wildly me të egër
will vullnet, -i
wind erë, -a, -ra
window dritare, -ja, -
  shop window vitrinë, -a, -a
wine verë, -a, -ra
winning fitore, -ja, -
wipe fshij
wise urtë (i/e)
wish dëshiroj
with me
withdraw tërhiqem
without pa
  without waiting pa pritur
wolf ujk, -u, ujq
woman grua, -ja, gra
  old woman plakë, -a, -a
wonder çudi, -a, -ra
wood dru, -ri, -nj
word fjalë, -a, -
work (n.) punë, -a, -; punim, -i, -
  e (fem. in pl.); (v.) punoj
  'may your work go well' 'puna
    mbarë'
  – reply to the above 'mbarë paç'
  piece of work vepër, -a, -a
worker punëtor, -i, -ë
world botë, -a, -ra; (adj.) botëror-
  e
worried brengosur (i/e)
  get worried brengosem

worry (v.) brengos(-em)
worth: be worth vlej
wound plagë, -a, -
wrap mbështjell
wrinkle (v.) rrudh; (n.) rrudhë,
  -a, -a
wristwatch orë dore
write shkruaj
writer shkrimtar, -i, -ë
wrong prapë (i/e)

Y

yard oborr, -i, -e (fem. in pl.)
year vit, -i, -e/vjet; mot, -i, -e;
  motmot, -i, -e (fem. in pl.)
  last year vjet
  for years me vite
  for how many years që sa vjet
  this year sivjet
yellow verdhë (i/e); (adv.) verdh
  (make) yellow zverdh
yes po
yesterday dje
  the day before yesterday
    pardje
yet ende
you ti (sing.); ju (pl.)
  what about you? po ti/ju?
young ri (i), re (e); rinj (të), reja
  (të) (pl.)
  the young one riu (i), reja (e)
your (2nd pers. sing.) yt, jote, e
  tu, e tua
  (2nd pers. pl.) juaj, tuaj, tuaja
Yugoslav (man) jugosllav, -i, -ë
Yugoslavia Jugosllavi, -a

Z

zebra zebër, -a, -a
zoo (kopsht) zoologjik